经济管理学术文库 · 管理类

村镇银行信用风险管理创新

Innovation of Credit Risk Management in
Rural Banks

魏建国　[孟加拉] Md. 卡姆鲁扎曼／著

经济管理出版社
ECONOMY & MANAGEMENT PUBLISHING HOUSE

图书在版编目（CIP）数据

村镇银行信用风险管理创新/魏建国，（孟加拉）Md.卡姆鲁扎曼著. —北京：经济管理出版社，2020.12

ISBN 978-7-5096-7213-6

Ⅰ.①村… Ⅱ.①魏… ②M… Ⅲ.①村镇银行—银行信用—风险管理—研究—中国 Ⅳ.①F832.35

中国版本图书馆 CIP 数据核字（2020）第 108338 号

组稿编辑：杨国强

责任编辑：杨国强　张瑞军

责任印制：黄章平

责任校对：张晓燕

出版发行：经济管理出版社

　　　　　（北京市海淀区北蜂窝 8 号中雅大厦 A 座 11 层　　100038）

网　　址：www. E-mp. com. cn

电　　话：（010）51915602

印　　刷：北京虎彩文化传播有限公司

经　　销：新华书店

开　　本：720mm×1000mm/16

印　　张：19.25

字　　数：295 千字

版　　次：2021 年 1 月第 1 版　　2021 年 1 月第 1 次印刷

书　　号：ISBN 978-7-5096-7213-6

定　　价：98.00 元

前　言

我国的村镇银行是国家为了解决农村地区金融抑制问题，弥补大中型商业银行在农村地区的缺位，在县及县以下地区设立，以农户和农村小企业为服务对象而建立的，是发展普惠金融的一项重要举措。我国第一家村镇银行成立于 2007 年 3 月，截至 2019 年 9 月底，全国共组建村镇银行 1633 家。

村镇银行为被传统金融排斥的特殊对象提供金融服务，面临十分脆弱的信用环境，很容易发生信用风险。村镇银行信用风险表现出与一般商业银行的信用风险不同的特性，传统的信用风险管理方法不能完全适用于村镇银行。因此，有必要专门研究村镇银行的信用风险特性，推进村镇银行信用风险管理创新，为村镇银行的信用风险管理提供有效的管理方法，以保障村镇银行的健康发展，促进村镇银行更好地为"三农"服务。

本书研究我国村镇银行的发展现状及其信用环境和信用风险的特性，探讨信用风险的生成机制、传导路径与传导效应，从风险预警管理、信贷业务创新、内部控制创新、风险协同管理创新等方面，对村镇银行信用风险管理理论和方法进行了系统的研究，提出村镇银行信用风险管理创新的制度安排建议，以期为村镇银行提供有效的信用风险管理方法，帮助村镇银行提高风险管理水平。

孟加拉国的格莱珉银行（Grameen Bank）是全球小额信贷领域的成功典范，许多国家复制了小额信贷格莱珉模式。格莱珉银行的创始人穆罕默德·尤努斯被称为"小额贷款之父"、国际小额信贷领袖、穷人的银行家。尤努斯和格莱珉银行共享 2006 年诺贝尔和平奖。中国在 20 世纪 90 年代初引进小额信贷。自 2007 年起设立的村镇银行就是专门为农户和农村小企业提供小额信贷服务的一种新型农村金融机构。

为了让读者更好地了解孟加拉国小额信贷的最新发展，我们专门邀请孟加拉国联合国际大学商业与经济学院（School of Business and Economics，United International University）Md.卡姆鲁扎曼（Md.Qamruzzaman）副教授参与本书写作。他在我校攻读博士研究生期间专注于孟加拉国小额信贷的研究。

本书采用的主要研究方法有生态学理论、信息经济学、博弈理论、制度经济学理论、遗传算法、神经网络理论、协同理论和机制设计理论等，力图在村镇银行信用风险管理研究上实现创新，推进我国小微金融理论创新。

第一至七章的第一作者分别是：第一章，刘昕雨；第二章，程娟；第三章，程玉萍；第四章，刘黎；第五章，朱春；第六章，张铮；第七章，司昀鑫；魏建国是以上各章的第二作者。第八章由 Md.卡姆鲁扎曼撰写，胡恩蓓翻译。

本书是魏建国承担的国家社会科学基金课题"脆弱信用环境下村镇银行信用风险管理创新研究（14BGL185）"的研究成果，并得到武汉理工大学研究生院出版基金的支持。

魏建国

2021 年 1 月

目　录

第一章
村镇银行及其信用环境优化管理

第一节　村镇银行及其市场定位

村镇银行是指经中国银监会批准，由境内外金融机构、境内非金融机构企业法人、自然人出资，依据相关法律、法规，在农村地区设立的主要为当地农民、农业和农村经济发展提供金融服务的银行业金融机构。

为了更好地解决"三农"问题，2006 年 12 月，中国银行业监督管理委员会（以下简称中国银监会）发布《关于调整放宽农村地区银行业金融机构准入政策更好支持社会主义新农村建设的若干意见》（以下简称《意见》）。《意见》对村镇银行的准入条件、注册条件以及各项业务的准入条件及范围等做出规定，提出在县一级设立的村镇银行的注册资本不低于 300 万元，在乡的村镇银行注册资本不低于 100 万元；要求股东中至少有一家为银行业金融机构，且其占有的股份不低于 20%，出资额最多的银行业金融机构为主要发起人。

2007 年 1 月，中国银监会正式发布《村镇银行管理暂行规定》（银监发〔2007〕5 号），对村镇银行的设立与运营作出了具体的规定。2007 年 3 月 1 日，我国首家村镇银行——四川仪陇惠民村镇银行正式设立。此后，我国村镇银行的数量及规模出现了爆发性增长。

2009 年 6 月，中国银监会出台《小额贷款公司改制设立村镇银行暂行规定》，允许符合条件的小额贷款公司转为村镇银行。

2010 年 4 月，中国银监会下发《关于加快发展新型农村金融机构有关事宜的通知》，明确拥有 30 家以上新型农村金融机构的主发起人可组建新型农村金融机构控股公司等。5 月，国务院发布《关于鼓励和引导民间投资健康发展的若干意见》，鼓励民间资本参与设立村镇银行。

2014 年 12 月，中国银监会发布《关于进一步促进村镇银行健康发展的指导意见》（银监发〔2014〕46 号），提出要加快推动村镇银行本地化、民营化和专业化发展，促进其加强对"三农"和小微企业金融服务工作；加大村镇银行县域全覆盖工作的推进力度，实现规模化组建、集约化管理和专业化服务，积极支持符合条件的商业银行制定村镇银行发展规划，加快在县域集约化发起设立村镇银行步伐，重点布局中西部地区和老少边穷地区、粮食主产区和小微企业聚集地区，鼓励国有商业银行和股份制商业银行到这些地区发起设立村镇银行，支持其在未设立分支机构的县域发起设立村镇银行；按照村镇银行股权本地化、多元化和民营化的原则，支持和鼓励民间资本参与村镇银行组建；支持村镇银行发挥贴近市场、企业和农民的优势，创新商业模式，开展个性化、本地化和具有包容性的金融产品和服务创新，推动微贷技术和主发起行成熟产品落地，提高金融服务匹配度、附加值和客户满意度，以更好地为"三农"服务。

在培育发展过程中，少数村镇银行受各种因素影响，在经营发展中出现了偏离支农支小市场定位的倾向。为此，2019 年 12 月，银保监会发布《关于推进村镇银行坚守定位　提升服务乡村振兴战略能力的通知》，要求村镇银行必须始终坚持扎根县域，专注信贷主业，更好地服务乡村振兴战略，确保村镇银行在服务"三农"、服务县域中落实好对小银行的定位要求，有效提升金融服务乡村振兴的适配性和能力，并将通过监测指标的定量评价和监管措施的硬性约束，对村镇银行的经营定位进行纠偏，确保村镇银行在服务"三农"、服务县域中落实好对小银行的定位要求；构建完善符合支农支小金融需求的特色经营模式，不断改进创新产品与服务方式，为农户、社区居民和小微企业提供差异化、特色化的金融服务；引导村镇银行树立合规、审慎、稳健的经营意识，始终坚持"小额、分散"的风险防控理念，建立完善适合自身特点的治理机制和风险管理机制，把"做小、做散"，坚守定位作为防范风险的根本之策。

截至 2019 年 9 月末，全国已组建村镇银行 1633 家，中西部占 65.7%，覆盖全国 31 个省份的 1296 个县（市、旗），县域覆盖率 70.6%。村镇银行专注信贷主业，贷款主要投向县域农户和小微企业。村镇银行调整后的存贷比为 75.9%，农户和小微企业贷款占比达 90.5%，户均贷款余额为 33.5 万元。目前，村镇银行整体经营稳健，风险水平总体可控。村镇银行资本充足率长期保持在 17% 以上，总体具备较强的风险抵御能力。

一、村镇银行设立的背景

（一）我国存在严重的农村金融抑制

金融抑制是指政府通过利率管制、制定较高的准备金率等行为干预了金融主体的金融活动，从而扰乱了金融市场，造成金融恶化抑制了经济发展的局面，经济衰退进而造成更加严重的金融恶化，形成恶性循环。根据 E. S. Shaw 和 R. I. Mckinnon 的观点，由于生产要素（包括资金、技术、土地、劳动力等）都处于分散的状态，进而造成国内市场无法形成统一整体，因而无法发挥市场的资源配置作用，最终导致金融抑制。

在我国，由于国家在产业政策及金融制度上的倾向性，加上目前我国的利率市场化程度不高，信贷资源在分配时呈现明显不均匀的状态。农村金融处于被抑制的不利地位，具体表现为农村金融机构数量少、资金规模小、供给量不足。在这种情况下，为了解决农村金融抑制问题，村镇银行应运而生。政府通过降低当地城市商业银行和农村商业银行及城乡企业这些发起人的进入门槛，对村镇银行给予各种补贴和优惠，从而达到其政策上支农性的目的。因此，村镇银行的设立能够在一定程度上解决农村的金融抑制问题。

（二）农村信贷结构单一

在我国目前的农村金融体系中，已经基本上形成了以正规金融，尤其是中国农业银行、农村信用社和新型农村金融机构（包括小额贷款公司、农村资金互助社、村镇银行等）为主导，以非正规金融为补充的农村信贷体系。

孙贺（2013）对某粮食主产区 15 个自然村进行调研发现（见表 1-1），在现阶段，农村信用社贷款、银行贷款、民间友情借贷以及有息借款仍然是农民和乡镇企业的主要融资渠道。其中，信用社贷款和民间友情借贷占据主导地位。这种以正规金融（农村信用社）为主，辅以非正规金融的典型的农村金融二元结构在农村中较为普遍。

表 1-1 信贷结构分布

单位：元、户

	农业银行	信用社	友情借贷	有息借款
户数	4	52	27	17
贷款总额	40000	679400	525000	266000
户均贷款	10000	12818.87	19444.44	15647.06
中位数	10000	10000	20000	20000
户均收入	28811.96	33884.57	28883.22	28811.96

资料来源：作者整理。

这种单一的农村信贷结构主要是由于农村金融机构的业务收缩造成的：农业银行逐渐撤并基层分支机构，退出了农村金融市场，于是，农户和村镇企业的资金需求只有靠农村信用社来满足，这就造成了农村地区没有足够的信贷资源。加上现有的农村金融机构存在制度和机制（包括贷款制度、信用制度以及监督机制）不健全的问题，使得农民在贷款的过程中遇到了来自多方面的阻碍：实际贷款数额不能满足贷款需求数额、利息较高等。这种情况与当前农村日益增长的融资需求产生矛盾，阻碍了农村经济的发展。

（三）农村资金供需缺口较大

随着"三农"进程的加快和新农村建设的不断推进，农村的信贷需求不断上升。以湖北省长阳县为例（见表 1-2），可以看出，从 2005 年到 2007 年长阳县农民和村镇企业各年的贷款需求数额逐年攀升，然而，其实际获得的贷款数额却远远小于其所需数额，尽管农民和村镇企业从农村金融机构获得的贷款数额都在逐年增加，但由于前者的信贷需求量增长较快，实际造成信贷缺口呈现不断扩大的趋势。

表1-2　湖北省长阳县农民和村镇企业的资金需求及供给情况

单位：元

年份	贷款需求数额	实际贷款数额	资金缺口
2005	304121	205131	98990
2006	402005	290827	111178
2007	498809	346807	152002

资料来源：吴霞. 欠发达地区农村金融现状分析 [J]. 中国集体经济，2014（15）：13-14.

从全国范围来看，据中国银监会统计，2006 年全国有信贷需求的农户及村镇企业仅有 55.15% 和 44.36% 的信贷需求得到满足，44.85% 的农户和 55.64% 的村镇企业的贷款需求不能完全得到满足或很少得到满足。造成这种情况的主要原因是农村金融机构的供给不足。

以山西省为例，2006 年中国农业银行山西省分行将存款余额不足 5000 万元的网点一律撤销，全年撤销机构网点数 229 个。同时，如表1-3 所示，山西省农业贷款余额占全省农业贷款的比重由 1998 年的 36%（以年均 15% 的速度）下降到 2006 年的不足 3%，说明中国农业银行的经营业务基本商业化和非农化，支农力度锐减。

表1-3　1998~2006 年中国农业银行山西省分行农业贷款统计表

单位：万元、%

年份	1998	1999	2000	2001	2002	2003	2004	2005	2006
农业贷款余额	137.6	149.6	149.6	175.1	235.0	316.4	401.0	461.9	503.4
占农业贷款比重	36.0	34.6	19.7	15.6	11.9	8.3	6.6	5.7	2.6

资料来源：历年的《中国农业银行统计年鉴》。

从全国范围看，中国银监会调查数据显示，2005 年末，全国乡镇、村两级地域内的银行业网点在行政村的覆盖率仅为 3.28%，意味着平均每 50 个行政村只有 1 个网点，且 65.4% 的乡镇只有农村信用社和邮政储蓄机构。由此看来，正是农村金融机构的缺位直接导致了农村金融供给不足，从而造成较大的农村信贷供求缺口。

人民银行 2017 年 3 月 17 日发布的《2016 年农村地区支付业务发展总体情况》显示，截至 2016 年末，在所统计农村地区 2194 个县、3.18 万个乡、54.68 万个村、9.1 亿人中，农村地区银行网点数量 12.67 万个。每万人拥有的银行网点数量为 1.39 个，县均银行网点 57.75 个，乡均银行网点 3.98 个，村均银行网点 0.23 个。这些指标相比 2015 年末均略有增加。

综上，在我国农村存在着严重的金融抑制的特殊国情下，农村商业银行的缺位导致资金供给不足，农户和村镇企业的资金需求无法得到满足，"贷款难"问题产生，对"三农"建设和农村经济发展造成严重的阻碍，村镇银行便在这种背景下成立了。

二、村镇银行设立的现实意义

（一）培育新的农村金融主体，健全农村金融体系

在一个金融体系中，当不同的金融机构各司其职，着重于其各自的市场定位时，该体系的效用就能得到最大发挥，从而实现交易成本的最小化。农村金融体系也不例外，在一个科学运作、分工合理的农村金融体系中，民间金融和农村合作基金等非正规金融机构应着力于分散性、小额性的资金需求，而对于集中性、大额性和共性化的市场需求，则由信用社、商业银行等正规农村金融机构来满足。

中国农业银行作为农村正规金融力量的重要一环，由于其"洗脚上岸"，即其为了实现其商业化和非农化，在农村中大量撤销机构网点，造成了中国农业银行事实上的缺位，使得农村金融体系欠缺了重要的一环，导致整个农村金融体系无法实现交易成本的最小化。作为性质上属于银行业金融机构的村镇银行，它的出现能够代替中国农业银行发挥商业金融的作用，维护农村金融体系的完整性。

（二）创造竞争环境，打破农信社的垄断格局

作为农村金融供给的第一大主力，农信社的垄断地位使其在利率确定上享有绝对话语权，造成了农民和农村企业借款高利率及农信社低效运营的不良后果，这就导致了民间借贷的盛行。在这一局面下，村镇银行进入并参与

市场竞争将发挥重大作用。

首先，村镇银行参与竞争有助于利率市场化的实现；其次，作为一个独立经济主体的村镇银行入驻农村金融市场可以产生"鲇鱼效应"，由于村镇银行和农信社在业务对象、运营轨道上具有很大的相似性，会给后者增加危机感，推动其产权制度改革的进程，增强内部管理能力和风险控制能力，提高资产利用效率；最后，村镇银行的出现给规范中国数量庞大的民间资本提供了一条新思路，成为民间资本升级改造的一个新机遇。

（三）服务"三农"，增加农村金融市场的有效供给

由于村镇银行带有政策上的"支农性"，在新试点的过程中，必然会在市场准入、发起人方面降低门槛，并给予政策上的优惠，这能在一定程度上保证农村金融市场的信贷供给，缩小了农村金融供求缺口。

对广大农户和村镇企业来说，在从事农业生产和经营过程中，需要大量的资金支持，而由于单一的农村信贷结构的制约和农村商业银行的缺位，广大农户和村镇企业的资金需求无法得到满足，导致"贷款难"问题的产生，而村镇银行的成立对于解决"贷款难"问题、促进农村经济发展有着至关重要的作用。

总体来看，村镇银行的出现创造了新的农村金融主体，增加了农村金融市场上资金的有效供给，创造了竞争环境，打破了农信社的垄断格局，服务了"三农"。但是，就目前的情况来看，要真正地实现我国农村金融体系的优化，满足广大农户及农村企业的融资需求，仅靠设立几家新型的金融机构是远远不够的。村镇银行的出现是一个良好的契机，它可以推动农村金融体系改革，弥补农村金融体系的缺口，最终构建一个分工合理、功能齐全、高效有序的新型农村金融体系。

三、村镇银行的基本特征

（一）设立要求相对较低，设立程序特殊

村镇银行应设立在县市和乡镇，深入农村腹地，为当地经济发展提供金融服务。村镇银行的总部可以在大中城市设立，但其贷款覆盖的范围必须是

农村地区。我国《商业银行法》规定：城市商业银行和农村商业银行的最低注册资本分别为人民币 1 亿元和 5000 万元。

与传统的商业银行相比，服务于农村地区的村镇银行设立要求较低，一般采取发起设立方式：由符合监管条件的银行业金融机构（至少一家）作为发起行，必须由银行业金融机构作为最大股东，且其持股比例不得低于总股本的 15%，其他个人股东或非银行业金融机构持股比例不得高于总股本的 10%。与商业银行相比，村镇银行无论从注册资本还是资产规模来说都要小得多，按相关规定，村镇银行的注册资本为实收货币资本，必须一次性缴纳充足，对于在县（市）一级设立的村镇银行注册资本不得低于 300 万元，在乡（镇）设立的村镇银行注册资本要求更低，不低于 100 万元即可。

村镇银行的设立必须经银监会批准，在工商部门注册登记。开设分支机构时，须向决定机关申请金融许可证，并凭许可证向工商部门登记、领取营业执照。

（二）投资主体多元化，组织架构扁平化

村镇银行突破商业银行投资主体的限制，无论境内外金融机构，还是境内非金融机构法人、自然人等均可成为投资主体，因此，村镇银行的投资主体呈现多元化。村镇银行按照《中华人民共和国公司法》的规定进行股权设置，保证了产权的明确、清晰。

村镇银行属于一级法人机构，一般由股东大会、董事会、监事会、行长及各个部门组成，机构规模小，结构扁平化。既强化了决策过程的控制与管理，又缩短了决策链条、提高了决策效率。由于村镇银行地处农村地区，面临的客户与风险同一般商业银行相比有很大区别，村镇银行这种独特的结构使其能够对农村特殊的环境做出灵活应变，设计出更多符合农村实际情况的有地区特色的金融产品。

（三）投资主体多元化，资金运用本地化

村镇银行的资金主要源于股东提供的资本金、营业收入以及社会捐赠等。由于村镇银行控股模式单一的特点，话语权仅掌握在控股方手中，小股东基本无话语权，这在一定程度上阻碍了其股本规模的扩张。所以，村镇银行主

要的融资手段是通过负债业务吸收存款，但由于其规模小、网点少、名气不足等，农村居民更倾向于国有大型银行，直接导致了村镇银行吸存压力巨大的问题。

村镇银行的资金用途有如下几个方面：首先，应按照规定缴纳存款准备金；其次，将剩余可用资金投入到支持当地农村经济建设中，以服务县域中小企业以及养殖户等农户为主，严格限定不准发放异地贷款；最后，在满足当地农业资金需求后仍有富余的，可用于支持当地其他产业的发展或向当地其他金融机构融资等。

（四）市场、客户群以及产品定位明确

村镇银行受设立地域的限制，只能服务于当地的农村地区，不得经营异地存贷款业务。村镇银行本着服务"三农"的宗旨，支持当地的经济建设。最新统计结果显示，我国乡村人口 61866 万人，占总人口的比例虽然降低至45.2%，但贫困人口仍有 7017 万人，贫困发生率达 7.2%。村镇银行作为"农民的银行"，服务于所属区域的农户和农村中小企业，其发放的贷款应以满足当地农户和小微企业的需求为主。由于农村金融需求的特殊性，村镇银行应创新金融产品，提升金融服务，使村镇银行能全面覆盖广大农村金融需求主体。

（五）机制灵活

根据《村镇银行管理暂行规定》的要求，村镇银行具有业务规模较小、人员较少、操作流程简化、组织机构灵活的特点。村镇银行地处农村地区，扎根基层，凭借人缘地缘优势，便于收集贷款人的信息。村镇银行采取分权式管理，决策链条较短，内部审核效率高，因此能迅速做出决定。对于小额贷款，贷款人可以在 3 个工作日内拿到贷款，一般不会多于 5 个工作日。村镇银行的信贷措施灵活，《村镇银行管理暂行规定》指出，村镇银行贷款的发放应该坚持小额、分散贷款的原则，防止贷款过于集中，有利于风险的分散，而且可以提高贷款的覆盖面。

四、村镇银行的市场定位

本书将根据商业银行市场定位的"C-A-P"模型来对村镇银行的市场定

位进行分析，即从客户（Client）、竞争地（Arena）和产品（Product）三个角度对村镇银行进行市场定位。通过这三个方面的分析，能更加清楚全面地把握村镇银行在农村金融市场中的市场定位情况，也有利于村镇银行认清自己目前所处的定位情况，从而更好地贯彻执行，真正做到服务"三农"。根据《村镇银行管理暂行规定》，我国村镇银行的市场定位是：立足"三农"，扎根于经济欠发达的农村地区，面向农户和农村企业，为其提供贷款和其他金融服务。

（一）客户定位

在客户定位上，根据资产状况的不同，可以把有贷款需求的农户分为三类：①贫困型，这一类客户主要指从事简单的种植养殖业农户，基本无抵押，贷款需求较小但风险极大，属于低端客户；②维持型，这一类客户主要指从事个体经营和种植养殖业的大户农民，有抵押品但是抵押品不足，贷款需求相对于贫困型的客户稍大，风险也相对较小，属于中端客户；③市场型，这一类客户主要指从事专业化和规模化生产经营的富裕农民，抵押品种类较多，贷款需求较大且风险较小，属于高端客户。对于村镇银行来说，其客户定位应该是以低端客户为主，同时承担弥补中端客户供给不足的任务，而不应该同农业银行及农信社去争夺高端客户。

在农村中小企业贷款方面，"融资难"问题已经成为其发展的一大硬伤。据统计，全国 80% 的中小企业完全不能从银行获得贷款。而农村企业由于存在先天性的缺陷，如管理落后、布局不合理等，再加上农村金融机构匮乏，使得其"融资难"问题相比城市中小企业更加突出。另外，有实力有担保的农村中小企业的贷款需求基本上可以由农业银行和农信社满足，真正无法获得贷款的是那些无抵押无担保的农村中小企业。因此，村镇银行应定位于无抵押的农村中小企业。

（二）竞争地定位

竞争地定位是指村镇银行应该在什么样的经济地理区域确定自己的经营地域。村镇银行的根本立足点是服务"三农"，因此，其应该扎根于以农村地区为主的经济欠发达地区。主要原因有三个方面：

首先，由于过多地追逐盈利性，支农性逐渐减弱，农业银行等商业银行逐渐撤销其在农村等经济欠发达地区的分支机构，导致农民和村镇企业的贷款需求不能得到满足，因此，村镇银行基于服务"三农"的原则应将其主要竞争地定位于面向广大以农村为主的经济欠发达地区。

其次，政策上的支农性决定了村镇银行是先天性的"草根银行"，这使得其能在情感上与广大农民产生共鸣，从而得到当地政府和居民的支持，有利于村镇银行增加存款及开展各项业务，并增强其适应性。

最后，村镇银行直接面向广大农村地区，有利于其通过各种渠道深入了解其客户，即广大农民和农村企业，方便村镇银行获得可靠直接的信息，从而降低信息不对称和逆向选择的风险。

（三）产品定位

产品定位是指村镇银行应该为其客户提供什么样的产品和服务。根据《村镇银行管理暂行规定》，我国村镇银行应该立足"三农"，面向广大农民和村镇企业。鉴于村镇银行如此特殊的市场定位，其业务应以小额贷款为主，贷款额度最小为2万元，贷款额度根据借款者的信用评级情况进行划分，无须抵押担保，并且利率仅略高于国家规定的基准利率，较农信社低，贷款的期限较为灵活。此外，客户的信用评级是通过计算其上年收入、上两年盈余、家庭资产、个人品德、社会评价五项指标来综合评定的，凡符合信用评级要求的，便可以获得2万元的无抵押担保贷款额度。

村镇银行还应积极了解当地农民和农村中小企业的实际情况，设计出适合当地市场特点的产品。例如，汇丰村镇银行根据农村地区信贷风险高的实际情况，设计出"公司+农户/中间商"的供应链融资模式。这种模式主要是由供应链中核心企业作为担保，银行向供应链中的优质农户发放短期流动资金贷款。由于客户是由核心企业担保推荐的，有效地避免了信息不对称的问题。同时，贷款方式和期限灵活，客户可选择信用、抵（质）押和保证贷款等不同模式，期限最少为3个月，最多为1年。目前，汇丰村镇银行的贷款额中，超过60%是通过这种模式发放给农户的。汇丰村镇银行还推出了合作社社员联保贷款模式，该模式以农业合作社成员为目标客户，由合作社提供担保，合作社社员之间互相担保，为缺乏抵押物的合作社社员提供业务发展所需资金。这种模式的好处在于解决了社员的资金难题，促使合作社社员之间相互帮扶，同时降低了银行的风险。

总体来看，作为新型农村金融机构的代表，村镇银行的设立初衷是立足于以农村地区为主的经济欠发达地区，发挥自身天然贴近农村的优势，向农户和村镇企业提供小额贷款。因此，村镇银行面对的主要客户是村镇企业和农户，他们既没有以往的信用记录，也没有完善的财务及产业发展系统可供评估，尤其小额农户贷款，有时更无财产做抵押。此外，农业生产具有先天性的弱质性，即容易受到自然灾害和市场价格波动的影响，农户的收入具有极大的不确定性，一旦收入受损，便只能选择违约了，这使得村镇银行的信用环境相对于其他农村商业银行来说尤为脆弱。

五、村镇银行的主要业务

中国银行业监督管理委员会印发的《村镇银行管理暂行规定》第三十八条对村镇银行的主要业务范围作出了界定。经当地银监分局或所在城市银监局批准，村镇银行可经营下列业务：吸收公众存款；发放短期、中期和长期贷款；办理国内结算；办理票据承兑与贴现；从事同业拆借；从事银行卡业务；代理发行、代理兑付、承销政府债券；代理收付款项及代理保险业务；经银行业监督管理机构批准的其他业务。

村镇银行按照国家有关规定，可代理政策性银行、商业银行和保险公司、证券公司等金融机构的业务，但严禁发放异地贷款；有条件的村镇银行要在农村地区设置 ATM，并根据农户、农村经济组织的信用状况向其发行银行卡；对部分地域面积大、居住人口少的村、镇，村镇银行可采取流动方式提供服务。

由于国家各相关政策均要求村镇银行的业务以服务"三农"为主，为达到政策要求，村镇银行的业务主要集中于传统储蓄存款、小额信贷、质押贷款和票据转贴现等。

立足于各地实际情况，村镇银行纷纷开展金融创新，创新领域涉及存款、贷款以及中间业务等，丰富了农村地区金融产品。

六、我国村镇银行发展现状概述

2006 年 12 月 20 日，中国银监会出台了《关于调整放宽农村地区银行业金融机构准入政策，更好支持社会主义新农村建设的若干意见》，提出在湖北省、四川省、吉林省等 6 个省份的农村地区开展设立村镇银行试点工作。2007 年 3 月 1 日，我国第一家村镇银行——四川仪陇惠民村镇银行正式成立，注册资本 200 万元，南充市商业银行为最大股东，占有惠民村镇银行 50% 股权；南充市当地民企明宇集团和康达集团为小股东。惠民村镇银行成立之初，从行长到员工只有 10 余人。2008 年末，共建立村镇银行 91 家，2009 年村镇银行开设的速度减慢，共建立 57 家，共计 148 家。截至 2013 年末，全国共组建村镇银行 1071 家，其中开业 987 家，筹建 84 家。村镇银行遍及全国 31 个省份，覆盖 1083 个县（市），占县（市）总数的 57.6%。

截至 2019 年 6 月末，全国已组建的 1631 家村镇银行，覆盖了 31 个省份的 1296 个县（市、旗），县域覆盖率达到 70.6%；65.7% 的村镇银行位于中西部地区；在全国 758 个固定贫困县和连片特困地区所辖县市中，有 450 个县市已设立或已备案规划拟设村镇银行；从业人员数量达到 93465 人，营业网点达到 5764 个。

贷款方面，贷款余额由 2016 年的 7021 亿元增长至 2018 年的 9400 亿元；户均贷款余额由 2016 年末的 41 万元下降到 2018 年末的 34 万元，保持连续六年下降；农户和小微企业贷款合计占比为 91.18%，已连续五年保持在 90% 以上；单户 500 万元以下贷款余额占比由 2017 年末的 81.8% 上升至 2018 年末的 83.5%。

第十二届中国村镇银行发展论坛在湖南省吉首市举行。会议评选出 8 家"全国 AAAAA 村镇银行"、5 家"全国最具品牌价值村镇银行"、62 家"全国百强村镇银行"、11 家"全国快速发展优秀村镇银行"、20 家"全国支农支小优秀村镇银行"、8 家"全国金融产品与服务创新村镇银行"、3 家"全国金融科技创新村镇银行"。

目前，村镇银行的发展现状如下：

（一）村镇银行发展快速，数量逐年增长

据中国银监会发布的数据，2007 年至 2018 年 12 月底，我国村镇银行的数量呈持续上升趋势，如表 1-4 所示。

表 1-4　2007~2018 年村镇银行数量

单位：家

年份	2007	2008	2009	2010	2011	2012	2013	2014	2015	2016	2017	2018
数量	3	98	148	469	726	876	1071	1233	1377	1519	1601	1621

截至 2018 年末，全国共组建村镇银行 1621 家，已开业 1616 家。村镇银行整体资产规模约 1.51 万亿元，负债总额 1.33 万亿元，同比分别增加了 1104 亿元和 987 亿元；净利润 99.25 亿元。存款余额 1.18 万亿元，贷款余额 0.94 万亿元。

在全国组建的 1621 家村镇银行中，中西部地区有 1063 家，占 65.6%；已覆盖全国 1286 个县，县域覆盖率达 70%；在全国 758 个国定贫困县和连片特困地区所辖县市中，有 444 个县市已设立或已备案规划拟设村镇银行。

村镇银行持续加大涉农和小微企业贷款的投放力度。截至 2018 年末，农户和小微企业贷款合计占比 91.18%，已连续五年保持在 90% 以上，户均贷款余额由 2017 年末的 36.96 万元下降至 34.15 万元，已保持连续六年下降；单户 500 万元和 100 万元以下贷款余额占比分别由 2017 年末的 81.8%、37.3% 上升至 83.5%、41.26%。

主发起行制度安排发挥了有效作用。有 68% 的村镇银行移植了主发起行的支农支小信贷技术，70% 的村镇银行核心业务系统由主发起行提供，90% 的村镇银行依托主发起行开展内部审计，所有村镇银行均与主发起行签订了流动性支持协议。

前瞻产业研究院在 2018 年收录的 1592 家村镇银行的有关数据显示：

村镇银行覆盖 31 个省份，其中山东省以 127 家的数量与其他省份拉开距离，稳居第一；河北省 96 家，位列第二；贵州省（81 家）与山西省（80 家）

紧随其后。

从注册资本的角度看，村镇银行注册资本主要集中在 1000 万~5000 万元（包含）的区间，有 911 家，占比达到 57%；其次为 5000 万~10000 万元（包含），有 472 家，占比 30%；注册资本在 10 亿元以上的村镇银行最少，仅有 4 家。计入统计范围的村镇银行中注册资本最高的为常熟建信村镇银行，注册资本达 200 亿元，发起银行为中国建设银行。

（二）新政策新形势下对村镇银行提出的新要求

当前我国经济发展进入新常态：①经济下行压力加大，社会融资方式逐渐由间接融资向直接融资转变，导致信贷需求减弱，凸显了村镇银行在规模化上的短板，规模小，经营成本高，无法实现规模效应。②存贷款利率放开使得村镇银行盈利空间进一步缩小，且村镇银行对信息科技的依赖较大，中间业务扩增难度系数高。③金融风险呈现复杂化特点，对村镇银行的风险防范提出了新的要求，尤其是存款保险制度的提出，改变了"政府隐性担保、存款无风险"的局面。村镇银行应该在风险防范、内部控制方面加大投入力度，主动适应经济新常态。④要打造以主发起行为主体的有效股权结构，建立现代企业制度，建立健全股权转让、股权质押等方面的管理制度，强化股东股权管理。

（三）村镇银行金融业务创新不断涌现

村镇银行成立时间不长，经营模式较为单一，同质化现象严重，社会公信力不高，同时面临着其他新型农村金融机构和商业银行乡镇网点的竞争压力。要在众多机构中脱颖而出赢得客户青睐，村镇银行的产品创新至关重要。

就金融产品而言，村镇银行应因地制宜，开发适合农户与涉农小微企业的金融产品。昆山市鹿城村镇银行以昆山巴城阳澄湖大闸蟹养殖特色为切入点，推出"蟹贷通"，重点扶持阳澄湖大闸蟹的养殖经营及配套的餐饮娱乐等相关产业，帮助蟹农走上发展壮大之路。浙江省三门银座村镇银行试点推出其主发行设立的"村聚易贷　兴农卡"，为农户量身定做农贷产品，与传统授信产品相比，更强调主动提供、整体覆盖、信用担保、授信额度高、取用灵活等特点。另外，其他地方的村镇银行还推出有"特色农业贷款""专业大户贷款""巾帼创业贷款""农民建房贷款""大学生村官创业贷款"等品种，极大丰富了贷款种类。

就担保而言，众所周知，目前银行在农村金融市场行使抵押贷款存在一些较难克服的问题，一是农户可做抵押的资产有限，并且资产和农户密切相关，二是法律不健全使得执行成本高昂。这两点都会使得抵押合同难以切实履行。广西壮族自治区兴安民兴村镇银行摸索开展林权抵押贷款，切实满足林企、林农的生产生活需要。昆山市鹿城村镇银行推出的"存贷通"产品，以一般企业保证的方式降低客户融资门槛。除此之外，村镇银行还积极探索"养殖水面使用权抵押""土地使用权抵押"等，打破传统抵押模式，真正做到服务"三农"。

除此之外，村镇银行还通过存款、中间业务等的创新来吸引客户，并不断扩大金融服务的覆盖面，优化网点布局。加大普惠金融的宣传力度，走进农村、社区，向农户普及金融知识，提升农户信赖度。

（四）村镇银行的不良贷款成为制约其健康发展的障碍

村镇银行在不断创新的过程中，会面临各种复杂的金融风险，尤其是金融产品的创新将村镇银行不断推至风险环境之中，其中最主要的是信用风险，因此村镇银行必须建立行之有效的内部控制制度来降低信用风险发生的可能性，为其自身发展营造健康安全的空间。

村镇银行不良贷款高企，不良贷款增速有所放缓，但仍高于其他类型银行机构。截至 2017 年 12 月末，我国农村商业银行不良贷款余额为 3566 亿元，同比增长 51.8%；不良贷款率为 3.16%，同比上升 0.67 个百分点，分别高于我国大型商业银行、股份制商业银行和城市商业银行 1.63 个百分点、1.45 个百分点和 1.64 个百分点。村镇银行不良贷款余额增速显著高于金融机构平均值，增速也位列同类型银行之首。2016 年，村镇银行涉农不良贷款余额的增速虽由 2012 年的 279.6% 降至 2016 年的 44.9%，但仍显著高于同类型的银行，且远高于银行金融机构的平均水平。

第二节　村镇银行信用环境的生态学特征

一、金融系统的生态学特性概述

（一）生态学的若干相关概念

生态学作为一个学科名词，是德国博物学家 E.Haeckel 于 1866 年在其所著《普通生物形态》一书中首先提出的。一般而言，根据研究范畴层次的由高到低，可以将生态系统分为个体物种（Species）、种群（Population）、群落（Eommunity）和生态系统（Ecosystem）。

（1）种群。种群是生态学的重要概念之一，是指在生态系统中具有相同属性和特点的个体的集合。在自然中，门、纲、目、科、属等分类单元是学者按物种的特征及其在进化中的亲缘关系划分的，唯有种（Species）是自然界与生俱来的。在生态学中，种群是组成群落的基本单位，本书将处于村镇银行信用环境下具有同种属性的基本单位划分为一个种群，包括村镇银行种群、其他农村商业银行种群、农户和村镇企业种群。

（2）群落。简单来说，群落就是生活在一起的不同种群的集合。种群是具有相同属性和特点的种的集合，但生活在一个群落中的种群并不一定都是具有同类属性的。例如，在一个森林生态系统中，树木等植物类种群与野生动物等动物类种群便构成了一个群落。本章研究村镇银行的信用环境，便是将村镇银行种群、其他农村商业银行种群、农户和村镇企业种群这三类并不都有共同属性的种群置于一个群落中来对其相互关系进行研究，这三者便构成了一个群落。

（3）生态系统。生态系统是生态学研究的最高层次，是指在一定环境中共同生存着的个体之间以及个体与环境之间形成的交互关系。生态系统包罗了自然环境中的万象，且无所不在：大到海陆间物质循环生态系统，小到微生物在细胞中进行物质交换。生态系统可以是具体的，也可以是抽象的：一片湖泊中的所有生物（鱼虾、水草等）之间可以形成一个生态系统，而在虚拟的资本市场中无所不在的利益关系也构成了一个抽象的生态系统。本书研究所借鉴的金融生态系统便是一个虚拟的生态系统，而研究村镇银行的信用环境又将其更加微观化和虚拟化了。

（4）生态因子。生态因子（Ecological Factors）是指对群落环境有直接或间接影响的环境要素。例如，在一个大的自然生态系统中，对自然环境起决定作用的因子包括温度、湿度、食物、氧气、人的活动等。各种对环境产生影响的生态因子的总和便构成了群落的环境。因子梯度是指对环境具有影响作用的众多因子中每一单因子的变化幅度，例如湿度或温度的升高或降低幅度、空气中含氧量的升高或降低等。每一个单因子都处在不断变化着的因子梯度中。

村镇银行的信用环境受多种因素影响，众多的生态因子构成了村镇银行的信用环境。本书借鉴生态因子这一概念，将对村镇银行信用环境起直接或间接决定作用的因素提炼出来，包括技术因子、制度因子、法制因子、文化因子和资源因子。

（5）生态位。生态位（Niche）是指在自然生态系统中，一个种群在时间、空间上的位置及其与相关种群之间的功能关系。C.Elton（1927）把生态位定义为种在群落中的机能作用和地位。每个物种在生态系统中都有自己独特的时间、空间位置以及功能地位。物种的生态位不仅决定了它们在哪里生活，而且决定它们如何生活以及和其他物种之间的关系。由于多种因素的综合作用，物种的生态位会出现重叠和分化等形态。

（6）种间关系。生活于同一生境中的所有不同物种之间的关系称为种间关系（Interspecific Relationship）。从理论上讲，生物的种间关系多种多样，但最主要的有9种相互作用类型（见表1-5），可以概括为两大类，即正相互作用（Positive Interaction）和负相互作用（Negative Interaction）。

表 1-5 生物种间相互关系基本类型

类型	种 1	种 2	特征
偏利共生	+	O	种群 1 偏利者，种群 2 无影响
原始合作	+	+	对两物种都有利，但非必然
互利共生	+	+	对两物种都必然有利
中性作用	O	O	两物种彼此无影响
竞争：直接干涉型	-	-	一物种直接抑制另一物种
竞争：资源利用型	-	-	资源缺乏时的间接抑制
偏害作用	-	O	种群 1 受抑制，种群 2 无影响
寄生作用	+	-	种群 1 寄生者，通常较宿主 2 的个体小
捕食作用	+	-	种群 1 捕食者，通常较猎物 2 的个体大

（二）金融生态理论

1. 金融生态的含义

类比自然生态系统的功能结构层次划分，本书将金融生态系统的结构层次划分为金融生态主体、金融生态环境和金融生态调节三个部分。

金融生态主体，主要包括金融市场中金融产品和金融服务的生产者、消费者和分解者。生产者主要指金融产品和金融服务的提供者，主要包括金融机构和金融市场这两种具有种群特征的活动主体；消费者主要指由居民、企业、政府和国外等部门构成的金融产品和金融服务的消费群体；分解者主要指连接并且服务于生产者和消费者的主体，主要是指金融中介机构。

从广义上来看金融生态主体：首先，金融生态主体具有数量上和种类上的多样性，任何参与金融活动的个体或种群都是金融生态的主体，主体的多样性特征越显著，其相互之间的互补性就会越强，金融生态系统的自我调节能力就会越强，金融资源的利用率就会越高。其次，金融生态各主体之间具有相互依存性，生产者为消费者创造出运用后者多余资金获得收益的机会和渠道；消费者为生产者提供融资，为后者的生存和发展提供了动力来源；生产者和消费者双方的融资也为金融中介机构提供了业务内容和利润来源。

金融生态环境包括的因素较多，本书选取了对金融系统影响最大的法制环境、经济发展、社会诚信环境以及社会保障体系子系统。在金融生态系统中，人的活动始终贯穿其中：从金融产品的供给和需求到金融中介及其他金融服务，人的行为主导着所有的金融活动；同时，包括经济制度、信用制度、法制环境、文化传统在内的金融生态环境也不可避免地带有人的印记。因此，在金融生态体系中，金融主体和金融生态环境之间并没有十分明晰的界限。

金融生态调节，是指作为管理者的政府机构以及金融监管机构通过制定政策、进行调控、实施监管，对金融产品和金融服务的规模、种类、价格、质量等产生影响，从而规范金融机构和金融市场的运行。金融生态调节的范围涉及金融活动的方方面面，其目的是保障金融生态系统的正常运作。

上述三者之间彼此依存、相互影响、密不可分：金融生态主体和金融生态调节对金融生态环境具有很强的依赖性，一个良性的金融生态环境能为金融生态主体和金融生态调节提供有利的活动空间；反之，必然会阻碍金融主体的金融活动。与此同时，金融生态主体和金融生态调节通过自身的风险管理和资源配置等功能影响并优化着金融生态环境。

2. 金融生态系统的仿生性

"金融生态"是一个仿生概念，它是周小川在参考生态学的相关理论的基础上，结合我国的具体国情提出的。结合生态系统和金融的特征，将金融生态系统的仿生性归纳为以下几个方面：

（1）发展和演化过程。同自然生态系统一样，金融生态系统也经历了由简单到复杂，由低级到高级的长期的发展和演化过程。组成金融系统的金融工具、金融机构、金融业务也经历了从最初的传统货币到现在的各种金融创新工具不断涌现，从最初的友情借贷和银号等非正规金融发展到信用强大的正规金融，从最初的货币兑换业发展到现代银行业、证券业、保险业、理财业、基金业等百花齐放的金融业务的过程。不管是自然生态系统还是金融生态系统，每一次的演化都是为了适应环境的变化，并且伴随着新事物的诞生，总会有旧事物的消亡，也正是有了旧事物的消亡，才体现了新事物诞生的意义和价值。所以，无论是自然生态系统还是金融生态系统，其演化都体现了一种优胜劣汰、适者生存的自然法则。

（2）具有明确的功能特征。生态系统由生命系统和环境系统两部分组成，前者由生产者、消费者、分解者构成；后者包括参加物质循环的温度和光、土壤、水、二氧化碳和氧以及各种有机物。生产者是指能以简单的无机物制造食物的自养生物；消费者是针对生产者而言的，即它们自己不能制造食物，而是依赖生产者所制造的有机物质而生存；分解者的作用与生产者相反，其作用是把有机物分解为生产者能重新利用的简单化合物，并释放能量。

根据自然生态系统的层次划分，可以类似地对金融生态系统进行结构划分：总体上，金融资源的生产者、消费者和分解者及其所赖以存在的金融生态环境构成了金融生态系统：生产者主要是指各类金融机构及金融市场；消费者是指购买并享受金融资源的群体，如居民、企业以及政府；分解者主要是指各类监管机构和中介机构；金融生态环境则是指金融赖以生存的社会、经济、法制和文化环境。

（3）具有鲜明的制度特征。由于水分、光照、热量等的不同，造成自然生态系统中形成了物种的多样性，且不同地区的物种多样性各有其特点，例如草原生态系统、森林生态系统、海洋生态系统等。所以，自然环境的不同造就生物的多样性。同样，一个良性的金融生态环境有利于优化金融生态系统的结构和功能，降低金融运作的成本并提高其效率，避免机会主义行为的出现，因而对其产生正向激励作用以及约束机制；反之，一个恶性的金融生态环境会弱化系统内部的功能结构，提高运作成本，削弱金融的生产力，甚至破坏金融生态系统的平衡。

（4）具有自我调节功能。在长期的进化和演变过程中，自然生态系统和金融生态系统都形成了自我调节功能，以实现自身结构的优化平衡。前者的自我调节功能主要体现在：首先，在自然生态系统中，为了生存所需，生物要不断地从外界摄取物质和能量，同时，外界也会补偿其消耗；其次，在进行物质和能量转换的过程中，某个要素或渠道出现功能异常，系统就会发挥补偿作用。生态系统结构越复杂，其自我调节功能就会越强，反之越弱。

金融生态系统的自我调节功能主要体现在以下三个方面：首先，竞争机制能够在金融市场上实现优胜劣汰，通过破产、兼并调整金融组织的数量和规模，优化市场结构，提高金融生态系统的运行效率，改善金融生态质量；

其次，通过利率、汇率等手段可以调节资金的供求以及投资的规模和方向；最后，通过行业自律组织对金融市场各主体行为进行规范，避免恶性竞争。

（5）有限的自我调节能力。不管是自然生态系统还是金融生态系统，都有其固有的脆弱性，一旦外界的力量超过了自我调节的限度，就会打破生态平衡。对于自然生态系统而言，它的生态失衡表现为种群规模或者结构产生变化，例如一些物种的减少甚至灭绝。人作为生态系统的重要组成部分，对生态环境的影响最为显著，成为破坏生态平衡的主要因素，主要表现是：人为地改变自然生态系统的运作，严重地阻碍和破坏了自然生态系统的健康有序运转，典型代表就是森林砍伐和环境污染。

与此类似，在金融生态系统的运行过程中，过度的人为限制等行为也会影响到金融生态链的形成。例如，严厉的利率管制或价格管制将不利于利率或价格随市场的变化而波动，阻碍市场竞争机制发挥作用，从而不可避免地使部分资本流入到低效率或低报酬的生产领域，造成利润降低和资源浪费；过度严格的市场准入制度或业务范围限制会扼杀金融机构的积极性，不利于金融组织的萌芽和健康发展，阻碍了金融自由化和金融创新的实现。

二、村镇银行的信用环境

村镇银行的信用环境优化是一个涉及面广的系统工程，涉及多方主体、多种因素，结合金融生态系统的功能结构，可以类似地对村镇银行的信用环境进行结构划分：总体上，村镇银行的信用环境由生产者、消费者、竞争者和分解者所构成的群落及影响村镇银行的信用环境的各种生态因子构成；生产者主要指村镇银行；消费者是指村镇银行的借款者，主要包括农户和村镇企业；竞争者主要指其他农村商业银行；分解者主要指对村镇银行信用环境进行监管和服务的监管机构和中介机构；生态因子则指影响村镇银行的各类因子，如技术、法制、制度、文化、资源等。

对于村镇银行信用环境主体的定义，应该广义地理解：首先，村镇银行信用环境主体具有数量上和种类上的多样性，任何在村镇银行信用环境内活动的个体或种群都是村镇银行信用环境的主体，对村镇银行信用环境而言，其主体的多样性特征越显著，村镇银行信用环境的复杂性就会越强。其次，村镇银行信用环境各主体之间具有相互依存性，消费者的不良信用行为给生产者带来信用风险；生产者的内部机制不健全给了消费者产生违约行为的可乘之机；竞争者与生产者之间信息不共享对生产者规避信用风险造成阻碍；金融中介机构缺位造成生产者和消费者之间信息不对称。

村镇银行信用环境生态因子，是指对村镇银行信用环境造成影响的经济、社会、法制、文化、习俗等体制、制度和传统环境。本书选取的是对村镇银行信用环境贡献率最大的技术因子、法制因子、制度因子、文化因子和资源因子。与金融生态环境一样，在村镇银行信用环境中，人的活动始终贯穿其中，且各种因子也不可避免地带有人的印记。因此，村镇银行信用环境具有显著的复杂性。

金融生态调节，是指作为管理者的政府机构以及金融监管机构通过制定政策，对村镇银行信用环境进行监管和调控。金融生态调节的范围涉及村镇银行信用环境活动的方方面面，其目的是保障村镇银行的正常运作，在此基础上保障村镇银行信用环境主体的利益。

三、信用环境的生态学特征

在生态学理论的基础上研究信用环境问题，不难发现，信用环境在许多方面同生态系统相类似，是一个多生态学特征的研究范畴。主要表现在以下几个方面：

首先，同生态系统一样，信用也经历了由简单到复杂、由低级到高级的演化过程，其发展过程呈现出明显的阶段性。由商品生产者和交换者的资金余缺中诞生出的信用在经历了从最初的"以物易物"到现在的各种金融创新工具不断涌现，从最初的友情借贷和银号等非正规金融发展到信用强大的正规金融，从最初的货币兑换业发展到现代银行业、证券业、保险业、理财业、基金业等百花齐放的信用业务的过程后，信用关系不断深化，信用环境越来越复杂。

其次，信用环境的结构和秩序是在竞争中形成的，竞争的过程中处处体现着优胜劣汰的法则。可以将信用环境看作一个三维的"信用网络",这一网络由一条条"信用链"搭建而成,无数个"信用节"(交易者之间的信用关系)构成了"信用链"。随着交易主体的复杂化、交易内容的丰富化、交易形式的多样化,这个"信用网络"的规模将越来越大,结构会更加紧密,功能会更加强大。在这个"信用网络"下,特别是加入了约束机制和失信惩治机制后,发生"信用节"时,如果出现失信者,那么将被直接驱逐出去。另外,在这个"信用网络"下,出于利益的驱使,市场主体可以共享信用信息,甚至通过信用交易获取超过竞争对手的超额价值,进而形成壁垒,将竞争对手间接驱逐出市场。

再次,信用生态是在一定的环境下形成的,并且不同的环境对信用生态也会产生不同的影响。在生态系统中,每一种生物为了生存和繁衍,必须要充分利用周围环境,汲取空气、水分、阳光、热量和营养物质。所以,自然环境的不同造就生物的多样性。同样,良性的技术、制度、文化、法制环境有利于改善信用环境的结构,降低信用运作的成本并提高其效率,避免机会主义行为的出现,因而对其产生正向激励作用以及约束机制;反之,恶性的技术、制度、文化、法制环境会弱化信用环境的内部功能,提高信用运作的成本,甚至破坏信用环境的内部平衡。许多学者将法制因素作为改善信用环境的最重要因素,主要是因为政治、经济、文化的许多特征是通过法律制度来体现的,法制的完善与否决定了信用环境的优化与否。

最后,信用环境也有自我调节功能。在长期的进化和演变过程中,生态系统和信用环境都形成了自我调节功能来实现自身的动态平衡。生态系统的自我调节功能主要体现在两个方面:首先,在自然生态系统中,为了生存所需,生物要不断地从外界摄取物质和能量,同时,外界也会补偿其消耗;其次,在进行物质和能量转换过程中某个要素或渠道出现功能异常,系统会发挥补偿作用。生态系统结构越复杂,其自我调节功能越强,反之越弱。信用环境的自我调节功能主要体现在以下三个方面:首先,竞争机制能够在市场上实现优胜劣汰,优化信用环境的内部结构,改善信用环境质量;其次,通过利率、汇率等手段可以调节资金的供求以及投资的规模和方向;最后,通过行业自律组织避免生态竞争中出现盲目行为和恶性倾向，增强信用环境的稳定性。

四、村镇银行信用环境的生态因子构成及其特征

在自然生态环境中，尽管有数不清的生态因子对生态系统产生直接或间接的影响，但起主导作用的只有光因子、温度因子、水因子和土壤因子等少数几个生态因子。同自然生态系统类似，在村镇银行的信用环境这样一个微观的生态环境中，其影响因素也十分复杂，但起决定性作用的仍是少数几个因子。本书根据目前我国村镇银行信用环境的现实情况，认为对村镇银行信用环境起主导作用的因子主要包括互惠者因子、法律环境因子、制度因子、文化因子、需求因子以及资源因子。

（一）村镇银行信用环境的生态因子构成

1. 技术因子

在村镇银行的信用环境中，技术因子主要反映的是农村信用评级体系的健全程度。农村信用评级体系的完善对于优化村镇银行的信用环境具有重要意义。通过建立客户的信用信息数据库，根据掌握的信息对客户进行信用评级，按照信用评级给予不同的客户不同的贷款额度，对没有达到信用评级的客户不进行放贷，由此避免了由于信息不对称而带来的信用风险。

2. 法制因子

在村镇银行的信用环境中，法制因子主要指信用监管法律法规和监管机构的监管。

信用监管法律法规的完善不仅能对客户违约起到制裁警示的作用，并且为村镇银行进行信用管理提供了法律支撑。作为我国为扶持"三农"而设立的农村"本土银行"，村镇银行由于其特殊的市场定位，相较于其他商业银行来说信用环境更为脆弱。因此，在相关法律法规的建设上不仅应对现有的法律法规进行修订扩充，还应颁布实施针对村镇银行的专门法律法规，从而使村镇银行采取措施优化信用环境，有法可依。

监管机构加强对村镇银行的监管对于村镇银行优化信用环境具有重要作

用：首先，严格高效的监管能帮助村镇银行建立起与自身情况相匹配的信贷管理制度，从而降低风险资产所占比重；其次，严格高效的监管能控制村镇银行的授信管理，严格按照要求对借款农户和村镇企业提供授信额度；最后，监管机构对村镇银行的信贷投放进行监管，避免出现村镇银行违规向除农业以外的其他单一产业投放贷款。

3. 制度因子

在村镇银行的信用环境中，制度因子主要反映的是相关信用配套机制的落实程度。主要包括农村担保体系、风险补偿机制和农业保险制度。完善的信用配套机制能够保障村镇银行经营的良性循环，在这些机制下，村镇银行能有效规避信用风险，当产生实际损失后，村镇银行能获取补偿，从而减轻风险的积累。

4. 文化因子

在村镇银行的信用环境中，文化因子主要反映的是农民的信用意识程度。尽管道德是每个人发自内心的约束，并没有人去监督，但是道德对人的约束比制度约束更为重要，它与客户是否会出现违约行为有直接的关系。在一个信用意识普遍较高的地区，逃债赖债、违约、失信等现象出现的频率相对较低，而且由于普遍信用意识较高，一旦此类现象出现，便会受到村民的舆论攻击或者举报；而在诚信意识较差的农村地区，当群体中某些农民拖欠还款时，其他农民就会纷纷效仿，拖欠贷款的结果是大家发现自身并没有损害，因而产生了逆向选择，在还不上贷款的情况下再次借款，从而出现恶性循环和"羊群效应"。

5. 资源因子

在村镇银行的信用环境中，文化因子主要反映的是村镇银行的信用累积度。信用累积度直接关系到村镇银行的客户数量和质量以及抵御风险的能力。例如已有几十年历史的大型城市商业银行已形成了较高的信用累积度，因而其客户资源的数量和质量是其他金融机构望尘莫及的，同时，由于其经历了几十年的发展，已形成了自有的一套抵御信用风险的机制，所以其信用环境不是村镇银行能够拥有的。

（二）村镇银行信用环境生态因子特点

根据生态学中生态因子的相关理论，并结合目前我国村镇银行所处的信用环境，村镇银行信用环境的生态因子构成具有以下特点：

（1）动态性。由于国家政策、农村经济形势等的变动，村镇银行信用环境的生态因子不是一成不变的。例如，政府给予村镇银行各种政策资金补贴，便会使得村镇银行的制度、法制和资源因子向着良性的方向发展。同时，这些因子的变化有快慢、大小之分。

（2）系统性。构成村镇银行信用环境的各因子不是孤立存在的，而是彼此联系、互相促进、互相制约的，所有的生态因子有机结合起来便构成了村镇银行的信用环境。例如，政府颁布村镇银行进行信用风险管理的专门法规属于法制因子的优化，但由此带来的一连串连锁效应将会健全村镇银行的信用体系、增加村镇银行的信用积累，并且强化农民的信用意识，这会引起资源因子、技术因子和文化因子的同时优化。

（3）差异性。村镇银行的信用环境是个空间概念，由于经济发展水平、文化、社会习俗等的差异，不同地区村镇银行的信用环境也有所不同。

（4）共生性。构成生态环境的所有生态因子相互联系、相互影响、密不可分，其中任一因子的变化，必将引起其他因子不同程度的变化。比如，村镇银行的相关配套制度较完善，信用信息体系就会相对比较健全，农民的信用意识也会比较高；而如果农民信用意识不高，信用信息体系无法建立，村镇银行的信用便无法累积起来。

（5）不可替代性和补偿性。构成生态环境的任一因子都具有其各自的定位，各因子对村镇银行信用环境的影响都是不可替代的。如信用信息体系的建立为优化村镇银行的信用环境提供技术支持，各项配套机制的建立为优化村镇银行的信用环境提供制度支持，它们都是独一无二的。综上所述，这些因子都有各自的独特作用，但各因子之间能够互补。譬如，由于信用信息体系尚未完善造成的不足，可以由农民信用意识强化补偿，以平衡村镇银行的信用环境。

（6）不可控性。影响村镇银行信用环境的因子是不可控的。如政策法律环境、社会文化习俗等，这些并不是可以人为改变的。就算是可以人为改变的因子，也不是一朝一夕就可以改变的，就现阶段来说，要真正做到村镇银行的信用环境的优化，并不是转眼之间就能实现的。

（三）村镇银行信用环境生态因子的限制因子定律

由于生态梯度的存在，村镇银行的信用环境与其生态因子存在一种线性关系：当生态因子的成长越快时，村镇银行的信用环境越好；反之越差。如图 1–1 所示。

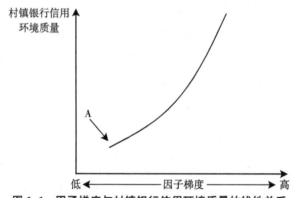

图1–1　因子梯度与村镇银行信用环境质量的线性关系

当一个单因子的因子梯度在 A 点以左时，村镇银行信用环境的质量便会受到负面影响，这时称该因子为限制因子；当该因子的因子梯度在 A 点以右时，村镇银行信用环境的质量便会提高，这时称该因子为利导因子。

根据影响村镇银行信用环境的技术、制度、法制、文化和资源因子是否是限制因子，可以将村镇银行的信用环境划分为 32 种类型，如表 1–6 所示。

表1–6　村镇银行信用环境的类型划分

类型 \ 因子	技术因子	制度因子	法制因子	文化因子	资源因子
1	利导	利导	利导	利导	利导
2	限制	利导	利导	利导	利导
3	限制	限制	利导	利导	利导
4	限制	限制	限制	利导	利导
……	……	……	……	……	……
32	限制	限制	限制	限制	限制

　　当村镇银行的信用环境处于第一种类型的时候，即其构成因子都是利导因子的时候最为理想；处于最后一种类型时，其信用环境最为脆弱。因此，必须要对村镇银行信用环境的各构成因子进行优化。

　　村镇银行由于其市场定位的特殊性，影响其信用环境优化的限制因素相比其他商业银行来说更为复杂。例如，信用信息体系尚未建立，相关政策不完善、机制不健全，农民信用意识薄弱，村镇银行自身信用累积不够，都影响了村镇银行信用环境的优化，成为村镇银行信用环境优化的限制因子。在所有影响村镇银行的因子中，限制因子对村镇银行的信用环境的影响最大，它不仅直接决定了村镇银行信用环境状况，还会限制其他因子作用的发挥。可以说，村镇银行信用环境的改善程度取决于限制因子作用的发挥程度。所以，要改善村镇银行的信用环境，必须时刻注意各生态因子尤其是限制因子的变化，避免限制因子恶化现有的信用环境状况，从而保证村镇银行信用环境达到一个稳定的状态。

　　在一定条件下，对村镇银行的信用环境起主导作用的因子是主导因子。主导因子和限制因子的区别在于后者往往是局部性和暂时性的。假设技术因子是影响村镇银行信用环境的一个主导因子，相对城市而言，农村地区的信用信息体系建设落后，信息征集困难，信用评级体系不科学，使得信用评级流于形式，这使得技术因子很有可能成为村镇银行信用环境的限制因子。而在城市商业银行，信用信息体系发展较为完善，信用评级技术成熟，因而技术因子一般不会成为它们的限制因子。

　　基于此，在村镇银行信用环境的优化过程中，应重点关注那些对村镇银行信用环境质量起主导作用的限制因子。因而，对于某些对村镇银行信用环境产生较小限制作用的因子，即非主导因子的限制因子，无须给予过多重视，而应重点优化对村镇银行的信用环境有重要影响的主导限制因子。

五、村镇银行信用环境存在的问题

　　结合对村镇银行信用环境生态因子的构成及其特点分析，从生态因子的角度对村镇银行的信用环境存在的问题进行分析。

（一）技术因子方面存在的问题

目前，我国许多地区都已开始建设农村信用信息管理系统，并已取得明显成效。例如，2014 年 2 月 2 日，四川省巴中市发布《巴中市加强农村信用体系建设的实施方案》，开始着手对贫困户、涉农小微企业主、巴山新居住户进行信息采集，目标是到 2017 年，所有农户和农村经济主体都有自身的信用等级。2013 年，贵州省黎平县政府经过走访调查、数据取样、样本分析，将该镇 70% 的农户诚信信息建立了电子档案，对不诚信农户进行详细注明。

由于政府尚未出台专门的关于农村信用体系建设的法律法规，也没有专门的机构对农户和村镇企业的征信行为进行管理，加上统一的市场准入、运行和退出机制欠缺，现阶段征信机制、信用评级缺乏效率，难以建立翔实可靠的信用信息数据库。对于农民工家庭，由于家庭主力常年不在家，信息难以采集；再加上受闭塞思想影响，一些农户不愿透露隐私；另外，由于农户众多、居住分散等，加大了农村的农户信用信息数据库建设的困难。主要表现在：

第一，农村信用信息数据库中信息不全面，信息准确性有待核实。目前，我国大部分农村信用信息数据库中只包含了从事农业生产活动的农户的基本信息（家庭收支、资产、农户年龄、住址、健康状况等）和信贷信息，而对于一些个体户农民的从商经营信息和财产状况信息并没有进行收集录入。另外，数据库中所收录的信息大多由乡（县）政府组织人员征集而来，并没有同专门的涉农机关部门如国土、农林等部门所采集的农户信息加以校对核查，使得信息的真实性有待商榷。

第二，无法和其他银行实现信息共享。自 2007 年 3 月 1 日首家村镇银行成立以来，全国各地的村镇银行如雨后春笋般应运而生。虽然目前村镇银行业务取得了一定的发展，但由于信息化建设严重滞后，结算系统不通畅等因素的掣肘，村镇银行目前都未接入人民银行账户管理系统、联网核查系统（公民身份核查系统）、信贷查询系统、个人征信系统，资源无法共享。这使得村镇银行难以对农户进行信用评估，导致产生信息不对称等问题。另外，由于村镇银行和国有商业银行、股份制商业银行、政策性银行、农村信用社并没有形成统一的行业规范，这些机构对本行（社）以外的农户信用等级一律不予认可，农户想要成为本行（社）信贷客户必须通过本行（社）的再次信用等级评定。这就造成农户信用评级信息互不通用、互不认可。

第三，信用评级操作流于形式。由于村镇银行对客户进行信用评级的时间较短，且进行信用评级时往往偏重历史数据，缺乏对反映企业经济最重要的现金流指标的分析。另外，目前的信用评级体系还存在诸多问题：①指标设计不合理。主要表现在指标的代表性不足，而且存在重复计分现象。譬如，计算财务效益和经营能力的指标相互关联度高，因而在考察这两个项目时会存在重复计分情况，使得评价结果有失公正。②信用评级针对性不足，一套模式多用。由于评级模式没有针对性，导致评级结果不能反映特定项目（比如负债能力）的真实情况。③各金融机构对农户及村镇企业的信用等评级结果的差异性很大，使得客户的信用评级不被普遍认可。由于没有统一规范的信用评级体系，同一农户或村镇企业在不同的金融机构得到的信用评级结果大不相同，例如有的客户在甲商业银行被评为"AA"级，到乙商业银行却被评为"BBB"级，银行间的信用评级互不认可。由于上述因素的综合作用，农户及村镇企业的信用评级流于形式。

第四，系统数据更新较慢。由于农户的居住地较为分散，加上搬迁及进城打工人员日益增加，造成农村人口流动性大，使得农户的信用信息较为分散、更新难度大。另外，由于人力所限，造成信息采集和跟踪监测困难，导致农村信用信息系统数据更新较慢。

（二）法制因子方面存在的问题

就目前的情况看，虽已出台《村镇银行管理暂行规定》《关于加强村镇银行监管意见》等专门针对村镇银行管理监督的规章条例，但对于村镇银行信用风险的监管主要还是按照《银行业监督管理法》《商业银行法》这些现有的、只针对商业银行的特点制定的法律、法规和规章。由于没有考虑到村镇银行的特殊性，这些法规并不适用于村镇银行的信用风险监管，使得村镇银行在进行信用监管时没有专门的法律保障。

由于缺乏针对村镇银行信用监管的法律、法规，在对农户进行信息采集、评估时也没有一个统一的行为规范，加上政府在村镇银行市场准入、运营和退出过程中监管不力，村镇银行在内部监管过程中存在治理结构不合理、监管文化缺失、内部授信机制可操作性不强等问题，使得村镇银行在开展信贷业务时无法可依，各参与主体职责不明确，无法获得完善的信用信息，缺乏有效监管，阻碍了村镇银行的健康发展。

（三）制度因子方面存在的问题

在村镇银行的信用环境中，制度因子主要反映的是相关信用配套机制的落实程度。

第一，信用风险担保机制缺乏。农民的资产主要表现为农作物、牲畜等动产，作为不动产的农机、房屋等缺少配套的产权登记且价值有限，而土地只能被承包而不能作为抵押，导致农户在贷款时缺乏有效的担保物，因而在贷款时经常产生"担保难"的问题。出于这种现实环境的限制，村镇银行向农户提供信用贷款面临着极大的风险，但是，我国目前尚缺乏有效的信用风险担保机制。

农村担保体系的建立对于优化村镇银行的信用环境更具有举足轻重的作用。政府与市场通力合作，建立起以政府信誉为担保，通过财政拨款，同时引入商业资本与民间资本的农村担保基金，并且建立起第三方担保公司，解决农户和村镇企业的"担保难"问题，使得当村镇银行的客户收入受损而选择拖欠贷款时，村镇银行获得风险补偿。这大大提高了村镇银行的贷款回收率，优化了村镇银行的信用环境。

第二，风险补偿机制尚未建立。由于农业经济具有弱质性和高风险性，农民极易遭受自然灾害风险和市场价格波动损失，加上我国农业的发展水平相比其他发达国家仍处于较落后的状态，农民抵御风险的能力较弱，极易遭受重大损失，最终导致其非自愿违约。因此，在这种情况下，当农民或村镇企业因遭受自然灾害风险而无法取得预期收益时，在没有其他风险补偿的情况下，拖欠贷款便成为必然，这时，村镇银行就会面临信用风险。

而村镇银行所发放的贷款多为支农惠农贷款，贷款利率较低，这更加重了村镇银行的信用风险。而政府并没有将这一利率差以财政补贴的方式补贴给村镇银行，导致村镇银行积累了大量的风险。

第三，农业保险制度不健全。农业保险制度作为现代农业发展最重要的制度保障之一，也是我国解决"三农"问题的重要途径。农业保险制度的意义在于"为农业生产者在从事种植业、林业、畜牧业和渔业生产过程中，对遭受自然灾害、意外事故疫病、疾病等保险事故所造成的经济损失提供保障"[①]。

我国政府一直以来对在农村地区建立农业保险制度采取的是鼓励支持的态度，譬如我国对参与农业保险的农户（包括规模经营主体）提供一定的保费补贴，这对农业保险制度在农村地区的广泛建立和推广起到了一定的推动作用。目前，这项政策的补贴范围已经扩大到全国，补贴品种也基本覆盖了主要的大宗农产品。除了政策补贴外，针对农民参保的农村商业保险机构数量大大增加，由最初的仅有 2 家（中国人民保险公司和中华联合财产保险公司）发展到现在的 27 家（获取经营资格的有 24 家），农村地区的保险有效供给大大增加。

但是，我国农业保险制度取得成绩的同时也存在着不少问题。主要表现在：首先，保费过高。尽管有农业保险保费补贴制度对农民进行保费补贴，同时政府也对农业保险的费用进行了几次改革调整。但是，由于收入低，目前的保险费用对农民来说还是偏高。其次，广大农民的保险意识薄弱。由于受封建思想的影响以及消息闭塞，保险并不为大多数农民所接受，对保险存在盲目甚至错误的认知，他们将保险与"乱收费"等同起来，或者认为买保险不吉利，并未树立起保险意识，这是农村地区保险无法普及、农业保险制度无法建立的重要原因。

（四）文化因子方面存在的问题

在村镇银行的信用环境中，文化因子主要反映的是农民的信用意识程度。

第一，农民的信用意识淡薄，诚信意识较差。在我国，农民作为一个文化水平相对较低的群体，信用意识比较淡薄，诚信意识较差，再加上传统思想的影响，逃债赖债、违约、失信等现象屡见不鲜；甚至有农户小额信用贷

---

① 引自《农业保险条例》。

款冒名、顶名，私贷村用等现象出现。

第二，农村地区容易出现"羊群效应"，加重了整个农村地区信用环境的恶化。由于地域位置和风俗习惯的影响，当群体中某些农民拖欠还款时，其他农民就会纷纷效仿，拖欠贷款的结果是大家发现自身并没有损害，因而产生了逆向选择，在还不上贷款的情况下再次借款，从而出现恶性循环和"羊群效应"。

（五）资源因子方面存在的问题

在村镇银行的信用环境中，文化因子主要反映的是村镇银行的信用累积度。

第一，村镇银行成立时间较短，在农村地区的认同感较弱。截至 2013 年 10 月 13 日，我国已组建村镇银行超过 1000 家。在承认村镇银行的快速发展的同时，不可否认村镇银行尚未在农村地区建立起较高的信用累积。村镇银行成立至今仅有短短的不到 8 年时间，在农村地区还没有信用基础，相比农信社等老牌农村金融机构，村镇银行在农户中的认同感较弱。

第二，农民对村镇银行的了解十分有限，有些甚至存在认知上的错误。在成立初期，村镇银行被相当一部分老百姓认为是"私人老板开的银行"，以为村镇银行的性质类似于 20 世纪末的农村合作基金①。认为村镇银行的成立仅仅是为了圈钱，一旦农民将钱存入，村镇银行便会消失，因而不敢前来存款。可见，村镇银行在农村还没有形成一定的信用累积，信誉度较差。

第三，由于其服务质量和效率较差，客户大量流失。由于村镇银行业务尚未成熟，一些业务只能通过母行代理，导致业务办理速度慢、效率低下。另外，由于目前村镇银行网点较少且分散，再加上业务简单，不支持异地存取款，这一点尤为不便，导致客户大量流失，并且降低了自身抵御风险的能力。

---

① 农村合作基金是在 20 世纪 80 年代中期家庭承包导致人民公社解体后，各地在对集体资产清理过程中实行"清财收欠，以欠转贷"而产生的。在 1997 年对其清理整顿、关闭的过程中，造成了大规模呆坏账，由于并没有安排上级风险准备金，而各地尽管向中央举债也根本无法满足上千亿元兑付需要；因此引发基层乡镇政府组织大量负债，最终都转化为农民和乡镇企业负担，这实际上已经类似于部分地方政府信用破产。

第三节 村镇银行信用环境中相关主体间的种群关系

同自然生态系统相类似，村镇银行的信用环境也是由各种各样的成员所组成的，如由村镇银行种群、其他农村商业银行种群、农信社种群、民间借贷组织种群等组成的资金供给方，由农户种群和村镇企业种群组成的资金需求方，以及由政府机构和监管机构组成的管理者，各个成员之间存在错综复杂的利益关系。

本书着重分析村镇银行和农户及村镇企业之间的关系以及村镇银行同其他农村商业银行之间的关系，所以，我们选取村镇银行信用环境中的村镇银行和其他农村商业银行这两个资金供给方种群和农户及村镇企业这两个资金需求方种群进行分析。

一、村镇银行与农户、村镇企业间的种群关系

作为金融生态环境中的核心子系统，信用环境直接决定了村镇银行的未来发展。而由于特殊的市场定位，我国村镇银行的信用环境具有较高的脆弱性。由于在借贷过程中存在内生的信息不对称问题，再加上村镇银行服务对象的特殊性，无法提供担保和抵押品。因此，村镇银行陆续建立了信用评价体系，减少信息不对称问题的产生。

但是，尽管建立了信用评价体系，借贷行为中的道德风险和逆向选择仍然层出不穷，主要是由于信用评价体系中的信息缺失和造假，使得在实际操作中信用评级流于形式，导致违约行为的出现。

（一）违约行为内在机理分析：基于演化博弈理论

假设某村镇银行建立了信用评价体系，但在信息征集的时候，存在信息缺失和造假，因此，借款人在进行借贷时，可以利用该信用体系存在的漏洞，

获得与实际情况不符的信用评级结果，由于没有抵押和担保，一些借款人在获得贷款后选择违约。

可以将村镇银行的客户分为两类：普通个体——选择按时还款的借款人（信用评级与实际相符的借款人），记为 t，比例为 $1-\varepsilon$（$0 \leq \varepsilon \leq 1$）；突变个体——选择拖欠贷款的借款人（信用评级与实际不相符的借款人），记为 c，比例为 ε。这是因为违约行为在大多数情况下并不是借款人借贷开始时就选择的行为结果，而是由于在借贷过程中出现的某些偶然因素使得借款人只能选择按时还款 x 或拖欠贷款 y 的行为，因此将拖欠贷款的借款人作为突变个体。由于村镇银行的借款者都生活在一个相对开放的环境中，他们对彼此的借贷信息相对比较了解，因而他们之间的博弈并不是完全隔离的，但也不是完全对称的，而是处于有噪声（Noisy Signals）的现实情况中。此外，所有的借款人都是同质的，即不能以借款人行动来判断其属于突变个体还是普通个体。

在以上假设情况下，普通个体和突变个体之间的博弈支付矩阵如图 1-2 所示，其中：①由于信用信息征集时容易出现信息谎报或漏报，信用评级与实际不相符的借款者可以"搭便车"，采取不诚信行为骗取信用，所以 R<T；②由于借款人都是理性的，所以 P>S。

（借款人 j）

		按时还款 x	拖欠贷款 y
（借款人 i）	x	R, R	S, T
	y	T, S	P, P

图1-2　村镇银行与农户、村镇企业借贷行为中的博弈支付矩阵

根据该支付博弈矩阵，可以得到：

结论 1：假设信用信息征集时由于信息谎报或漏报，导致借款人可以得到与事实不符的信用评级，即 R<T，则普通个体和突变个体都按时还款的纯战略演化稳定条件不能实现。

证明：选择按时还款 x 的普通个体 t 的预期效用为 $\mu_t(x) = R + (S-R)\varepsilon$，选择按时还款 x 的突变个体 c 的预期效用为 $\mu_c(x) = T + (P-T)\varepsilon$，则根据以上

演化博弈模型，普通个体和突变个体都选择按时还款的纯战略演化稳定条件为：

$$\mu_t(x) - \mu_c(x) = R - T + (S - P - R + T) \cdot \varepsilon > 0 \tag{1-1}$$

根据式（1-1），实现普通个体和突变个体都选择按时还款的均衡状态的充要条件是 $\varepsilon < \varepsilon_1 = \dfrac{R-T}{P+R-T-S}$。而由于 $R < T$，即 $\varepsilon < 0$，均衡状态无法实现。

结论 2：假设借款者都是理性的经济人，即 $P > S$，则无论是普通个体还是突变个体都不会选择按时还款。

证明：普通个体 t 选择拖欠贷款 y 的预期效用为 $\mu_t(y) = P + (T-P) \cdot \varepsilon$，突变个体 c 选择拖欠贷款 y 的预期效用为 $\mu_c(y) = S + (R-S) \cdot \varepsilon$，两者都选择拖欠贷款的纯战略演化稳定条件为：

$$\mu_t(y) - \mu_c(y) = P - S + (T - P - R + S) \cdot \varepsilon > 0 \tag{1-2}$$

根据式（1-2），两者都选择拖欠贷款的均衡状态的充要条件是 $\varepsilon < \varepsilon_2 = \dfrac{P-S}{P+R-T-S}$。由于 $P > S$，满足 $0 < \varepsilon < \varepsilon_2$，所以这种情况下的均衡状态能够实现。

综上，通过这个演化博弈模型可以看出，只要存在信用信息谎报或漏报，即信用信息系统存在漏洞，且借款人都是以自身利益最大化为目的的理性人，那么出现信用评级与实际不符，最终导致借款人违约的行为将是不可避免的。

（二）违约行为的防范：基于 Logistic 种群增长模型

由于信用信息体系的建立必须向农户及村镇企业征集信用信息，在这个过程中很容易出现后者向信息征集人员谎报或漏报信息的情况，或者出现信息无法采集的情况。在这种情况下，信息不对称的情况很容易出现，因此，必须建立农户及村镇企业和村镇银行独立共生的信用信息体系。下面根据种群增长的 Logistic 模型分三种情况对借款者数量和信用评级的关系进行说明。

1. 借款者无须信用评级就能获得贷款

在这种情况下，借款者可以独立于信用评级而与村镇银行产生借贷行为（无担保抵押），但是，由于信用评级完全取决于借款者的信用行为，因而前者无法独立于借款者而存在。此时，借款者数量和信用评级正确率（信用评级正确率=信用评级与实际情况相符的借款者/所有借款者）增长方程分别为：

$$\dot{x}_1(t) = r_1\, x_1\left(1 - \frac{x_1}{N_1} + \sigma_1\frac{x_2}{N_2}\right) \tag{1-3}$$

$$\dot{x}_2(t) = r_2\, x_2\left(-1 - \frac{x_2}{N_2} + \sigma_2\frac{x_1}{N_1}\right) \tag{1-4}$$

其中，$x_1(t)$ 代表 t 时刻借款者的数量，$x_2(t)$ 代表 t 时刻信用评级的正确率，r_1 代表借款者数量的自然增长率，r_2 代表随着信用信息体系逐渐完善信用评级正确率的自然增长率，$\dot{x}_1(t)$ 代表借款者数量的实际增长率，$\dot{x}_2(t)$ 代表信用评级正确率的实际增长率，x_1 代表借款者数量的上一期数值，x_2 代表信用评级正确率的上一期数值，N_1 代表独立状态下借款者数量的最大值，N_2 代表独立状态下信用评级正确率的最大值（$N_2 \leq 1$），σ_1 代表借款者对信用评级的依赖程度，σ_2 代表信用评级对借款者的依赖程度。令

$$
\begin{cases}
\dot{x}_1(t) = r_1\, x_1\left(1 - \dfrac{x_1}{N_1} + \sigma_1\dfrac{x_2}{N_2}\right) = 0 \\[2mm]
\dot{x}_2(t) = r_2\, x_2\left(-1 - \dfrac{x_2}{N_2} + \sigma_2\dfrac{x_2}{N_2}\right) = 0
\end{cases}
$$

解得，平衡点为 $P_1(N_1,\ 0)$，$P_2\left(\dfrac{N_1(1-\sigma_1)}{1-\sigma_1\sigma_2},\ \dfrac{N_2(\sigma_2-1)}{1-\sigma_1\sigma_2}\right)$，$P_3(0,\ 0)$。

根据微分方程的稳定性理论，P_1、P_2、P_3 满足稳定性 $\sigma_1\sigma_2$ 需满足：

$$
\begin{cases}
P_1(N_1,\ 0),\ \sigma_2 < 1,\ \sigma_1\sigma_2 < 1 \\[2mm]
P_2\left(\dfrac{N_1(1-\sigma_1)}{1-\sigma_1\sigma_2},\ \dfrac{N_2(\sigma_2-1)}{1-\sigma_1\sigma_2}\right),\ \sigma_1 < 1,\ \sigma_2 > 1,\ \sigma_1\sigma_2 < 1 \\[2mm]
P_3(0,\ 0),\ \text{not stable}
\end{cases}
$$

因此，当借款者无须取得信用评级就可以取得贷款时，演化的稳定性结果可以分为两种情况：①当 $\sigma_2 < 1$，$\sigma_1\sigma_2 < 1$ 时，即信用评级对借款者的依赖程度小于 1，且与借款者对信用评级的依赖程度之积小于 1 时，借款者数量达到独立状态下的最大值 N_1，此时，信用评级的正确率为 0，这就意味着信用评级已完全流于形式，借款者的违约行为泛滥；②当 $\sigma_1 < 1$，$\sigma_2 > 1$，$\sigma_1\sigma_2 < 1$ 时，即借款者对信用评级的依赖度小于 1，信用评级对借款者的依赖度大于 1，两

者之积小于 1 时，借款者数量为 $\dfrac{N_1(1-\sigma_1)}{1-\sigma_1\sigma_2}$，信用评级正确率为 $\dfrac{N_2(\sigma_2-1)}{1-\sigma_1\sigma_2}$。

2. 借贷行为和信用评级互相依存

在这种情况下，借款者必须达到一定的信用评级才能获得贷款；而信用评级和情况①一样，完全依附于借款者的信用行为。这时，两者之间都不可能独立存在，而是形成一种相互依存的关系。这时借款者数量和信用评级正确率的 Logistic 增长方程分别变为：

$$\dot{x}_1(t) = r_1 x_1\left(-1 - \frac{x_1}{N_1} + \sigma_1\frac{x_2}{N_2}\right) \qquad (1-5)$$

$$\dot{x}_2(t) = r_2 x_2\left(-1 - \frac{x_2}{N_2} + \sigma_2\frac{x_1}{N_1}\right) \qquad (1-6)$$

令

$$\begin{cases} \dot{x}_1(t) = r_1 x_1\left(-1 - \dfrac{x_1}{N_1} + \sigma_1\dfrac{x_2}{N_2}\right) = 0 \\[3mm] \dot{x}_2(t) = r_2 x_2\left(-1 - \dfrac{x_2}{N_2} + \sigma_2\dfrac{x_1}{N_1}\right) = 0 \end{cases}$$

解得，平衡点为 $P_1\left(\dfrac{-N_1(1+\sigma_1)}{1-\sigma_1\sigma_2},\ \dfrac{-N_2(1+\sigma_2)}{1-\sigma_1\sigma_2}\right)$，$P_2(0,\ 0)$。

根据微分方程的稳定性理论，P_1、P_2 满足稳定性需满足：

$$\begin{cases} P_1\left(\dfrac{-N_1(1+\sigma_1)}{1-\sigma_1\sigma_2},\ \dfrac{-N_2(1+\sigma_2)}{1-\sigma_1\sigma_2}\right),\ \text{not stable} \\[3mm] P_2(0,\ 0),\ \text{always stable} \end{cases}$$

因此，当借贷行为和信用评级互相依存时，根据 Logistic 模型，只会出现一种结果，借款者为 0，信用评级正确率为 0，这就意味着借贷行为无法进行，借款者数量无限减少，违约行为无法遏制。

3. 借贷行为和信用评级独立共存

在这种情况下，借款者和信用评级均可以独立存在，也可以互相依存。即借款者在进行借贷时需要参考其信用评级但不完全取决于后者；借款者的信用行为在一定程度上影响其信用评级，但不对后者起决定性作用。这时，借款者数量和信用评级正确率的 Logistic 增长方程分别为：

$$\dot{x}_1(t) = r_1 x_1 \left(1 - \frac{x_1}{N_1} + \sigma_1 \frac{x_2}{N_2} \right) \tag{1-7}$$

$$\dot{x}_2(t) = r_2 x_2 \left(1 - \frac{x_2}{N_2} + \sigma_2 \frac{x_1}{N_1} \right) \tag{1-8}$$

令

$$\begin{cases} \dot{x}_1(t) = r_1 x_1 \left(-1 - \frac{x_1}{N_1} + \sigma_1 \frac{x_2}{N_2} \right) = 0 \\ \dot{x}_2(t) = r_2 x_2 \left(1 - \frac{x_2}{N_2} + \sigma_2 \frac{x_1}{N_1} \right) = 0 \end{cases}$$

解得，平衡点为 $P_1(N_1, 0)$，$P_2(0, N_2)$，$P_3 \left(\dfrac{N_1(1+\sigma_1)}{1-\sigma_1\sigma_2}, \dfrac{N_2(1+\sigma_2)}{1-\sigma_1\sigma_2} \right)$，$P_4(0, 0)$。

根据微分方程的稳定性理论，P_1、P_2、P_3、P_4 满足稳定性需满足：

$$\begin{cases} P_1(N_1, 0), \text{ not stable} \\ P_2(0, N_2), \text{ not stable} \\ P_3 \left(\dfrac{N_1(1+\sigma_1)}{1-\sigma_1\sigma_2}, \dfrac{N_2(1+\sigma_2)}{1-\sigma_1\sigma_2} \right), \ \sigma_1\sigma_2 < 1 \\ P_4(0, 0), \text{ not stable} \end{cases}$$

由此可见，当借贷行为和信用评级独立共存时，只会出现一种结果，即当借款者和信用评级对彼此的依赖度之积小于 1 时，借款者数量为 $\dfrac{N_1(1+\sigma_1)}{1-\sigma_1\sigma_2}$，信用评级正确率为 $\dfrac{N_2(1+\sigma_2)}{1-\sigma_1\sigma_2}$。

基于以上分析，由于 $\dfrac{N_1(1+\sigma_1)}{1-\sigma_1\sigma_2} > \dfrac{N_1(1-\sigma_1)}{1-\sigma_1\sigma_2} > 0$，$\dfrac{N_1(1+\sigma_1)}{1-\sigma_1\sigma_2} > N_1 > 0$，$\dfrac{N_2(1+\sigma_2)}{1-\sigma_1\sigma_2} > \dfrac{N_2(\sigma_2-1)}{1-\sigma_1\sigma_2} > 0$，我们可以将三种情况下的借款者数量和信用评级正确率的大小以图表形式进行比较。如表 1-7 所示。

表 1-7　三种情况下借款者数量和信用评级正确率大小比较

	情况①	情况②	情况③
借款者数量	次大	最小	最大
信用评级正确率	次大	最小	最大

由此可见，当信用评级和借款者处于独立共存的状态下时，借款者数量达到最大，而违约风险也降到最小。此时，村镇银行不仅业务量大增，而且信用环境达到了最优状态，形成了良好的发展态势。

（三）模型结论

通过以上分析，可以得出以下结论：

（1）村镇银行服务对象的特殊性使村镇银行处于脆弱的信用环境中，导致其违约风险频发。只要存在信用信息谎报或漏报，即信用信息系统存在漏洞，作为理性人的借款人便会利用这一漏洞，最终导致借款人的违约行为。

（2）当信用评级和借款者处于独立共存的状态下时，借款者数量达到最大值，违约风险最低。当借款者无须信用评级便能取得贷款时，借款者数量次大、信用评级正确率次大；当借款者和信用评级处于互相依存的状态下时，借款者数量和信用评级正确率都为 0，都为最小；当两者处于独立共存的状态下时，借款者数量最大，信用评级正确率最高。

（3）在对村镇银行信用环境的优化过程中，我们应当建立起信用评级与借款者独立共存的信用体系。这就需要做到：①在向借款人提供贷款时，不能只凭借信用评级的结果向客户提供贷款，而是要进行多方考核，利用人缘、地缘关系获取借款人的信用信息；②村镇银行和农户、村镇企业多进行信息交流，减少信息不对称情况的产生；③在信息征集时，采取各项措施提高信息的准确性和完备性。

二、村镇银行与其他农村商业银行间的种群关系

（一）基于生态位理论的村镇银行和其他农村商业银行的种间竞争

种间竞争是指两个具有相似需求的物种，为了争夺空间和资源而产生的一个物种直接或间接抑制对方的现象。根据"高斯假说"，两个物种越相似，它们的生态位重叠就越多，竞争越激烈。近代人们又用竞争排斥原理表示这种概念，即在一个稳定的环境内，两个或两个以上受资源限制但具有相同资源需求的物种，不能长期共存在一起。

同样地，由于共处在同一个农村金融市场内，村镇银行和其他农村商业

银行共享着基础设施、人才、客户等资源，这时就会不可避免地出现生态位的重叠。下面以模型图说明村镇银行和其他商业银行生态位重叠关系情况（见图1-3）（X表示其他农村商业银行，Y表示村镇银行）：

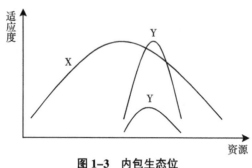

图1-3　内包生态位

在这种内包生态位状态下，其他农村商业银行（X）和村镇银行（Y）竞争的结果有：①其他农村商业银行X占绝对优势，将村镇银行Y完全排挤出去，后者将完全消失在农村金融市场中；②村镇银行Y具有竞争优势，将其他农村商业银行X从共同占有的生态位中排挤出去，结果是双方各自占有自己的生态位，彼此独立，共存于农村金融市场中。

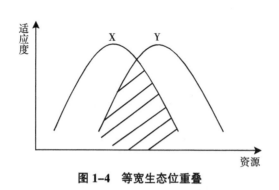

图1-4　等宽生态位重叠

其他农村商业银行X和村镇银行Y生态位等宽重叠时，意味着双方势均力敌，无法在竞争中分出优劣，双方共同占有重叠部分（见图1-4阴影部分）资源。

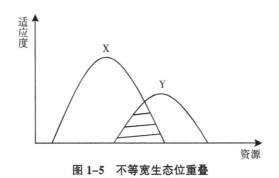

图 1-5　不等宽生态位重叠

在不等宽生态位重叠状态下，实力强的一方占据重叠部分生态位资源。从适应度来看，其他农村商业银行 X 的竞争实力更强，将占据共同资源（见图 1-5 阴影部分）。这种情况比较符合现实情况。

结合以上分析，我们可以得出结论：村镇银行和其他农村商业银行进行种内竞争的实质是：①两者之间的生态位部分重叠或完全重叠。鉴于村镇银行和其他农村商业银行共存于农村金融市场中，两者间的生态位不可能是完全分开的。②农村金融资源相对有限。在农村金融市场中，无论是村镇银行还是其他农村商业银行的发展总会受到资源的限制，例如，农村整体经济发展水平落后，农民收入较低，村镇企业效益较差，因此存款资源相对较少，在这种情况下，为了争夺储户，村镇银行和其他农村商业银行便展开了竞争。

（二）村镇银行与其他农村商业银行间的信用信息共享机制

通过以上分析我们知道，村镇银行和其他农村商业银行之间的竞争排斥是不可避免的，在这种情况下，双方对彼此的信息都是闭塞的，即村镇银行与其他农村商业银行不会共享农户及村镇企业的信用信息，而是独立地对客户进行信用评级。但这种状态对两者都不是最优选择，下面将通过 Logistic 种群增长模型分四种情况进行说明。

1. 村镇银行和其他农村商业银行相互独立

此时，村镇银行和其他农村商业银行处于信用信息不共享状态，双方根据各自掌握的农户及村镇企业的信用信息对客户进行信用评级，信用评级的正确率直接影响其贷款回收度。根据种群增长的 Logistic 模型，村镇银行和其他农村商业银行的信用评级正确率的演进方程分别为：

$$\begin{cases} \dot{x}_1(t) = rx_1\left(1 - \dfrac{x_1}{N_1}\right) \\ \dot{x}_2(t) = rx_2\left(1 - \dfrac{x_2}{N_2}\right) \end{cases}$$

其中，$x_1(t)$ 代表 t 时刻村镇银行的信用评级正确率，$x_2(t)$ 代表 t 时刻其他农村商业银行的信用评级正确率；$\dot{x}_1(t)$ 为 t 时刻村镇银行信用评级正确率的实际增长率，$\dot{x}_2(t)$ 为 t 时刻其他农村商业银行信用评级正确率的实际增长率；x_1、x_2 分别为村镇银行和其他农村商业银行信用评级正确率的上一期数值；N_1、N_2 分别为村镇银行和其他农村商业银行独立进行信用评级时正确率的数值上限（N_1，$N_2 \leqslant 1$），为常数，这一假定主要基于以下事实：在村镇银行与其他农村商业银行不共享信用信息的状态下，即在独立进行客户的信用评级状态下，双方可以根据自身掌握的客户信息来进行信用评级，但是同时，又会受到来自农户或中小企业违约行为的威胁；r 为村镇银行和其他农村商业银行信用评级正确率的平均增长率，与行业特性有关，为常数。

2. 村镇银行和其他农村商业银行实现互惠共生

在这种情况下，二者可以通过分享农户及村镇企业的信用信息，实现信息交换的无障碍，从而提高信用评级的正确率，对双方都有促进作用。加入参数 δ_1、δ_2，有：

$$\begin{cases} \dot{x}_1(t) = rx_1\left(1 - \dfrac{x_1}{N_1} + \delta_1\dfrac{x_1}{N_2}\right) \\ \dot{x}_2(t) = rx_2\left(1 - \dfrac{x_2}{N_2} + \delta_1\dfrac{x_2}{N_1}\right) \end{cases}$$

其中，δ_1 为其他农村商业银行信用评级正确率自然饱和度对村镇银行信用评级正确率增长的贡献，δ_2 为村镇银行信用评级正确率自然饱和度对其他农村商业银行信用评级正确率增长的贡献。

令

$$\begin{cases} \dot{x}_1(t) = rx_1\left(1 - \dfrac{x_1}{N_1} + \delta_1\dfrac{x_1}{N_2}\right) = 0 \\ \dot{x}_2(t) = rx_2\left(1 - \dfrac{x_2}{N_2} + \delta_1\dfrac{x_2}{N_1}\right) = 0 \end{cases}$$

平衡点有两个：$P_1\left(\dfrac{N_1(1+\delta_1)}{1-\delta_1\delta_2},\ \dfrac{N_2(1+\delta_2)}{1-\delta_1\delta_2}\right)$，$P_2(0,\ 0)$。

采用相关检验法检验这两个点的稳定性：

$$\begin{cases} P_1\left(\dfrac{N_1(1+\delta_1)}{1-\delta_1\delta_2},\ \dfrac{N_2(1+\delta_2)}{1-\delta_1\delta_2}\right),\ \delta_1\delta_2<1 \\[4mm] P_2(0,\ 0),\ \text{not stable} \end{cases}$$

因此，当村镇银行和其他农村商业银行共享客户信用信息时，稳定的演化结果只有一个，即 $P_1\left(\dfrac{N_1(1+\delta_1)}{1-\delta_1\delta_2},\ \dfrac{N_2(1+\delta_2)}{1-\delta_1\delta_2}\right)$，条件是 $\delta_1\delta_2<1$。此时，村镇银行和其他农村商业银行的信用评级正确率分别为 $\dfrac{N_1(1+\delta_1)}{1-\delta_1\delta_2}>N_1$，$\dfrac{N_2(1+\delta_2)}{1-\delta_1\delta_2}>N_2$，说明信用信息共享状态下两者信用评级正确率均高于各自独立进行信用评级时的正确率。

3. 村镇银行和其他农村商业银行实现偏利共生

在这种情况下，其他农村商业银行的信用评级正确率不发生变化，为 $\dfrac{N_1(1+\delta_1)}{1-\delta_1\delta_2}=N_1$，村镇银行的信用评级正确率明显高于独立进行信用评级时的正确率，为 $\dfrac{N_2(1+\delta_2)}{1-\delta_1\delta_2}>N_2$。

4. 村镇银行和其他农村商业银行实现寄生

在寄生状态下，其他农村商业银行和村镇银行的信用评级正确率分别为 $\dfrac{N_1(1+\delta_1)}{1+\delta_1\delta_2}\leqslant N_1$，$\dfrac{N_2(1+\delta_2)}{1-\delta_1\delta_2}>N_2$，说明此时至少村镇银行信用评级正确率高于独自进行信用评级时的正确率。

三、结论

（1）由于生态位的重叠，村镇银行和其他农村商业银行会不可避免地产生竞争排斥的关系。无论是村镇银行，还是其他农村商业银行，都奉行"对手皆敌手"的宗旨，尤其是在对客户进行信用评级时处于"各自为政"的状态，一味地追求"单赢"。由于生态位重叠，两者不可避免地对客户、资金、公共设施等各种资源展开争夺，造成其激烈竞争。

（2）当村镇银行和其他农村商业银行处于互惠共生状态时，对双方都是最优选择。当村镇银行和其他农村商业银行处于相互独立状态下时，两者的信用评级正确率并不能达到最大；当村镇银行和其他农村商业银行处于互惠共生状态时，通过分享客户信用信息，双方的信用评级正确率都能达到最大，即双方都能获利。

（3）当村镇银行和其他农村商业银行处于偏利共生和寄生状态时，至少对于村镇银行提高自身信用评级是有效的。当村镇银行和其他农村商业银行处于偏利共生状态时，村镇银行能达到信用评级正确率的最大值，但其他农村商业银行只能达到其独立评级时的最大值；而当两者处于寄生状态时，村镇银行能达到信用评级正确率的最大值，而其他农村商业银行的信用评级正确率处于最小值状态。

由于农村金融市场环境的复杂性，两者要想达到互惠共生状态是有一定难度的，这是由于在共生过程中，双方都是理性的经济人，都追求自身利益的最大化，信息的差异和多寡决定谁能在竞争中获得有利地位。因而在实际情况中，偏利共生和寄生情况更有可能发生。但对于村镇银行而言，哪种情况都能使其获利，提高信用评级的准确性，因此，我们在寻找优化村镇银行信用环境的政策方法时，一定不能忽略开通其与其他农村商业银行的信用信息共享渠道，这是降低其信用风险的一条有效路径。

第四节 优化村镇银行信用环境的制度安排

一、健全信用信息体系

（1）建立与健全农户和村镇企业信用信息数据库。一个完善的、准确度高的、信息全面的信用信息数据库是进行信用评级的基础，因而，各级部门应该按照中国人民银行发布的《农村信用体系建设基本数据项指引》(银办发〔2013〕62号文印发）的要求，采取各项措施完善农户和村镇企业的信用信息数据库，所做的工作包括：提高档案管理的电子化信息的处理水平，在原有纸质档案的基础上，加快农户和村镇企业信用信息的档案电子化进程；增强与乡、村政府及公安、税务、财政、法院、电信、保险、水电等政府机关和事业单位的沟通，实现农户和村镇企业的信息共享；建立专业性强、服务多样化、独立于村镇银行的第三方信息征集机构，在央行2015年1月5日印发的《关于做好个人征信业务准备工作的通知》要求下，对农户和村镇企业的信用信息进行采集、整理、归类、编排、分析和存档，同时在条件成熟时，允许各征信公司之间进行数据交换和信息共享，在全社会建立信用信息数据库；不断改进和加强信息采集和管理机制，做到将农村偏远地区的农户及常年外出打工的农民工家庭信息纳入信息库内；加强对信息采集人员素质的考核，建立征信人员的激励惩戒机制，培养其"不怕吃苦，多走农田，多找农户，多进农家，多想农事"的精神，增强农户信息的准确和完善程度；对农户开展信用信息普及教育，使其明白信息征集并不是"侵犯隐私"，避免在信息征集时出现信息谎报和漏报的情况；建立信用信息更新制度，对于农户及村镇企业已变动的信息及时进行修改录入，保证信用信息数据库的实时性和有效性。

（2）建立健全农村信用评价机制。在农户和村镇企业信用信息数据库的基础上，村镇银行应成立专门的资信评定小组，借鉴农信社及其他农村商业银行几十年信用评级的经验，在结合当地特点的基础上，遵循市场化的原则建立科学的信用评价机制，主要包括：①在评级过程中重视对反映企业经济最重要的现金流指标和所处行业的分析；②设立科学合理的指标体系，避免重复打分现象的出现，尽量保证评级结果的公正性；③在各农村金融机构间建立统一规范的信用评价指标体系和评级机制，使得客户的评级结果在各金融机构间通用，避免信用评级流于形式。在信用评级的基础上决定客户的授信额度，从源头上控制信用风险。

二、采取各项措施解决"担保难"问题

建立政府专项担保机制。应在统一管理、自愿、公平的原则下由政府对农户和村镇企业的贷款提供专项担保，解决其"担保难"问题，这需要政府提供财政拨款来建立农户担保基金。同时，为缓解政府的财政压力，可以采取由政府牵头，财政、借款者和民间资本共同出资的方式建立政府信用担保基金。

创新抵押担保方式。建立农户承包、租赁土地担保方式，农户或村镇企业在向村镇银行借款时可以在当地村委会的协商参与下签订土地担保协议书，当借款人无法还款时，授权给村委会对借款人的土地采取有偿转让的处理方式，将土地转让所获资金用来归还银行贷款，直到贷款还清后，再将土地归还借款人。另外，在客户进行临时贷款时，还可以采取农户动产抵押方式，农户可将货车、家用轿车以及收割机等大型农机具作为抵押担保，在进行动产抵押时，可按购买时间折旧后进行市场定价，且得到相关法律部门动产确认后办理。

利用农村集体公共积累资金成立农村小额贷款担保公司。目前，我国农村75%以上的行政村都有集体公共积累，少则几万元，多则几百万元。利用这笔资金，引入民间资本和商业资本，成立小额贷款担保公司，为各自村的农户和村镇企业提供担保，既有利于解决"担保难"问题，又能将闲置资金充分利用，达到"死钱变活钱""小钱变大钱"的效果。

三、提高对村镇银行信用风险的监管水平

尽快出台专门适用于村镇银行的信用风险监管的相关法律法规。首先，应尽快制定并出台《农村金融法》《农业保险法》等完善农村金融体系、提升农村金融服务、健全农村保险体系的相关配套法律法规；其次，修订和完善《担保法》《物权法》等现行的相关配套法律法规，使其增设关于村镇银行进行信贷行为的相应条款，为村镇银行进行信用风险管理提供法律依据；最后，出台相关对失信客户进行惩戒的地方规章制度，在全社会形成一定的警示作

用。由此，保证村镇银行在进行信贷业务时有法可依，明确各参与主体职责，获得完善的信用信息，保证其健康发展。

对村镇银行进行外部监管时应根据当地的实际情况和村镇银行的业务特点有针对性地进行监管。各地银监会应按照中国银监会 2014 年 12 月 12 日发布的《中国银监会关于进一步促进村镇银行健康发展的指导意见》（银监发〔2014〕46 号）的要求对当地的村镇银行进行监管，对于在进行现场检查时发现的必然导致信用风险的行为，例如向信用等级未达到信贷额度的客户发放贷款等行为，应予以相应的惩处，并进行通报批评，对其他村镇银行起到警示作用；对非现场检查中发现的可能引发信用风险的苗头，适时进行风险提示。同时，密切监管村镇银行的资金流动性情况，避免流动性风险的出现。

村镇银行要采取各项措施加强内部监管。包括完善公司治理结构，在村镇银行内部建立权责分明的责任制和问责制，明确银行董事会和高级管理层在内部监管中的职权和主要责任；在银行内部成立专门的监管部门，对反映村镇银行运营风险的各项指标进行实时跟踪监测，一旦出现指标异常波动，便尽快告知管理层，避免出现违约操作等引发信用风险的情况；在村镇银行内部营造监管文化氛围，向员工普及内部监管的重要性并明确自身在内部监管中的定位，使银行内部人人都参与到内部监控过程中。

成立村镇银行协会，建立协会成员之间互相监督、信息共享的良性合作机制。在协会内部，成员之间不仅可以共享信用信息、交流行内监管经验，还可以实现业务方面的交流与合作，形成联盟优势，对优化村镇银行的信用环境，实现村镇银行的健康发展具有重要作用。

四、健全农业保险制度

建立和健全农业保险制度对于优化村镇银行的信用环境具有重要意义：农业保险制度可以对由于自然灾害或市场波动带来的农户损失进行补偿，分散农业风险，增强农户抵御风险的能力，从而保障农民收入，减少其违约风险，从根本上降低村镇银行的信用风险。

首先，增强农业保险制度抵御风险的效力离不开政府的大力支持，这需要后者明确农业保险的政策性性质，给予农民农业保险补贴，同时根据农户的需求降低保险费用。

其次，商业性保险机构在农村地区开展保险业务时不能一味照搬其业务模式，而应根据当地的经济发展水平和农民收入情况，开拓新的保险产品，最大程度地帮助农民分散和抵御农业生产风险和自然灾害风险。

再次，政府要给予一定的财政支持，包括对商业保险机构给予一定的税收优惠及对投保农户实施补贴，从而提高这些保险机构在农村开展保险业务的积极性并鼓励农户投保。同时，政策性农业保险公司应明确自身定位，着力于开发那些成本较高、风险较大等商业保险公司不愿意涉足的险种。

最后，加强对农民保险知识的普及，增强农民的保险意识。采取措施纠正其关于保险是"乱收费""不吉利"的错误定义，使他们明白保险的重要性，不能抱着"不会这么巧就出事"的侥幸心理，学会利用保险来转移和规避风险。

五、帮助农户增强信用意识

在农村地区大力进行普法教育和诚信意识宣传，增强农民的法律意识和诚信意识，宣扬"守信光荣、失信可耻"，大力开展"信用户、信用村"评选活动；同时，建立诚信激励和失信惩戒机制，对信用状况良好的农户及村镇企业给予一定的奖励或优惠政策，譬如在同等条件下对其实行贷款优先、利率优惠、额度放宽、手续简便等优惠政策，起到示范效果，以鼓励其在今后的借贷行为中继续保持诚实守信的行为，以获取更多的利益；对信用状况差的客户，可以借鉴国外经验建立失信惩戒机制，一旦发生逃债、赖债、废债等各种失信行为，便将其信息在征信系统中进行更新，使得其不仅在今后的借贷中受挫，更会对其就业、消费等日常生活产生不利影响，同时，在农村金融机构之间建立"联动机制"，形成惩罚共同体；加强诚信者激励和失信者惩戒的宣传力度，对诚信贷款者产生正面激励作用，对有违约倾向的贷款者产生威慑作用，在全社会形成和谐的信用氛围。

六、加大对村镇银行的补贴力度

政府应建立专项风险补偿基金，对村镇银行的支农惠农贷款业务进行补贴。支农惠农贷款具有风险大、成本高、盈利少的特点，因而村镇银行在开展支农惠农贷款业务时面临着很大的信用风险。因此，各级政府应该投入更多专项资金对村镇银行发放的政策性贷款进行财政贴息，对村镇银行在支农惠农项目上的风险损失进行补偿，以确保其在政策扶持项目上的良好发展。

对村镇银行实行税收补贴，可以参照农信社改革时期的优惠政策，给予4~5年的减免政策。对财金〔2010〕42号文件规定的补贴，应免除其企业所得税。同时，根据村镇银行的发展力度，适当延长损失准备金税前扣除政策有效期。

给予适当的资金补贴支持。2014年3月11日，财政部颁布《农村金融机构定向费用补贴资金管理办法》（财金〔2014〕12号印发），建立定向费用补贴制度，对村镇银行等新型农村金融机构进行财政补贴，这意味着政府加大了对村镇银行的补贴力度，为村镇银行增大支农力度提供了动力。

政府应加大对村镇银行提供信贷支持的力度。从2015年4月20日起，中国人民银行在"普降"各类存款类金融机构人民币存款准备金率1个百分点的基础上，宣布对农信社、村镇银行等农村金融机构额外再降1个百分点，此举有利于增加村镇银行的派生存款，反映了政府对村镇银行的信贷支持力度不断加大。

七、加快村镇银行的信用累积速度

要改善村镇银行的信用环境，必须在农村地区积累起较高的信誉度，并且与当地农民和村镇企业建立起强韧的情感纽带，使广大农户真正从心底上拥护和信任村镇银行。这需要村镇银行提高服务水平和质量、加快业务拓展速度，并且政府也应向其提供必要的业务支持。

由于管理水平和发展历史的限制，村镇银行目前的业务水平和质量仍很落后、网点较少、无法实现异地存取款等问题已使其严重落后于农信社，更遑论其他大型商业银行。这便大大限制了其发展，将许多优质客户拒之门外。为改变这一局面，村镇银行需要大力提高服务水平，创新业务。在这方面，有一些村镇银行做到了与时俱进。

当地政府应采取措施帮助村镇银行在农村地区树立起良好的信用形象。政府可以公开将部分业务交给村镇银行办理，为其提供业务支持，通过政府的表率带头作用纠正农民对村镇银行的错误认知，以增强其公信度和信誉累积度。

第二章
村镇银行的信用风险及其传导机制

第一节　村镇银行信用风险的特点和成因分析

一、村镇银行信用风险及其特征

信用风险又称违约风险，指借款人因种种原因，不愿或不能履行还本付息的义务，而导致授信人的实际收益偏离预期的可能性。信用风险有狭义和广义之分：狭义的信用风险是指在违约实际发生后给授信人带来的损失，在此之前债务人信用状况的变化不在考虑范围之内；广义的信用风险既包括违约后导致授信人资产的变化，也包括借款人还款能力的变化导致的授信人资产价值变动。本书所论述的是狭义的信用风险。

对于村镇银行而言，信用风险主要集中于两类：一是指由于交易对手违约或逾期偿还贷款本息而引发的信用风险，既包括交易对象有能力履约但故意违约的主观信用风险，又包括由于自然灾害等使得交易对象丧失履约能力而引发的客观信用风险；二是村镇银行自身的信用风险，即村镇银行自身出现违约或者信用品质变化的可能性，其违约对象主要为村镇银行的负债来源方，如存款人、股东等。

村镇银行最主要的风险在于信用风险，这也是所有银行面临的最大风险。

信用风险波及面广、影响严重，其他风险的爆发均可能引发信用风险。

村镇银行面临着特殊的客户群体和业务环境，导致它的信用风险与一般商业银行有所不同。村镇银行的信用风险具有易发生、难评估和易传染的特点。

（一）村镇银行信用风险易发生

我国村镇银行主要发放涉农贷款，其面临的客户主要是农户和涉农小微企业，这两者的主要收入来源都是农林牧渔等，这也是贷款者唯一的还款资金来源，一旦收入来源断裂，极易造成因违约引发的信用风险。

农业的弱质性使得农民只能"看天吃饭"，农业的好与坏受到诸多因素的制约。宏观方面，有经济政策、地区稳定、自然灾害等，其中受自然灾害影响的不确定性较大，因为农业生产在很大程度上受自然条件影响，对自然灾害的抵御能力较差，尤其是我国与农业灾害相关的保险还不发达，一旦发生自然灾害，农民很有可能丧失还款能力。另外，我国农产品价格受国家经济政策影响较大，价格的剧烈波动也可能引发信用风险。微观方面，涉农小微企业和农户难以提供有效的担保抵押物，大部分只能以自身人格作为担保，在以往农村社会的评价体系中依靠邻里之间世代相传来进行，口碑评价往往具有真实性和约束性，相互欺骗的成本极高。但随着时代变迁，农村人口的流动性加快使得农村地区不稳定性加剧，传统道德评价体系断裂的现象开始出现，欺骗的成本降低，使得信用风险增大。

由于自然灾害、政治动乱、经济政策颁布等往往具有突发性和不确定性，又没有良好的担保物作为抵押，导致信用风险的产生具有突发性和不确定性。

由于村镇银行的客户主要是农民以及农村中小企业，而这部分群体除了自身受教育程度较低以及信用意识薄弱之外，对外界市场信息的获取也不够及时，导致其主动或被动违约。另外，村镇银行规模较小，资本充足率不高，抵御风险能力较弱。同时，村镇银行的业务具有高度的趋同性，一旦某一地域的经济环境或自然环境恶化，将大大增加其信用风险发生的概率。

（二）村镇银行信用风险难评估

我国农村存在着二元化的金融模式，一方面，由于我国农村的信用制度不完善，商业银行撤出农村金融市场，导致农村客户正规信贷交易的数据极其缺乏；另一方面，农户与农村中小企业的借贷需求刺激了农村地区的非正规借贷发展，这一部分的信息是非常丰富的，但目前并没有很好地被村镇银行所利用。农村信贷历史数据的缺乏和非正规借贷数据利用效果不佳，导致村镇银行对信贷业务的信用风险状况难以准确评估。

（三）村镇银行信用风险易传染

村镇银行面临的信用风险是环环相扣的，具有传导性。首先，对于村镇银行个体来说，其面临的个别客户的信用风险可能造成村镇银行对其他客户的支付困难，从而影响其业务的开展。其次，对于整个行业来说，一家村镇银行发生支付困难，将有可能发生挤兑效应，影响到该地区内其他村镇银行甚至其他类型的金融机构。

从农户角度来讲，由于农村地区群众知识水平不高，缺乏对法律法规的认识，会产生羊群效应，一人的信贷违约极易引发周围人跟风效仿。

村镇银行经营过程中发生的信用风险不仅会对其自身产生影响，还会对与之相关的交易对手产生影响。由于农村地区金融相关法律法规不够健全，村镇银行自身的风险抵御能力较差，一旦发生信用风险，极容易通过各种途径传导至其他农村金融机构，甚至对区域的经济发展产生重大影响。本书第三章将对村镇银行外部农村金融机构之间信用风险的传染和区域金融危机的发生进行详细的阐述。

（四）风险与收益的非对称性

村镇银行的收益是确定的，是事先规定好一个上限的，而风险则具有不确定性。村镇银行的风险大小取决于客户的违约概率，受自然因素、政策因素和市场因素的影响，农户和涉农小微企业的收益存在很大不确定性，因此还款能力也具有很大不确定性。再加上村镇银行为了防范风险，在贷前调查审核阶段对农村地区人员信用情况进行识别和评估所投入的成本远超商业银行，因此收益和风险具有非对称性。

二、村镇银行信用风险的表现

村镇银行信用风险可以从村镇银行贷款发放的贷前、贷中、贷后三个阶段进行描述。

(一) 贷前阶段

贷前阶段实际上是对村镇银行借款人相关信息、信用状况的调查阶段。

村镇银行首先要对申请贷款的农户或者农村小微企业进行信用调查,事实上,存在专业的信用评级部门,但由于信用评级部门并不涉及对农村地区小微企业的信用评级,并且农村地区个人征信制度还不健全,所以对农户、农村小微企业进行信用调查这一环节目前需要村镇银行独立完成。

在贷前调查环节中,客观上,由于农村地区交通不便利,居民居住较分散,给村镇银行调查借款人信息造成不便;主观上,由于农户和农村小微企业的经营特点,且借款人存在粉饰自身收入水平或财务报表的动机,村镇银行只从表面上很难获取借款人完整的信用信息,通常只有通过村委会、周围居民等日常与借款人接触密切的人群,或工商税务部门,才能了解到关于借款人更全面的信息。

因此,村镇银行贷前调查存在较大难度,借款人和村镇银行信息不对称现象严重。

(二) 贷中阶段

贷中阶段实际上包括信贷审查、信贷审批、信贷发放几个环节。

信贷审查和信贷审批环节中,由于村镇银行内部管控机制不严,贷款审查审批环节常出现银行工作人员因盲目追求业绩不严格遵循贷款方案审批程序将贷款发放给劣质借款人的现象;同时,村镇银行内部不同部门权责不明确、信息不对称的情况也常有发生,导致审查审批控制不力。信贷发放环节,由于农村地区借款人缺乏有效抵押物,通常采用无实物抵押的方式发放贷款,借款人违约风险增大。

(三) 贷后阶段

贷后阶段主要是村镇银行对放贷资金进行贷后使用的监督、跟踪、风险度量和贷款的收回。

在贷后使用监督、跟踪上,很多村镇银行因为人力、物力有限,为节约成本,往往重贷轻管,跟踪管理不到位;有时还会出现相关工作人员一人多职的现象，道德风险极大。

在风险度量上，村镇银行属于新生金融机构，发展不成熟，在没有相关部门支持的情况下，村镇银行信用风险度量技术、员工信用风险管理培训建设都存在不足，导致村镇银行所使用的风险度量技术较为简单、模型使用较少、定量分析差，工作人员个人主观意识在工作中常占据主导地位。

在贷款回收上，农村地区借款人的生产、经营受自然条件、市场条件和政策变化影响严重，导致农村地区借款人收益不稳定，在没有购买农业保险的情况下，借款人一旦发生收益损失将无以分担，很可能丧失还款能力，导致违约；而由于农村地区部分借款人信用意识淡薄，即使其有能力还款，也常发生不愿还款的现象，造成村镇银行信用风险的发生。

三、村镇银行信用风险的生成机制

村镇银行的资金规模小，经营能力有限，抵御风险的能力弱。为降低贷款信用风险的发生概率，首先分析贷款信用风险的生成机制。由于本书是基于逆向选择的视角开展研究，因此从服务对象入手，探讨信用风险的外部成因。村镇银行贷款信用风险的生成机制有如下几个方面：

农业是弱势产业，对自然环境的依赖性较强，且易受自然灾害的影响，而中国又是自然灾害频发地区，既有旱涝、风雹、低温冷冻等气象灾害，又有农作物病害、虫害、草害以及鼠害等生物灾害。农业生产的底子薄，基础设施落后，无法抵抗自然灾害，使农业生产遭受巨大损失，农民面临"看天吃饭"的窘境。农业是高风险、低收益的产业，农业生产领域的自然风险容易传导到农业信贷领域，导致村镇银行面临信用风险。

农业生产易受市场环境的影响。农民是弱势群体，知识水平较低，对金融知识知之甚少，缺乏对市场信息的捕捉能力。一方面，这会导致农户不能正确把握投资方向，在选择具有优势的农产品上可能存在盲区，使得投资遭受损失，客观上降低还款能力；另一方面，由于农业生产具有明显的季节性，生产周期较长，而市场的价格波动较快，在决定交易的时点上也不能较好地把握，使得农户出售农产品获得的实际收入低于其预期的收入。收入的减少，导致还款能力的下降。中国加入世贸组织后，农产品价格受到国际农产品市场的冲击，风险进一步加大。

农业风险集中度高，不易分散。村镇银行不能跨区域经营，贷款只能发放给当地的农户和农村小微企业，业务覆盖区域较小。在村镇银行的经营范围内，农产品趋同性较高，小微企业的产业结构单一，使得风险相对集中。当农业丰收、市场价格较高时，借款人收入增加，有能力还款；但在遭遇自然灾害或者市场行情不景气时，借款人收不抵支，丧失还款能力。当村镇银行的客户普遍出现这种现象时，村镇银行则面临集中的信用风险。

农户信用意识薄弱。由于国家在支持"三农"发展上出台了许多优惠政策，村镇银行顺应国家政策，承担了部分扶持性政策贷款，给需要帮助的农户和小微企业提供贷款，但农户和小微企业认为得到的贷款是国家为了扶持农业给予的"补贴"，是理所应当得到的，从而没考虑过要归还。农村地区经济发展落后，农民的受教育水平很低，缺乏法律意识、信用意识。农户间的借贷经常发生在亲戚、朋友之间，没有贷款期限和利率的限制，在没有信用约束的文化大环境下，信用缺失无足轻重。在有能力还款时，由于忽视信用而忘记归还贷款，或者明明记得贷款到期却不履约按时还款。农村地区脆弱的信用环境，使得农村金融市场上易产生"羊群效应"，一些借款人的逃债、赖账等行为引发"多米诺骨牌"效应，造成银行的信用风险。

农村信用体系的缺失。村镇银行成立后没有建立电子化的信用管理系统，也没有与人民银行征信系统联网，无法享用人民银行信用资源，同时缺乏历史信用资料，使得村镇银行无法掌握个人信用状况，村镇银行是否发放贷款只能通过对借款人信用等级的主观评定来决定。信贷员评定信用等级易受人缘关系、虚假信息、信用资料缺失的影响，降低了评级的精准度，导致村镇银行将贷款发放给高风险的借款人。

抵押、担保物缺失。在农村地区，农户和农村企业资产有限，无法提供有效的贷款抵押物。农户拥有的土地使用权、土地承包经营权等属于集体产权，难以合法流转，根据《物权法》的规定，不能用于抵押贷款；小微企业拥有的生产设备、产品等难以被估价，再加上农村产权交易市场的落后，村镇银行很难将其变现，无法作为抵押品。在抵押品充足的情况下，借款人选择违约时，村镇银行有权将抵押品变现，用于弥补因借款人违约造成的损失。在不存在抵押品的情况下，借款人选择违约时的成本几乎为零，提高了借款人的违约概率，增加了村镇银行的信用风险。

银行与借款人之间的信息不对称。在获得贷款之前，高风险的借款人为了获得贷款向村镇银行隐藏自己的风险类型，使得村镇银行无法准确区分借款人的真实类型而将资金发放给信用等级较低的客户，导致银行面临信用风险。在获得贷款之后，借款人不履行合同约定内容，将所贷款项用于风险较高的项目，导致项目失败的概率较高，借款人最终无力偿还贷款。

四、村镇银行信用风险的生成原因

村镇银行的信用风险实际上是由各种外部因素和内部因素共同决定的。本书接下来将从农民、农业、农村的特殊性，村镇银行自身以及借贷双方信息不对称五个方面阐述村镇银行信用风险生成的原因。

（一）农民信用意识淡薄且缺乏有效的抵押物

村镇银行所面对的客户（农民及农村中小企业）存在着信用意识淡薄和缺乏有效抵押物的问题，这增加了村镇银行的信用风险。

1. 农户信用意识淡薄

由于地域、文化等原因，农村的信用环境不佳，而目前农村又没有建立起信用制度体系，人们对于拖欠贷款的容忍度比较高，这导致涉农信贷的信用风险远高于一般的个人消费信贷和工商企业贷款。熊学萍等（2007）调研结果显示，接受调查的农户有超过九成选择"信用很重要"，但其中有将近五成"有过借款被拖欠"经历。可见，农户的实际行为与他们的信用观念并不匹配。

国家和政府为支持"三农"经济发展出台了一系列针对农民、农业、农村的保护和优惠政策，广大农民从中得到了大量的实惠，但这导致了一定的恶性结果，使一些农民对国家和政府的政策产生了很强的依赖性，将国家和政府出台的各种支农政策当作他们应该享受的福利，甚至以为他们向村镇银行申请的贷款是国家的补贴而不需归还，或者就算还不上最终也会由国家负责，从而忽视了自己作为贷款方应该承担的责任，还款意识极度欠缺。

由于农户之间的很多信息几乎透明，当出现个别农户拖欠贷款，而又没有受到惩罚时，其他农户也会模仿他们的行为而产生"破窗效应"，跟风拖欠贷款，若这种情况不能得到及时的遏制，可能引发"多米诺骨牌"效应，导致村镇银行整个贷款业务拖欠率提高，增加村镇银行的信用风险。

2. 农户贷款缺乏有效的抵押物

村镇银行客户存在的增大其信用风险的原因是缺乏有效的抵押物。虽然担保抵押会提高村镇银行贷款门槛，但这也是有效控制信用风险的重要手段。一般农户甚至富裕农户遇到的困扰是他们所能够提供的抵押物往往不能够被金融机构所接受。

农户所拥有的资产主要有林木、牲畜、农机具，房屋、土地、水面、海域的承包经营权等。金融机构拒绝上述物品或权利作为抵押物的理由主要是，林木、牲畜、农机具等价值有限，执行成本太高，比如需要考虑它们的存放和处置问题；而房屋一般是农民唯一的住所，其抵押难以执行，土地、水面、海域的承包经营权受限于所在的区域和本身的数量、质量，价值也不大，并且难以确权和登记。另外，由于农村没有统一完善的抵押市场，贷款人和放贷人对于抵押品的估价往往难以达成一致。基于以上原因，农村地区的贷款者普遍缺乏有效的抵押物。

（二）农业生产的弱质性

农业生产具有天然的弱质性，它同时受到自然环境如气候、水源、土壤、自然灾害等和市场环境的影响。我国地域辽阔，极端自然灾害的暴发往往使得农民遭受较大损失，造成非自愿违约，一旦自然环境或市场环境恶化，就会给农业生产带来极大的危害，从而直接影响到借款农民的资金状况，最终导致村镇银行的信用风险。

（1）自然环境的影响。我国的农业生产现代化程度不高，且农业保险在我国大部分农村地区尚未普及，故广大农民抵御自然灾害的能力较弱。当自然灾害发生的时候，借款农民的生产生活都将受到极大的影响，因资金状况恶化而失去还款能力，从而增加村镇银行的信用风险。

（2）市场环境的影响。农产品市场的供给和需求情况是不断变化的，这导致农产品价格具有一定的不稳定性。而我国目前大多数农民的生产规模较小，对市场的把握不够准确，这导致其经营结果会很大程度上受到市场环境的影响。我国加入 WTO 之后，农产品价格除了受到国内市场变化的影响之外，还受到国际市场的冲击，这进一步加大了农民所面临的市场风险。一旦发生价格大幅波动或农产品滞销，农民的收入就会受到极大的影响。

（3）自然环境和市场环境的共同影响。由于农业生产周期一般较长，整个过程都可能面临自然风险和市场风险。村镇银行主要是向农户和农业提供贷款，当农户和农村中小企业因遭遇到自然风险或市场风险而无法取得预期收益时，村镇银行就面临信用风险。

（三）农业产品的高度趋同性

农产品的供求价格受市场影响，虽然国家采取一定保护政策，但国内外经济环境的不断变化还是会造成农产品滞销或价格的剧烈波动。农业产品在市场上的价格对借款人收入影响较大，农产品售价高、成本价格低，借款人收益高，还款率一般较高，违约风险相对下降，反之，违约风险上升。

农产品生产周期较长，受到诸多因素影响，所以存在自然风险以及市场风险，风险存在于其生产的整个过程中，一旦发生，会影响农民收入，对于村镇银行而言则产生信用风险。

我国村镇银行实行本地化经营，一般会将贷款发放给当地借款人，而由于受到自然等因素影响，同一地域借款人经营的农产品种类相似，农产品具有高度趋同的特征。在这种情况下，一旦此区域经营的这一种或这一类农产品在市场上供过于求销售价格大幅下降时，这一地区的借款人的收入将受到较大损失，村镇银行的信用风险也会相应变大；当这一农产品成本价格上涨时，也会给这一地区借款人带来一定的收入损失，村镇银行同样面临严重的信用风险问题。

由于村镇银行实行当地化经营，以及同一地区农产品表现出高度趋同的特点，农产品市场价格的变化使得村镇银行面临很大的信用风险。

（四）农村地区的金融制度环境不完善

农村信用制度建设滞后，信贷信息缺失。我国的信用制度不完善，农村地区尤其存在信用制度缺失的情况，个人信用记录、信用账号等信用体系尚未建立起来。由于农村地区发展落后，许多村镇银行的业务处理还处于纸质化阶段，没有使用一般商业银行常用的电子化信息管理系统，导致农村地区客户的信用资料缺失。随着农村人口流动性增加，传统的口口相传的封闭式信用评价被打破，需要建立一个有效的信用体系对农民的信用进行评估与记录。另外，村镇银行没有及时申请银行代码，所以其业务工作过程中常用的账户系统、征信系统、信贷管理系统都不能与人民银行进行联网，也无法共享人民银行的信贷信息资源。这些问题导致了村镇银行对借款人贷前的信用评估、贷中的信用跟踪都存在比较大的困难，从而减小了村镇银行对借款者的信贷约束，增加了借款者的违约概率，加大了村镇银行的信用风险。

缺乏健全的农业保险体系。我国目前还没有健全的农业保险体系，这极大地增加了村镇银行所面临的信用风险。农业保险是农业风险补偿机制的一种，近年来我国加大了在农村推广农业保险的力度，农业保险可以帮助农民转移部分风险，这能够对村镇银行减小信用风险起到积极作用。但由于种种原因，目前农业保险发挥的作用还比较有限，主要原因有三个层面：政策性保险层面，目前农业政策性保险还处于试点阶段，对农民给予的风险补偿远远不够；商业保险公司层面，农业保险的盈利相对较少，但农业生产的风险又比较高，商业性保险公司出于盈利的目的，开展农业保险业务的积极性不高，另外，目前保险公司的创新性不足，所提供的农业保险险种比较少，对农民面临的自然风险无法起到完全转移的作用；农民层面，由于农民的保险意识不够，购买农业商业保险的主动性很低。

（五）村镇银行的风险管理制度不健全

村镇银行经营过程中忽视风险防范。由于村镇银行成立时间短，面临着同业竞争以及业务拓展的压力，盲目追求业务拓展，授信管理不严格，忽视了风险的防范；同时，由于村镇银行的人力、物力、财力有限，存在一人多职的情况；另外，员工没有意识到农村地区的金融环境相对复杂，风险意识比较淡薄，这些都给村镇银行埋下了风险隐患。村镇银行属于新型金融机构，其内部控制制度建立正在摸索之中，部分村镇银行直接照搬其发起行的内控机制，忽视了村镇银行面临的特殊环境，甚至有些村镇银行根本忽视了内控的重要性。村镇银行内部控制的不完善体现在治理结构不完善、管理人员配备存在不足、风险评估机制和内控监管体系不完善等，极大增加了信用风险发生的可能性。

村镇银行风险管理人才缺乏。村镇银行风险管理人才严重匮乏，员工风险控制能力不强。由于村镇银行规模小、业务少，地理位置又相对落后，对高素质人才缺乏高薪激励，村镇银行员工的素质普遍不太高，所以他们不仅合规操作意识差，而且还存在对借款人的信用资料利用不够、对农村经济的发展前景把握不准确、对金融风险的识别能力不强等问题，导致村镇银行特别容易发生信用风险。

村镇银行简单照搬一般商业银行的信用管理方法。由于村镇银行大多是由一般商业银行在村镇地区设立的，其信用管理方法多是简单照搬一般商业银行，与其面对的特殊环境不具有匹配性。村镇银行立足于农村，其客户存在众多非财务"软信息"，这导致村镇银行的信用调查与一般商业银行有很大不同，村镇银行简单照搬一般商业银行的方法，就难以完全地评估村镇银行客户的信用状况，而导致存在信用风险隐患。

（六）村镇银行与客户间的信息不对称问题比较严重

信息经济学认为，信贷市场中信息不对称的客观存在将容易引发信贷市场的逆向选择与道德风险问题。其中，事前的信息不对称引发逆向选择，它是指贷款企业或个人通过粉饰财务状况等违规行为来获取银行贷款资金，导致银行难以准确地观测到来自贷款企业的信用风险水平；事后的信息不对称引发道德风险，它是指贷款企业或个人获取银行贷款之后，在高收益动机的驱使下，擅自变更贷款资金的用途，将其转移到高风险项目，以博取高收益。

村镇银行面对的是数量庞大、居住分散、经营规模小，且缺乏担保和抵押品的农户以及农村中小企业，他们大多没有信用历史记录，更缺乏完善的财务及资产信息可供评估；另外，农村的信息传递不便利，使得村镇银行面临的信息不对称比城市工商贷款严重得多。这些问题导致村镇银行更容易产生逆向选择和道德风险引发的信用风险。

当农村信贷市场处于信息不对称状态时，村镇银行就无法准确地观测到每个贷款者的信用风险水平，于是只能根据借款者过去的平均信用情况制定贷款利率，此时信用风险低于平均水平的优质借款者就会因无法承担过高的融资成本而退出信贷市场，此时剩下信用风险相对更高的劣质借款者进行贷款，逆向选择就会发生，从而增加了村镇银行的信用风险。此外，大量劣质借款者因无法承受高融资成本或其他原因而促发高风险博弈行为，在借款之后可能改变借款资金的用途或隐瞒投资收益，甚至谎称投资失利来拖延还款，这样就会发生道德风险，从而增加村镇银行的信用风险。

如果农村信贷市场信息完全对称，村镇银行就可以准确地观测到各个贷款者的信用风险状况，选择高信用低风险的优质贷款者作为放款对象，将低信用高风险的劣质贷款者排除在外，从而有效抑制逆向选择与道德风险问题，降低其信用风险。

五、村镇银行信用风险管理现状

信用风险管理的目标在于提高对风险的可控性。通过系统科学的方法，对信贷中的风险进行识别，避免风险事件的发生，保证村镇银行信贷资金的安全。风险管理包括在事前、事中、事后采取措施，降低风险事件发生的概率，或者事件发生后，减轻事件的影响。逆向选择是一种事前的机会主义行为，容易导致信用风险，村镇银行应该进行事前风险管理，解决逆向选择问题，降低信用风险。

村镇银行信用风险管理的现状主要表现为如下几个方面：

（1）结构化管理。村镇银行为提高信用风险管理能力采用流程结构化管理方法。流程结构化是指通过流程设计实现风险管理结构化，然后发现风险，应对风险。村镇银行信用风险管理的流程包括风险识别、风险分析、制定处理与应对措施、风险监控。建立动态的风险管理体系，从风险识别到风险监控，如此循环往复，不断更新改进风险管理方案，提高风险管理的水平。

（2）差异化的评价机制。村镇银行为提高客户评级的准确性，实施差异化的信用评级机制。村镇银行的客户群体主要为农户和农村企业，针对不同的客户群体，村镇银行实施不同的评级办法。针对个人客户，村镇银行主要以客户的自身情况、家庭状况以及经营状况等对客户进行评分；针对农村企业，村镇银行主要以企业的财务状况以及企业主的状况为评分的依据，并且对不同的因素赋予不同的权重，根据加权的分数对企业进行评分。

（3）利率定价机制。由于风险与收益的非对称性，村镇银行贷款利率的定价机制应该能够弥补风险导致的损失，利率定价应综合考虑贷款的资金成本、管理成本、风险补偿成本以及目标利率等，使村镇银行的收益覆盖成本。

村镇银行信用风险管理存在的问题表现在如下几个方面：

（1）村镇银行缺乏科学完善的信用评级方法。首先，信贷员对借款人"硬信息"进行评分，这种方法虽简便易行，但村镇银行缺乏系统数据，对准确筛选借款人存在极大的限制；其次，评价指标不灵活，不能覆盖借款人的所有信息，难以反映借款人的真实状况。

（2）抵押担保模式单一，而且由于产权登记、抵押物变现以及第三方评估市场的空缺等问题，抵押物难以流转和变现，抵押担保贷款在农村金融市场上受到极大的挑战；而信用担保又极易导致逆向选择和道德风险问题，因此，村镇银行应创新抵押担保模式。

（3）村镇银行在数据的收集上存在阻力，一是征信系统的缺失使村镇银行无法获得各借款人的信用数据，二是农村中小企业提供的财务报表不合规而且数据的真实性无法保证。

（4）村镇银行信用风险管理方法落后。村镇银行运用传统的信用风险管理技术，通过信贷员对借款人基本资料的主观评价进行定性分析，结果具有很高的主观性。国外在管理信用风险上普遍采用定量分析方法，如 KMV 模型、Credit Metrics 模型、Credit Portfolio View 模型以及 Credit Risk+模型，这些管理方法通过数据对信用风险进行定量分析，具有较高的客观性和准确性。由于村镇银行在模型的使用条件方面受限制，因此村镇银行并不能在信用风险管理中广泛应用这些模型。

第二节　村镇银行信用风险的传导机理

一、村镇银行信用风险传导要素

村镇银行信用风险传导是指由于村镇银行信贷业务系统中某个风险节点受到外部或内部风险源的刺激而产生信用风险，依附于特定的传导载体，经过一定的传导路径，向村镇银行信贷活动的各个传导节点以及外部关联方传导和蔓延，进而导致村镇银行及关联方的收益偏离预期而遭受损失的过程。

一个完整的风险传导体系中包含五个风险传导要素，分别为风险源、风险传导载体、风险传导节点、风险接受者以及风险阈值。此外，风险流依附于风险传导载体在传导节点之间进行传递最终作用于风险接受者的过程称为风险传导路径。

（一）村镇银行信用风险源

下面从农民、农业、农村的特殊性，村镇银行风险管理能力欠缺以及借贷双方信息不对称五个方面阐述村镇银行信用风险生成的原因，可以将村镇银行信用风险源分为外部风险源和内部风险源两大块。

外部风险源包括：

自然环境。农业生产具有天然的弱质性，特别容易受自然环境的影响，抵御自然风险的能力差，如遇干旱、洪水、疫病、火灾、虫灾等情况，农户的生产生活容易遭受极大的伤害。

市场环境。农业生产周期长，若市场供求情况发生变化，而农户缺乏风险对冲手段，只能被动接受市场价格改变导致的收入变化；另外，随着全球化的深入发展，我国农产品价格不仅受国内市场的影响，还受到国际市场供需情况的影响，进一步增加了农户面临的市场风险。

政策环境。我国的农业生产相对落后，受到国家产业政策的大力扶持，但如果政策改变，将严重影响农户的收入状况。

信用环境。我国信用体系建设尚不完善，农村地区的信用制度更加缺乏。广大农民由于受教育水平相对较低，信用意识不强，且信贷市场存在信息不对称。同时，我国农民对农业扶持政策有较大的依赖性，认为贷款是国家给予的补贴，其用途可以随意改变，还款与否影响也不大，就算不还款也会由国家负责。若借款农户随意改变贷款用途，将贷款用于高风险的项目，或者不按时还本付息，将造成村镇银行的信用风险。

内部风险源主要是由于村镇银行本身风险管理意识不强，信用风险管理体系不健全，风险管理人才匮乏，员工业务能力不强等造成的贷前审核不严格、贷后管理不完善。

（二）村镇银行信用风险传导载体

传导载体最早出现在自然科学领域，指那些通过运载和传输其他物质来影响机体性能的物质。后来这一概念被引入社会科学领域，通常指那些承载并传递信息和知识的有形的物质或无形的效应。在风险传导过程中，传导载体承载了风险源引发的风险并将其传递出去，可见，风险传导载体表现出承载性和传递性的双重功能。传导载体自身的运行可以减弱风险，也可以放大风险。

由于村镇银行经营的是资金，故资金流是其信用风险传导最重要的载体。农户和农村中小企业由于生产和经营过程中资金缺乏，于是向村镇银行申请贷款，村镇银行发放贷款给农户和中小企业用于贷款合同规定项目，并按照合同规定的时间按时足额还本付息。若此过程中借款方受到外界风险源的刺激，或者贷款方由于未能合理规避内在风险源，导致资金流出现问题，信用风险就会产生。同样，信息流载体和人员载体也是村镇银行信用风险的传导载体。如果村镇银行有良好的信息管理系统，就能对贷款人的信息进行收集分析，便于消除信息不对称导致的逆向选择和道德风险；同样，如果村镇银行拥有高水平和高素质的风险管理人才，就能鉴别贷款中的风险点，对信用风险进行有效的防控。

（三）村镇银行信用风险传导节点

传导节点指传导体系内部和外部风险相互渗透、互相交叉聚集的结合点。可见传导节点是呈开放状态的，风险在此聚集或释放，风险聚集是外界的风险进入系统，风险释放是系统内的风险向外界放出，或者将部分风险转嫁出去。能否对传导节点实施有效的控制，关系到风险传递效应会被减弱还是增强，可见，传导节点是风险传导系统的关键。

对于最简单的一个农户向村镇银行申请贷款这一笔业务，接受风险源刺激后，信用风险经由资金流传导载体传递到农户，显然农户就是风险传导节点。但实际情况往往复杂得多，因为一个农村地区可能不止一家村镇银行，一家村镇银行又会向多名借款者发放贷款，如果其中一笔贷款业务发生违约，农户不还款并且未受到严重的惩罚，很有可能导致其他农户的模仿，于是产生"破窗效应"，每个农户都模仿身边的违约者，造成大规模的违约事件，这时第一个违约农户的违约行为即成为新的风险源，其他农户成为风险传导节点；另外，大规模违约事件会造成村镇银行的资金链出现问题，于是不能再贷款给新申请的农户，产生耦合效应，或者不能支付存款者的本金和利息，从而引发恐慌和挤兑，银行将面临破产的风险。此时，村镇银行也成为了风险传导节点，以此类推，可能对整个区域的金融环境和生产环境造成巨大的危机。

可见，对风险传导节点的控制有着非常关键的作用，如果传导节点化解风险的能力较强，能有效地抵御其他节点传导来的信用风险，就会减少信用风险的传递，甚至使整个系统的信用风险到此终止。反过来，如果传导节点化解风险的能力较弱，无法降低或转移信用风险，风险传导可能对传导节点造成重大冲击，这些冲击还可能转化为新的风险源，再次传导并蔓延至信贷系统的其他节点，给整个系统带来巨大的损失。

（四）村镇银行信用风险接受者

风险接受者是风险传导的最终受体，在传导节点处没有释放出去的风险最终传播到风险接受者。风险接受者处累积的风险量达到一定程度（风险阈值）时，累积的风险将剧烈释放，并向其他风险接受者传播，此时，原先的风险接受者又成为了新的风险源，作用于其他风险接受者之上。

显然村镇银行是信用风险的接受者，但如上文分析，如果村镇银行所承受的风险达到一定的量——风险阈值，且在此之前不能有效地化解或转移风险，那么它会转变成新的风险源，将信用风险向其他风险接受者传播。

将以上的风险传导要素组合在一起，构成风险传导逻辑，如图 2-1 所示：

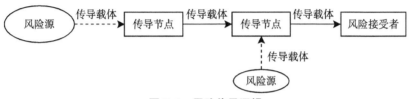

图 2-1　风险传导逻辑

（五）村镇银行信用风险阈值

风险阈值是指传导节点和风险接受者在某一时刻的风险状态由量变到质变的分界点，即传导节点和风险接受者所能承担的风险极限。风险在传导的过程中，会经过一个或者多个隐性的风险阀门。如果风险流形成的能量大于风险阈值，则风险流通过风险阀门，流向下一传导节点和风险接受者；如果风险流形成的能量小于风险阈值，则风险流无法通过风险阀门，停留在风险节点处，暂时不会对风险接受者产生影响。但需要指出的是，停留在风险节点处的风险流如果遭遇其他风险流的作用，形成强耦合效应，则会造成更大的风险流，共同作用于风险接受者。

下面对风险阈值进行分析。取传导节点 A 处对村镇银行信用风险有较显著影响的因素，假设它们发生的概率分别为 P_1、P_2、P_3，且这些风险源相互独立，它们导致节点 A 出现信用风险的概率分别为 P_1'、P_2'、P_3'，产生的风险量分别为 ω_1、ω_2、ω_3，则节点 A 出现信用风险的概率为：

$$P_A = 1 - (1 - P_1 P_1')(1 - P_2 P_2')(1 - P_3 P_3') \tag{2-1}$$

节点 A 处积累的风险量为：

$$R_A = P_1 P_1' \omega_1 + P_2 P_2' \omega_2 + P_3 P_3' \omega_3 \tag{2-2}$$

假定节点 A 的风险阈值为 R_{AO}，若 $R_A > R_{AO}$，则风险流会从节点 A 沿载体传导至节点 B。

取传导节点 B 处对村镇银行信用风险有较显著影响的因素，假设它们发生的概率分别为 P_4、P_5、P_6，且这些风险源相互独立，它们导致节点 B 出现信用风险的概率分别为 P_4'、P_5'、P_6'，产生的风险量分别为 ω_4、ω_5、ω_6，节点 B 本身发生信用风险的概率为：

$$P_B = 1 - (1 - P_4 P_4')(1 - P_5 P_5')(1 - P_6 P_6') \tag{2-3}$$

而影响节点 B 的风险因素不仅包括节点 B 处的风险源，还包括从节点 A 传导出的风险能量，设从节点 A 流出的风险流能传导至节点 B 并对其发生影响的概率为 P_{AB}，则节点 B 出现信用风险的概率为：

$$P_B' = P_A P_{AB} + P_B \tag{2-4}$$

节点 B 处积累的风险量为（忽略传导过程中的风险损失）：

$$R_B = P_4 P_4' \omega_4 + P_5 P_5' \omega_5 + P_6 P_6' \omega_6 \tag{2-5}$$

假定节点 B 的风险阈值为 R_{BO}，若 $R_B > R_{BO}$，则风险流会从节点 B 沿载体传导至下一节点或风险接受者。

值得注意的是，风险阈值并不是固定不变的，当村镇银行外部环境或内部系统的状态发生变化时，可能产生一定的诱因使得风险阈值改变。若风险阈值降低，则表示该风险节点的风险防御能力减弱，更容易导致风险的传导；而若风险阈值提高，则表示该风险节点的风险防御能力增强，会对风险传导的抑制起到积极作用。

二、村镇银行信用风险传导路径

风险传导路径是指风险源通过传导载体传导至传导节点，并最终作用于风险接受者的整个路线。由于风险传导体系中存在着种类各异、数量繁多的风险源、传导载体和传导节点，不同的风险源通过各种传导载体，经由不同传导节点向风险接受者传播的路径会呈现出错综复杂的网络化结构。

村镇银行信用风险传导是指风险源借助一定的载体，沿着特定的路径，在村镇银行内部进行传递，并通过金融交易对村镇银行以外的个人或部门产生影响与作用，使其产生风险或导致风险加剧的过程。村镇银行信用风险传导载体运载风险因子进行传递所经过的路线就是村镇银行风险传导路径。

村镇银行的信用风险主要分为贷前风险与贷后风险，贷前风险主要是由于信息不对称导致的逆向选择造成的，本节将重点分析贷后风险。本节将把村镇银行的信用风险传导分为两个层面：一是村镇银行内部信用风险传导；二是村镇银行外部的区域金融风险传导。

（一）村镇银行内部信用风险传导路径

先假设一种最简单的情况：①系统中只存在一个村镇银行和一个借款农户，且农户的贷款申请已得到批准；②村镇银行发放贷款后无法有效甄别信贷资金的使用状况；③村镇银行和借款农户都符合"理性人"假设；④借款农户愿意为较高的收益承担一定风险；⑤该贷款业务为信用贷款，无抵押物。这种情况下村镇银行信用风险的传导路径如图 2-2 所示。

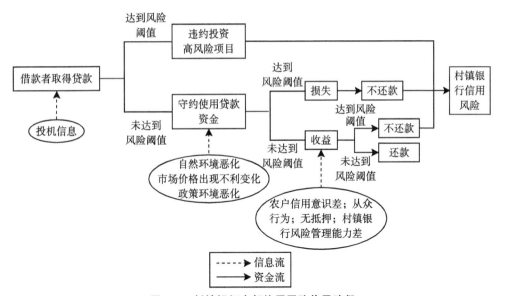

图 2-2 村镇银行内部信用风险传导路径

由于借款人在获得贷款后即掌握资金使用权，他会根据掌握的信息做出使自身利益最大化的资金使用选择，即便该选择可能违背初始签订的贷款合约所规定的资金用途。此时外界的投机信息成为风险源，它借助信息流对传导节点（借款者）产生刺激，当他得知有收益高于贷款合约规定用途的预期收益的其他投资项目时（当然他知道高收益伴随着较高的风险），他有可能做出违约投资高风险项目的选择。如果在这个传导节点上的风险量超出风险阈值，他就会做出违约的决定，此时资金流向及其收益偏离村镇银行预期，直接造成了村镇银行的信用风险。

若在上述传导节点处，风险量未超出风险阈值，那么这名借款者会选择守约使用贷款资金。这时他会面临新的风险源，包括自然环境恶化、贷款资金投向产品的市场价格出现不利变化、政策环境恶化等，这些风险源随着信息流载体对传导节点造成刺激。同样，在此处若风险量超过风险阈值，借款者面临损失，出现被动违约，无法按时还本付息，村镇银行信用风险暴露；若未超过风险阈值，证明借款者依然有能力抵御风险，获得预期收益。

当借款者取得收益之后，又将面临新的风险源，他可能信用意识比较薄弱，觉得既然没有抵押，就算不还款，村镇银行也不能采取什么措施，对自己不产生任何影响，此时他可能选择不还款。同样，此处风险量超过风险阈值时，他会选择不还款，村镇银行面临信用风险；若未超过风险阈值，他会按时还款。

通过以上分析可以看出，在一个最简单的模型中都有三种情况可能导致借款者不还款，从而造成村镇银行信用风险；而在存在这些风险源的情况下借款者还款的概率相对而言要小得多。

倘若此时村镇银行面临的信用风险未能得到及时的控制，它将转化为新的风险源与其他外界风险源发生作用，产生新的风险传导过程。

（二）区域金融风险传导路径

上文分析了系统中只存在一个村镇银行和一名贷款者的情况，但现实中的信用风险传导过程要复杂得多。将村镇银行内部信用风险传导模型的假设扩展，假设②~假设④均不变，将假设①改为系统中有多家村镇银行和众多存款者、借款者。当每一风险传导节点的风险量均达到风险阈值时，这种情况下村镇银行信用风险的传导路径如图2-3所示。

在村镇银行内部信用风险传导模型中，风险接受者是村镇银行，风险传导结果是，借款者到期不还款未受到惩罚，村镇银行出现信用风险。正如前文所述，风险接受者面临风险这一事件也可以成为新的风险源继续传递。现

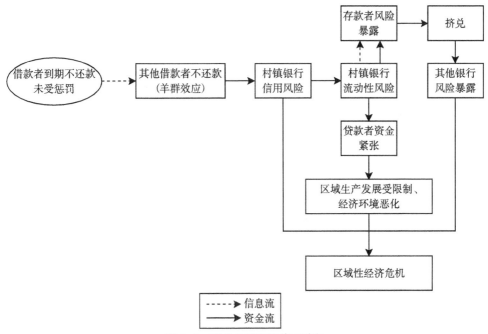

图 2-3　区域金融风险传导路径

在我们分析这种情况。

当借款者到期不还款未受到惩罚时，就会产生"破窗效应"，即环境中的不良现象如果被放任存在，会诱使人们仿效，甚至变本加厉。于是一名借款者不还款导致许多借款者模仿，导致"羊群效应"，使村镇银行出现大规模的信用风险，资金链出现问题，从而诱发流动性风险。

此时部分存款者已出现风险暴露。中国农户之间由于血缘和地域等因素形成了紧密关系网，农户群体内部的信息趋于完全，当任何不利于村镇银行的消息传出时，信息会迅速在农户群体内传播，加快风险信息的扩散。此时，每个储户最明智的选择就是立即加入挤兑的行列。此时其他银行也将面临挤兑风险。

另外，村镇银行的流动性风险必然导致其他信用良好的借款者无法借到资金，这会对他们的生产运营造成一定的影响。如果某一农村地区存在较多依靠贷款进行生产经营的人，资金链的断裂会直接导致区域生产发展受限制、经济环境恶化。

村镇银行及其他金融机构由信用风险诱发的流动性风险，加上区域经济环境恶化，共同导致区域性经济危机。

三、村镇银行信用风险传导模型及传导均衡性分析

（一）村镇银行信用风险传导模型

下面构建信用风险在区域系统中两个传导节点之间传导的一般模型，即信用风险在两个传导节点之间传导以及动态配置达到均衡的过程，以具体探究信用风险传导的机理。

给出模型相关假设及符号如下：

第一，信用风险在两个传导节点之间的传导具有无摩擦的特征，$R_1(t)$、$R_2(t)$分别表示 t 时刻两个风险传导节点的风险大小；

第二，R_1^m、R_2^m分别表示两个风险传导节点的风险阈值；

第三，由于传导节点处的风险管理水平等因素，每个传导节点均具有一定的风险免疫能力，这种风险免疫能力能使传导节点处的风险承受能力有所提升，但这种风险免疫能力是有限的，即传导节点面对的信用风险不能被完全免疫，δ_1、δ_2分别表示两个传导节点的风险免疫系数，显然存在 $0 < \delta_i < 1$（$i = 1$，2）；

第四，风险传导子系统内两个传导节点之间的风险是双向传导的，λ_1、λ_2分别表示传导节点 2 对传导节点 1 的风险传导系数和传导节点 1 对传导节点 2 的风险传导系数。

本书所构建的信用风险传导模型需要满足传导效应、阻滞效应和免疫效应。

1. 传导效应

在村镇银行信用风险传导子系统中，每个传导节点的风险累积速度和与之相邻的传导节点的风险状态成正比，例如，传导节点 1 的风险水平越高，则传导节点 2 的风险累积速度越快，所以每一个传导节点都依赖于其他相邻传导节点的风险状态，这反映了风险传导子系统中的传导效应。以$\dot{R}_1(t)$、$\dot{R}_2(t)$分别表示传导节点 1 和传导节点 2 的信用风险累积速度，其中$\dot{R}_1(t) =$

$\dfrac{dR_1}{dt}$、$\dot{R}_2(t) = \dfrac{dR_2}{dt}$，反映信用风险传导效应的关系为 $\dot{R}_1(t)$、$\dot{R}_2(t)$ 分别与 $\lambda_1 R_2$、$\lambda_2 R_1$ 正相关。

2. 阻滞效应

在风险传导子系统中，每个传导节点也存在相应的风险管控措施，随着信用风险的传导和累积，信用风险的扩散速度降低，传导节点 1 和传导节点 2 的风险阻滞因子可以表示为 $\dfrac{R_1}{R_1^m}$、$\dfrac{R_2}{R_2^m}$，反映信用风险阻滞效应的关系为 $\dot{R}_1(t)$、$\dot{R}_2(t)$ 分别与 $\dfrac{R_1}{R_1^m}$、$\dfrac{R_2}{R_2^m}$ 负相关。

3. 免疫效应

在风险传导子系统中，每个传导节点不仅对自身的风险存在阻滞效应，同时，能够对其他传导节点处传导而来的风险进行有限的免疫，即每个传导节点的风险承受能力得到了扩展，风险阈值有所提高，例如传导节点 1 扩展后的风险阈值是 $R_1^m + \delta_1 R_2$，传导节点 2 扩展后的风险阈值是 $R_2^m + \delta_2 R_1$。

根据以上分析，构建村镇银行信用风险传导子系统的风险传导模型如下：

$$\begin{cases} \dot{R}_1(t) = \lambda_1 R_2 \left(1 - \dfrac{R_1}{R_1^m + \delta_1 R_2} \right) \\[3mm] \dot{R}_2(t) = \lambda_2 R_1 \left(1 - \dfrac{R_2}{R_2^m + \delta_2 R_1} \right) \end{cases} \tag{2-6}$$

上述微分方程组属于动力系统的范畴，且为非线性的，而非线性微分动力系统模型一般难以通过微分方程组求解，故选择相平面分析法来分析其轨线特征，揭示两个传导节点之间的风险传导过程以及风险均衡配置状态。

给出微分动力系统的李雅普诺夫稳定性判别定理，对于微分动力系统的二维形式如下：

$$\begin{cases} \dot{x} = f(x, y) \\ \dot{y} = g(x, y) \end{cases} \tag{2-7}$$

若 (x_0, y_0) 为微分动力系统（2-7）的平衡点，即 (x_0, y_0) 满足式（2-8）

$$\begin{cases} f(x_0, \ y_0) = 0 \\ g(x_0, \ y_0) = 0 \end{cases} \tag{2-8}$$

m、n 为微动力系统（2-7）的特征根方程参数，其中

$$m = \left(\frac{\partial f}{\partial x}\right)_{(x_0, y_0)} + \left(\frac{\partial g}{\partial y}\right)_{(x_0, y_0)} \tag{2-9}$$

$$n = \left(\frac{\partial f}{\partial x}\right)_{(x_0, y_0)} \left(\frac{\partial g}{\partial y}\right)_{(x_0, y_0)} - \left(\frac{\partial f}{\partial y}\right)_{(x_0, y_0)} \left(\frac{\partial g}{\partial x}\right)_{(x_0, y_0)} \tag{2-10}$$

且满足 $m^2 - 4n \geqslant 0$，则有：

（1）当 $m < 0$，$n > 0$ 时，$(x_0, \ y_0)$ 为微分动力系统（2-7）的稳定节点；

（2）当 $m > 0$，$n > 0$ 时，$(x_0, \ y_0)$ 为微分动力系统（2-7）的不稳定节点；

（3）当 $n < 0$ 时，$(x_0, \ y_0)$ 为微分动力系统（2-7）的鞍点。

（二）村镇银行信用风险传导的均衡性分析

1. 信用风险传导模型的平衡点及其特征

根据判别定理，信用风险传导模型（2-6）的平衡点满足如下方程组：

$$\begin{cases} f(R_1, \ R_2) = \lambda_1 R_2 \left(1 - \dfrac{R_1}{R_1^m + \delta_1 R_2}\right) = 0 \\ g(R_1, \ R_2) = \lambda_2 R_1 \left(1 - \dfrac{R_2}{R_2^m + \delta_2 R_1}\right) = 0 \end{cases} \tag{2-11}$$

求解式（2-11）得到两个平衡点，分别为原点（0，0）和点 Q $(R_1^*, \ R_2^*)$，其中 $R_1^* = \dfrac{R_1^m + \delta_1 R_2^m}{1 - \delta_1 \delta_2}$，$R_2^* = \dfrac{R_2^m + \delta_2 R_1^m}{1 - \delta_1 \delta_2}$。由于外部风险源的存在以及风险的传导，信用风险不可能完全避免，平衡点（0，0）显然不符合实际情况，故点 Q $(R_1^*, \ R_2^*)$ 是信用风险传导模型的唯一平衡点。由于本书所构建的信用风险传导模型属于二维非线性微分动力系统，下面引入二维非线性微分动力系统的特征矩阵 $\bar{Z}$ 来进一步探讨信用风险传导模型平衡点 Q $(R_1^*, \ R_2^*)$ 的稳定性特征。

$$\bar{Z} = \begin{bmatrix} f_{R_1} & f_{R_2} \\ g_{R_1} & g_{R_2} \end{bmatrix} = \begin{bmatrix} -\dfrac{\lambda_1 R_2}{R_1^m + \delta_1 R_2} & \lambda_1 \left[1 - \dfrac{R_1^m R_1}{(R_1^m + \delta_1 R_2)^2}\right] \\ \lambda_2 \left[1 - \dfrac{R_2^m R_2}{(R_2^m + \delta_2 R_1)^2}\right] & -\dfrac{\lambda_2 R_1}{R_2^m + \delta_2 R_1} \end{bmatrix} \tag{2-12}$$

将平衡点 Q (R_1^*, R_2^*) 代入特征矩阵（2-12）对应的特征根方程，得到判别式如下：

$$m = -\left[\frac{\lambda_1(R_2^m + \delta_2 R_1^m)}{R_1^m + \delta_1 R_2^m} + \frac{\lambda_2(R_1^m + \delta_1 R_2^m)}{R_2^m + \delta_2 R_1^m}\right], \quad n = \lambda_1 \lambda_2 (1 - \delta_1 \delta_2), \quad m^2 - 4n \geqslant$$

$4\lambda_1 \lambda_2 (1 - \delta_1 \delta_2)$

信用风险传导模型的第三个假设中有 $0 < \delta_i < 1 (i = 1, 2)$，于是存在 $0 < \delta_1 \delta_2 < 1$，所以满足 $m^2 - 4n > 0$，$m < 0$，$n > 0$，由判别定理可知，信用风险传导模型的唯一平衡点 Q (R_1^*, R_2^*) 是该微分动力系统的稳定节点。

2. 信用风险传导模型的轨线演化及其均衡

在平面集合 $\{(R_1, R_2) | R_1 > 0, R_2 > 0\}$ 上建立二维相平面，二维相平面被两条边界线 L_1、L_2 分割为四个区域，其中方程 $R_2 = \dfrac{1}{\delta_1}(R_1 - R_1^m)$ 确定了边界线 L_1，方程 $R_2 = \delta_2 R_1 + R_2^m$ 确定了边界线 L_2，两条边界线的交点为平衡点 Q (R_1^*, R_2^*)，四个区域所对应的轨线梯度场分布情况如下：

S_1：$\dot{R}_1 > 0$，$\dot{R}_2 > 0$　　　　S_2：$\dot{R}_1 > 0$，$\dot{R}_2 < 0$

S_3：$\dot{R}_1 < 0$，$\dot{R}_2 > 0$　　　　S_4：$\dot{R}_1 < 0$，$\dot{R}_2 < 0$

信用风险传导的相平面轨线演化如图 2-4 所示：

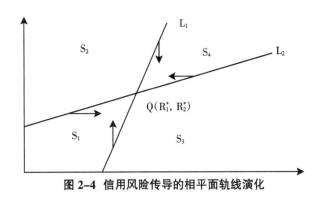

图 2-4　信用风险传导的相平面轨线演化

从图 2-4 可以得到信用风险传导模型的轨线演化轨迹如下：若信用风险子系统的初始风险分布于区域 S_2 内，则依据该区域对应的轨线梯度场分布状态，信用风险传导轨线会穿过边界线 L_1 进入区域 S_4，或者穿过边界线 L_2 进入区域 S_1；若信用风险子系统的初始风险分布于区域 S_3 内，则依据该区域对应的轨线梯度场分布状态，信用风险传导轨线会穿过边界线 L_1 进入区域 S_1，或者穿过边界线 L_2 进入区域 S_4；若信用风险子系统的初始风险分布于区域 S_1 或 S_4 内，则依据该区域对应的轨线梯度场分布状态，信用风险传导轨线会进入平衡点 $Q\ (R_1^*,\ R_2^*)$。由于平衡点对应的梯度方向为 $\dot{R}_1 = 0,\ \dot{R}_2 = 0$，一旦信用风险传导轨线进入平衡点，则将滞留于平衡点，即信用风险传导轨线演化过程达到均衡。

3. 信用风险传导模型的效应分析

将风险传导模型变换为如下形式：

$$\begin{cases} \dot{R}_1(t) = \lambda_1\, R_2 \left(1 - \dfrac{R_1}{R_1^m} + \dfrac{\delta_1 R_1 R_2}{R_1^m (R_1^m + \delta_1 R_2)} \right) \\[4mm] \dot{R}_2(t) = \lambda_2\, R_1 \left(1 - \dfrac{R_2}{R_2^m} + \dfrac{\delta_2 R_1 R_2}{R_2^m (R_2^m + \delta_2 R_1)} \right) \end{cases} \qquad (2\text{-}13)$$

前文中已经提到，信用风险传导系统中的每一个传导节点的风险累积速度受到传导效应、阻滞效应和免疫效应的影响，式（2-13）的形式就反映了以上三种效应。以传导节点 1 的风险累积状态为例，$\lambda_1 R_2$ 反映了传导节点 2 对传导节点 1 的风险传导效应；$\dfrac{R_1}{R_1^m}$ 反映了传导节点 1 的风险阻滞效应；令 $\theta_1 = \dfrac{\delta_1 R_1 R_2}{R_1^m (R_1^m + \delta_1 R_2)}$，$\theta_1$ 反映传导节点 1 的风险免疫效应，由于存在 $\dfrac{d\theta_1}{d\delta_1} > 0$，随着传导节点的免疫系数 δ_1 的增大，传导节点 1 的风险免疫效应 θ_1 也相应提升。所以，在信用风险传导子系统中，每一个传导节点的信用风险累积速度与其传导效应和免疫效应正相关，与阻滞效应负相关。可见，信用风险累积速度是风险传导效应、风险阻滞效应和风险免疫效应综合叠加的结果。

第三节　村镇银行信用风险传导效应及阻断传导的博弈分析

　　信用风险传导效应是指村镇银行信用风险在一系列传导要素的连续作用下最终导致的结果。但事实上，这些结果会穿插于风险传导的过程中或者成为新的风险源，导致信用风险进一步传导，造成更严重的后果。通过上一章对于信用风险传导路径的分析，我们知道区域金融风险是基于村镇银行内部信用风险而产生的，故阻断村镇内部银行信用风险的传导对于防止风险的发生有重要的意义。

　　在村镇银行内部信用风险传导路径的分析中存在三个显著的风险点：第一，农户取得贷款后是否遵守合约将贷款资金用于规定用途；第二，当农户经营成功后，由于缺乏有效的抵押物而主动违约不还款；第三，农户不还款后不受惩罚从而导致其他贷款者的模仿，这也是区域金融风险产生的重要诱因。这三个风险点分别对应了风险传导中的多米诺骨牌效应、耦合效应和破窗效应。下面将分别对这三种风险传导效应进行论述并基于博弈论提出针对性的风险传导阻断策略。

一、村镇银行信用风险传导的多米诺骨牌效应

　　多米诺骨牌效应是指，在一个相互联系的系统中，一个很小的初始能量就可能导致一系列的连锁反应。多米诺骨牌效应表明，一个很小的力量可能导致系统发生重大的变化；相应的风险对策可以归纳为，阻止多米诺骨牌相继倾倒的主要环节是人的行为。

（一）村镇银行信用风险传导的多米诺骨牌效应的表现

　　村镇银行信用风险系统中的一个风险节点由于受到风险源刺激，达到一定条件后突破风险阈值，依附载体依次传导至下一个风险节点，最终导致风

险接受者村镇银行信用风险的产生，继而对村镇银行、其他农村金融机构甚至区域实体经济产生影响，体现了多米诺骨牌效应。

多米诺骨牌效应发生的条件有三个方面：一是存在风险源；二是风险量突破风险阈值；三是传导节点之间存在关联性。通过上一章村镇银行信用风险传导路径分析可见，当贷款者受到外界风险源——投机信息的刺激，选择将贷款资金违约用于风险、收益都相对较高的项目时，就导致了村镇银行收益偏离预期，从而造成了信用风险，但这一行为对于农村金融机构和实体经济的影响并非到此为止。由于地缘因素，一名贷款者的违约行为可能导致其他贷款者的模仿；而又鉴于农业生产的弱质性，大批转向高风险的投资者失败，将造成村镇银行大批量的违约事件，不良贷款率上升，对区域实体经济的影响也显而易见。

（二）阻断多米诺骨牌效应的博弈分析

针对多米诺骨牌效应的风险管理对策主要是采取针对人的行为而防止多米多骨牌的相继倾倒。在此过程中，抽取其中一张未倾倒的骨牌的措施为贷中审查，下面采用博弈理论对此策略进行分析。

阻断村镇银行信用风险传导的关键在于在贷款发放后，对于借款者的贷款使用情况进行跟踪，防止借款者受到外界投机信息的影响而将贷款资金用于风险较高的项目。

假设借款者自有资金为 L，贷款金额为 K，贷款期限为 T，利率为 r，采用单利计算贷款利息。借款者在取得贷款后违约使用贷款资金转而投资合同规定之外的项目的概率为 P，则不转投其他项目的概率为 $1-P$，隐瞒成本 $K_3 = \rho_3 K$，村镇银行若审查发现给予罚金 δ；村镇银行对于每一笔贷款去向都有审查的权利，审查的概率为 η，则不审查的概率为 $1-\eta$，村镇银行审查成本 $K_2 = \rho_2 K$，设审查效率为 100%；对于不转投的资金用于经营成功的概率为 θ_1，则失败的概率为 $1-\theta_1$，成功的收益率为 ρ_1，失败的收益为 0；转投其他项目成功的概率为 θ_2，则失败的概率为 $1-\theta_2$，成功的收益率为 ρ_1'，失败的收益为 0。为简化计算，过程中不考虑税收。村镇银行与借款者间的博弈树如图 2-5 所示。

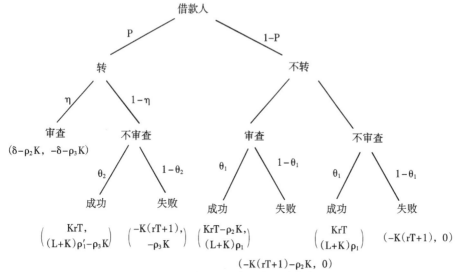

图 2-5　村镇银行与借款者间的博弈树

根据图 2-5 中的借款者的收益情况可知，借款者转投其他项目的期望收益为：

$$\pi_2 = \eta\,(-\delta - \rho_3 K) + (1 - \eta)\{\theta_2[(L+K)\rho_1' - \rho_3 K] - (1 - \theta_2)\rho_3 K\}$$
$$= (1 - \eta)\,\theta_2(L + K)\rho_1' - \eta\delta - \rho_3 K \tag{2-14}$$

借款者不转投其他项目的期望收益为：

$$\pi_1 = \eta\,\theta_1(L+K)\rho_1 + (1 - \eta)\,\theta_1(L+K)\rho_1 = \theta_1(L+K)\rho_1 \tag{2-15}$$

要借款者不违约使用贷款，则需要有 $\pi_1 > \pi_2$，即存在：

$$\theta_1(L+K)\rho_1 > (1 - \eta)\,\theta_2(L+K)\rho_1' - \eta\delta - \rho_3 K \tag{2-16}$$

解得：

$$\rho_3 > \frac{1}{K}\{[(1 - \eta)\,\theta_2\rho_1' - \theta_1\rho_1](L + K) - \eta\delta\} \tag{2-17}$$

这里引入"交易成本"的概念，ρ_3 为借款者隐瞒资金去向的成本率，当采取一定的方法增加借款者隐瞒的交易成本时，则可降低其违约使用贷款资金的概率，当满足式（2-17）时，借款者采取违约使用贷款资金策略的期望收益会小于守约的期望收益，从而选择守约的策略。

通过以上分析我们得到，通过实施贷中审查，增加借款者违约的交易成本，从而达到降低其违约使用贷款资金概率的结果，防止第一张骨牌的倾倒而阻断村镇银行信用风险传导的多米诺骨牌效应。

二、村镇银行信用风险传导的耦合效应

耦合这个词源于物理学，是指两个或两个以上的系统或运动形式通过相互作用而彼此影响的现象。由于不同风险源之间存在匹配关系，而信贷业务流程中的各节点之间存在关联关系，从而导致村镇银行信用风险流在传导过程中相互作用、相互影响。信用风险源之间的匹配程度和风险传导节点之间的关联程度共同决定了村镇银行信用风险传导的耦合效应。

（一）村镇银行信用风险传导的耦合效应的表现

用方差描述村镇银行信贷体系的信用风险状态：

$$\sigma^2 = \sum_i^n \sum_j^n k_i k_j \sigma_i \sigma_i \rho_{ij} \tag{2-18}$$

其中，σ^2 表示村镇银行信贷体系所面临的信用风险值，σ_i 为村镇银行信用风险节点 i 的风险量，k_i 为风险节点 i 在整个风险系统组合中的权重，σ_j 为风险节点 j 的风险量，k_j 为风险节点 j 在整个风险系统组合中的权重，ρ_{ij} 为信贷过程中风险节点 i 与风险节点 j 的相关系数。

如果相关系数 $\rho_{ij} > 0$，则两个风险节点之间呈正相关关系，村镇银行信用风险传导产生 $1+1>2$ 的强耦合效应，在这种情况下，两处风险源的影响相互叠加，使得信用风险的传导呈现放大的结果；如果相关系数 $\rho_{ij} = 0$，则风险节点 i 与风险节点 j 在风险传导过程中相互独立，村镇银行信用风险传导产生 $1+1=2$ 的纯耦合效应，村镇银行信用风险在传导过程中的风险强度不会发生很大变化，或只在一个微小的区间内波动；如果相关系数 $\rho_{ij} < 0$，则两个风险节点之间呈负相关关系，村镇银行信用风险传导产生 $1+1<2$ 的弱耦合效应，耦合后系统整体的信用风险水平小于耦合前的风险量。

例如，在借款者守约使用借贷资金后面临着各种来自外界的自然风险、市场风险和政策风险，它们可能导致信用风险的发生，也有可能在此过程中产生的风险并未达到风险阈值；但当上一节点的风险量与在贷款资金取得收益后风险源刺激产生的风险量叠加，发生强耦合效应，而导致村镇银行信用

风险爆发。具体来讲，假如市场价格的波动导致贷款者的收益略小于预期，但未达到严重阻碍他还款的程度，由于该笔贷款没有抵押物，不还款对其不会造成实质性的经济损失，从而导致其拒绝还款。从这个例子我们可以看到，单纯的市场风险和制度风险并不足以造成村镇银行的信用风险，但两者叠加则大大增加了信用风险发生的可能。

（二）阻断强耦合效应的博弈分析

通过上一节村镇银行信用风险传导路径的分析，我们可以看到，不同传导节点所面临的风险源之间存在联系，其中不乏导致风险传导出现强耦合效应的风险源。应对村镇银行信用风险传导的耦合效应，我们需要做的就是减少强耦合效应，增加弱耦合效应。下面采用博弈理论说明在上文的例子中，在已经发生的市场风险基础上，通过改变贷款要求——增加抵押物减小借款者违约概率的问题。

农户用 A 表示，村镇银行用 B 表示；设农户贷款取得金额 M，且一次性支付，贷款利率为 r，期限为 t，采用连续复利计算利息，则到期利息总额为 Me^{rt}；农户申请贷款后，村镇银行选择贷款的概率为 η，不贷款的概率为 $1-\eta$；农户取得贷款后到期还贷的概率为 θ，不还贷的概率为 $1-\theta$。该信贷过程的博弈树如图 2-6 所示。

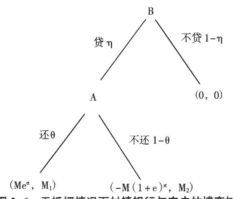

图 2-6　无抵押情况下村镇银行与农户的博弈树

如图 2-6 所示，若村镇银行选择不发放贷款，则村镇银行与农户均无收益。若村镇银行选择发放贷款，且农户到期会还款，则村镇银行到期获得利

息为 Me^n，而农户获得投资收益记为 M_1；若农户到期不还款，则村镇银行损失贷款本金和利息，总额为 $-M(1+e)^n$，农户获得收益记为 M_2。

农户的期望收益为：

$$E(A)_1 = \eta \times [\theta \times M_1 + (1-\theta) \times M_2] \tag{2-19}$$

村镇银行的期望收益为：

$$E(B)_1 = \eta \times [\theta \times Me^n - (1-\theta) \times M(1+e)^n] = (2\theta - 1)\eta Me^n \tag{2-20}$$

由式（2-20）可知，当 $\theta > 0.5$ 时，村镇银行的期望收益为正值，它才会选择发放贷款。

若农户贷款有抵押品，且其变现价值为 C，可画出该信贷过程的博弈树如图 2-7 所示。

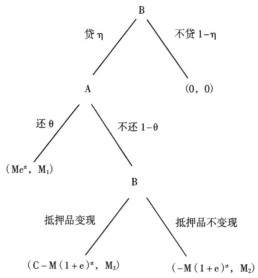

图 2-7　有抵押情况下村镇银行与农户的博弈树

如图 2-7 所示，村镇银行不发放贷款和农户还款的情况与无抵押时相同。若农户不还款，此时由于存在抵押品，并且村镇银行拥有抵押品的处置权，显然村镇银行会选择将抵押品变现，因为相对于不变现，它会额外获得一个正的收益 C，而农户没有选择权。所以存在抵押品时，若农户选择不还款，最终二者的收益为 $(C - M(1+e)^n, M_3)$，此时农户获得的收益记为 M_3，则一

定有 $M_3 < M_2$。

农户的期望收益为：

$$E(A)_2 = \eta \times [\theta \times M_1 + (1 - \theta) \times M_3] \tag{2-21}$$

村镇银行的期望收益为：

$$E(B)_2 = \eta \times \{\theta \times Me^n + (1 - \theta) \times [C - M(1 + e)^n]\} = (2\theta - 1)\eta Me^n + \eta C(1 - \theta) \tag{2-22}$$

显然 $E(B)_2 - E(B)_1 = \eta C(1 - \theta)$，而 $0 < \theta < 1$，故 $E(B)_2 > E(B)_1$，即存在抵押品时村镇银行拥有更高的期望收益。

通过以上分析我们得到，对贷款者要求增加抵押物时，这一策略与其他风险源叠加会产生弱耦合效应，降低信用风险传导的强度，从而减少村镇银行的信用风险。

三、村镇银行信用风险传导的破窗效应

破窗效应是一个犯罪学理论，指如果放任环境中的不良现象，会诱使人们仿效甚至变本加厉。由于农村地区信用制度不健全，农民信用意识薄弱，村镇银行信用风险的产生和传导具有极强的诱导性，只要第一扇"破窗"无人管理，就会给其他人一种也可以不遵守规则去打破窗户的暗示。破窗效应揭示了一种暗示氛围下的从众心理。

（一）村镇银行信用风险传导的破窗效应的表现

在村镇银行内部的信用风险向外部传导的过程中，存在一个明显的破窗效应，就是当第一名借款者不遵守合约按时还本付息事件发生时，如果村镇银行没有及时制止这种行为，会给其他借款者造成一种心理暗示，即违约行为不会受到惩罚，"破窗"成本很低，那么其他借款者也就会模仿这种"破窗"行为，出现故意违约，这种破窗效应是外生性示范效应。

事实上，在村镇银行信用风险传导过程中还存在一种内生性示范效应。例如村镇银行的员工由于对信贷业务的审查不严格，或者由于受贿而疏于职守，给村镇银行带来信用风险，但这种不合规行为没有受到应有的惩罚，就会使其他员工放松警惕，从而导致信用风险事件的重复发生。

（二）阻断破窗效应的博弈分析

下面以外生性示范效应为例，采用博弈论方法对阻断村镇银行信用风险传导的破窗效应进行分析。

阻断村镇银行信用风险传导的关键在于对借款者利用款项经营的情况进行审查，且对审查出的不诚实借款者进行惩罚。

假设借款者自有资金为 L，贷款金额为 K，贷款期限为 T，利率为 r，采用单利计算贷款利息；借款者利用借款经营成功的概率为 θ，借款者经营的收益率为 ρ_1，则借款者的收益可以表示为：

$$\begin{cases} (L+K)\rho_1, & \theta \\ 0, & 1-\theta \end{cases} \tag{2-23}$$

借款者的期望收益为 $(L+K)\rho_1\theta$，若借款者经营成功却隐瞒结果逃避还款，设隐瞒成本 $K_3 = \rho_3 K$，村镇银行若审查发现给予罚金 δ；村镇银行审查成本 $K_2 = \rho_2 K$，设审查效率为 100%；借款者不诚实的概率设为 Q，村镇银行审查的概率设为 P。为简化计算，过程中不考虑税收。村镇银行与借款者的博弈树如图 2-8 所示：

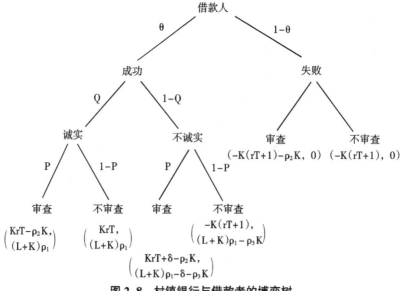

图 2-8　村镇银行与借款者的博弈树

村镇银行审查的期望收益为：

$$\pi_1 = \theta\left[(1-Q)(KrT-\rho_2 K)+Q(KrT-\rho_2 K+\delta)\right]-(1-\theta)\left[K(rT+1)+\rho_2 K\right]$$

$$(2-24)$$

村镇银行不审查的期望收益为：

$$\pi_2 = \theta\left[(1-Q)KrT-QK(rT+1)\right]-(1-\theta)K(rT+1) \qquad (2-25)$$

借款者不诚实的期望收益为：

$$\pi_3 = P\left[\rho_1(L+K)-\rho_3 K-\delta\right]+(1-P)\left[\rho_1(L+K)-\rho_3 K\right]$$

$$= \rho_1(L+K)-\rho_3 K-P\delta \qquad (2-26)$$

借款者诚实的期望收益为：

$$\pi_4 = P\rho_1(L+K)+(1-P)\rho_1(L+K)=\rho_1(L+K) \qquad (2-27)$$

显然，由于贷后审查机制和对隐瞒的惩罚机制，$\pi_4 > \pi_3$，即借款者采取隐瞒策略的期望收益小于诚实的期望收益，从而选择诚实的策略。

通过以上分析我们得到，对借款者到期不还本付息实施惩罚，会使其期望收益减小，于是选择诚实，那么就从源头阻止了破窗效应的产生，即不会出现其他借款者由于看到借款不还且不受惩罚而模仿的情况。

村镇银行信用风险传导过程中的多米诺骨牌效应、耦合效应和破窗效应会加剧信用风险的传导，通过研究村镇银行信用风险传导中的博弈关系，得出采用实施贷中审查贷款用途可以阻断村镇银行信用风险传导过程中的多米诺骨牌效应，通过要求增加抵押物可以阻断村镇银行信用风险传导过程中的耦合效应，通过贷后违约惩罚可以阻断村镇银行信用风险传导过程中的破窗效应，从而达到控制信用风险传导的结果。

第四节　村镇银行加强信用风险传导管理的政策建议

根据风险管理的理论和实践，可以把风险管理原则分为以下四个方面：

回避原则、分散原则、补偿原则和过程控制原则。结合村镇银行信用风险传导中对风险源、传导节点、传导载体、风险阈值和风险接受者的控制，从以下四个方面提出村镇银行信用风险管理的政策建议。

一、建立村镇银行信用风险的回避机制

村镇银行信用风险的回避主要体现在贷前过程，即回避信用历史差的贷款客户，回避高风险的贷款项目，也就是减少信贷过程之前的逆向选择问题。由于存在信息不对称，村镇银行在贷前无法准确地观测到每个贷款者的信用风险水平，于是只能根据所有借款者过去的平均信用情况制定贷款利率，此时信用风险低于平均水平的优质借款者就会因无法承担过高的融资成本而退出信贷市场，剩下信用风险相对更高的劣质借款者进行贷款，逆向选择就会发生，从而增加了村镇银行的信用风险。

针对这个问题，应从三个方面着手：一是健全农村信用体系；二是充分发挥人缘、地缘优势，减少贷前信息不对称；三是严格实施贷前调查机制。

（一）健全农村信用体系

健全农村信用体系，从而在发生信贷业务时，参考已建立的客户信用历史记录，有效地规避高信用风险客户，实现风险的回避。健全农村信用体系，不仅要靠村镇银行自身的努力，还需要人民银行以及地方政府的支持。

中国人民银行应该联合地方政府以及相关部门，成立专门的工作小组来完成农村信用体系建设的工作；建立多方合作机制，和信用中介等机构联合为农村地区农户建立电子信用档案，可以户籍为单位，逐户进行农村信用档案建设，推动建立健全农村信用体系。

政府职能部门在与村镇银行的合作中要发挥模范作用，遵守相关规定，严格执行贷款程序，按时归还贷款；还要配合村镇银行向农户进行全方位的宣传教育，增强农户信用意识，提高农村整体信用水平。

村镇银行自身应尽快取得银行代码，共享人民银行的征信信息库，并根据自身业务发展的需要建立电子信用记录，以求更全面地掌握客户的信用资料，更准确地判断客户的信用水平。

（二）发挥人缘、地缘优势，减少贷前信息不对称

经过长期的积累，相对封闭的农村地区的信息逐渐形成了碎片化、人格化的特点，而且其外延信息如借款者的家族状况、人品素质、经营能力、历史行为及口碑等"软信息"也具备很强的资信价值。村镇银行员工应充分发挥人缘、地缘优势，积极走访，不断地积累，以获得这些有价值的"软信息"，这有助于村镇银行缓解信息不对称问题。

在中国农村，传统的社会网络仍然发挥着主要的作用，如果村镇银行能够充分利用在农村社会中所形成的人际关系、声誉与信任关系等社会资本，就可以使其信息成本和监督成本都有所降低，从而减小信息不对称的危害，达到回避信用风险的效果。在实践过程中，村镇银行已经探索出了一些较好的方法，比如成立农户信用评定小组，聘请当地的村干部或德高望重的村民成为组员，在贷款申请过程中，由这些组员评定贷款申请农户的信用等级，而他们评定出来的信用等级直接影响贷款者的资金申请额度；另外，积极推行村镇银行员工的本地化，更好地利用本地员工的社会资本，减少村镇银行信贷业务的贷前信息不对称。

（三）严格实施贷前调查机制

贷前调查是指银行在受理贷款申请的初期，对借款人信用情况进行的评估。包括借款人的借款是否合法、借款用途是否安全以及借款项目的盈利性如何。具体内容有借款人资格的合法性，是否具有有效的抵押物，财务管理水平、经营状况和还款能力。贷前调查的方法较多，一般包括现场调研、搜寻调查和委托调查等，由于村镇银行经营范围较小，所以现场调研法是最适合目前村镇银行的贷前调查方法。村镇银行应该深入到客户中去，获得第一手资料，充分利用地域优势和人缘优势，以保证客户信用资料的真实、完整。

二、形成村镇银行信用风险的分散机制

风险分散是指通过多样化的投资来使风险达到分散和降低的方法，也就是我们常说的"不要把鸡蛋放在一个篮子里"。对于村镇银行，由于其设立地点、服务行业以及规模和业务种类的限制，它的资金主要是用于贷款给农户

和农村中小企业。村镇银行不可以跨地区放贷，而同一地区同一行业的集群现象明显，同地域自然条件的限制导致村镇农户和中小企业在经营范围选择上高度趋同。所以在目前实际情况下要实现信用风险的分散并非易事，村镇银行要实现信用风险的分散需要依靠政策的支持和自身的努力。

（一）发展和利用农业风险分担机制

目前中国的农业风险分担体系包括最低收购价格和灾害救助、农业保险和农产品期货等，其中村镇银行可以利用的主要是农业保险。当农民遇到自然灾害等风险而使其经济状况恶化时，农业保险可以补偿风险带来的损失，从而起到分散农业风险的作用。推广农业保险可以增强农户抵御风险的能力，从源头上抑制风险传导至村镇银行。

政府应该通过各种方式加大对农业保险的政策支持力度，建立以政策性保险为主、商业性保险为辅的农业保险体系，加快农业保险的发展。同时，建立国家农业巨灾保险基金、农业再保险公司等，创新发展多种渠道的农业风险分担机制，更好地帮助农户及农村中小企业缓解农业风险。另外，政府应引导农户和农村中小企业积极参加农业保险，可以采取对参保者给予一定的补贴等激励措施来增加他们的积极性。农业保险体系的逐步完善，能够从根本上保障农民利益，从根本上控制农户信用风险的产生，从而使村镇银行有效地控制信用风险。

（二）村镇银行积极进行业务创新

村镇银行可以借鉴格莱珉银行"五人小组"的模式，依据风险属性和借款用途相似原则让借款农户组成信贷联保团体，通过这种方式将信用风险分散到农户中。信贷联保团体内部成员之间的相互监督有助于降低农户贷款过程中的信息不对称，从而减少村镇银行的信用风险。

村镇银行和保险公司可联手为借款人专门打造适应于农村地区和农业发展的养殖业保险、种植业保险、意外险、财产险等保险品种，创新信贷与保险复合产品，增强借款人的风险应对能力，提高村镇银行信贷资产安全水平。

大银行具备客户多元化、业务类型多元化的优势，它的信用风险可以在更大的范围内有效地分散。所以村镇银行也应该快速扩大规模，增加业务类型、发展客户群体，以有效地分散风险。

三、健全村镇银行信用风险的补偿机制

风险补偿通常是指在损失发生以前对风险承担者进行的价格补偿。对于某些无法通过分散和转移的方式进行管理的风险，村镇银行可以通过提高风险回报的方式获得承担风险的价格补偿。而价格调整包括直接的提高贷款利息和间接的要求抵押。实际操作中，要求增加抵押品是常见的信用风险补偿方法。另外，加大政策扶持力度也是对村镇银行信用风险进行补偿的有效手段。

（一）健全村镇银行贷款抵押制度

现有担保法的规定导致村镇银行面对的客户缺乏有效的抵押物，信用风险难以化解，针对这种情况提出以下建议：第一，扩大抵押物范畴，将农村土地承包经营权、林权以及符合条件的农村宅基地使用权和农房纳入抵押物范畴，发挥这些资产的融资功能，帮助农户解决发展过程中缺乏资金的问题，且给村镇银行的信贷业务提供抵押支持；第二，由政府出资，农户和农村中小企业参股，成立担保公司，鼓励担保方式创新；第三，鼓励开展与订单农业相结合的信贷产品创新，如根据区域特点发展订单农业等。

（二）加大政策扶持力度

由于村镇银行是面向"三农"的银行，其特殊的客户群体和业务范围决定了其面临着比普通商业银行更严重的信用风险，而对其信用风险的补偿不仅来源于客户方面的抵押品，更需要来自政策的扶持。具体来说有以下两个方面：第一，在财政、税收等方面应加大对村镇银行的扶持力度，目前村镇银行的优惠政策显然不如农村信用社，在这方面可以适当增加对村镇银行的优惠政策，降低其经营成本；第二，监管部门和财政部门要及时进行沟通与协调，对村镇银行形成的不良贷款的核销在时间和频率上要给予一定的放宽，同时，地方财政给予相应的补偿，以增强村镇银行的经营活力。通过政策扶持实现村镇银行的收益大于风险，使之能够可持续发展。

四、加强村镇银行信贷业务的过程控制

加强村镇银行信贷业务的过程控制，包括建立健全内控制度体系，严格实施贷后管理制度，加强队伍建设、提高员工素质三方面。

（一）建立健全内控制度体系

在内部结构上，村镇银行应促进股权结构多元化，完善法人治理结构，合理设置内部科室；在业务流程上，完善各项内部规章制度，加大内部稽核力度，严格做到审、贷、查分离；在人员责任上，使每笔贷款的贷前调查、贷中审查和贷后管理工作都落实到人。根据村镇银行自身发展的需要，形成村镇银行信贷业务流程和人员相互制约的机制，达到多重控制的效果，逐步建立合理完善的内部控制体系。

（二）严格实施贷后管理制度

贷后管理是贷款发放以后对借款人进行定期走访，实时注意借款人的经营状况和财务情况；贷款到期的还本付息管理，以及对符合条件的借款者进行展期；对逾期贷款实施催收或惩罚，对不良贷款的管理等后续工作。在贷款期间，村镇银行员工应随时关注贷款项目发展、借款人的财务情况和抵质押物的市场价格变化情况，若确实发生变化，要及时判断是否会对贷款项目产生不利影响。

建立失信惩戒机制，提高失信行为的交易成本，降低借款者的违约概率。逐步建立起信用信息数据库，并实现信息在区域内的共享。将拥有良好信用行为的借款者归入"红名单"，视违约情况的程度，将信用行为不良者的信息归入"黑名单"或"灰名单"。村镇银行和其他金融机构对具有不同信用等级的客户从贷款利率、授信额度、业务办理流程等各方面实行区别对待，以此加大失信者的失信成本，鼓励守信者的守信行为。另外，村镇银行内部应建立起失信惩戒制度以保证其管理者和员工自觉合规经营管理，若管理者和员工发生失信行为，则将之记入职业信用行为数据库，从而起到对从业人员行为的约束作用，使他们自觉维护自己的信用。

（三）加强队伍建设，提高员工素质

注重专业人才的引进和培养，不断充实员工队伍，既要打破地域限制，根据业务发展和风险监管的需求，引进专业的业务人员和风险管理人员，提高员工整体素质水平；又要实现员工本土化，充分发挥当地基层员工的人缘、地缘优势。增强员工的专业技能和风险防范水平，强化员工关于金融法律法规、业务知识、风险管理技能和职业道德的培训。使员工以防控风险为目标，将风险管理意识充分运用到开展业务的过程中，逐步形成适合村镇银行经营发展的风险管理理念。通过这样的制度建设，达到提高风险传导节点的风险阈值，增强村镇银行抵御信用风险的能力的效果。

第三章

基于逆向选择理论的村镇银行信用风险管理

第一节　村镇银行信贷行为中的委托— 代理关系分析

一、村镇银行信贷行为中的代理方及其特征

市场参与者之间所掌握的信息是不对称的，将具有相对信息优势的参与者称为代理人，处于信息劣势的参与者称为委托人，委托人与代理人之间的关系称为委托—代理关系。村镇银行的信贷合约是在信息不对称条件下建立的，因此，可以将村镇银行与借款人之间的经济关系归结为委托—代理关系。

（一）代理方及其构成

村镇银行信贷行为中，借款人掌握私人信息，是信息优势方，属于代理人。村镇银行成立的使命决定了借款人的类型主要是农户和农村企业。

农户是指基于血缘关系形成的一种社会组织形式，是经营农业生产的最小单位。根据农户的金融需求的不同，可以将农户分为贫困农户、温饱型农户和市场型农户三大类。

贫困农户是农村金融需求主体中的低端客户，他们以种植农作物的收入作为家庭的经济来源，收入少、稳定性差，使其不仅缺少生产型资金，还缺

少生活型资金。贫困农户的信贷主要用于支付生活型消费，如医疗、房屋建设、子女上学、婚丧嫁娶等，生产型消费主要用于购买化肥、农药、种子、农机具等。贫困农户的偿债能力弱，村镇银行贷款的风险较大。

温饱型农户在生活需求上是可以自给自足的，在解决温饱问题的基础上，希望增加收入，提高生活水平，其将信贷资金用于专业化生产的消费上，如养殖业购置种苗、运输工具等。温饱型农户在生活有保障的基础上进行借贷，其信用意识较贫困农户高，贷款需求额度小，村镇银行对其发放的贷款是相对安全的。

市场型农户是个体经营者，是实现农村经济结构调整的主体，其生产经营是以市场为导向，进行规模化、专业化的生产。市场型农户主要将信贷资金用于扩大再生产，购置机器设备、原材料等，其信贷资金需求的额度相对较大，但缺乏有效的承贷机制和抵押物，因此获得贷款的难度较大。

根据企业的经营规模，可以将农村企业分为资源型微型企业、中小企业、龙头企业三大类。资源型微型企业是依靠当地的农业资源，进行初加工，然后将初级产品推向市场的企业。资源型微型企业申请贷款是为了扩大生产规模，抢占市场份额。农村地区的企业绝大多数是中小企业，生产面向市场的资源型产品，但其缺乏有效的信贷抵押担保品，普遍面临贷款难的窘境。农村龙头企业是资金实力雄厚、体制相对完善、具有一定规模的企业，是农村实现产业化的"领头羊"。龙头企业的商业信誉高，而且可以提供有效的信贷抵押担保物品，违约的机会成本高，违约概率小，一般较容易得到贷款。

综上所述，由于贫困农户受到政策性金融的扶持，村镇银行的目标客户为温饱型农户，适当兼顾贫困农户和市场型农户；微型企业、中小企业占农村企业总数的90%以上，对农村地区经济发展影响巨大，村镇银行应以这两类企业为贷款主体。

（二）代理方的基本特征

作为代理方的农户的基本特征。农业生产的先天弱质性，农产品市场价格波动幅度较大，导致农户的收入不稳定。农户的受教育水平较低，信用意识薄弱，容易实施"骗贷"等行为，农户的信用等级较低。农户没有正规的薪酬体系，不能提供工资证明，而且缺乏有效的抵押担保物，无法向村镇银行提供硬信息。农村地区属于熟人社会网络，人与人之间的联系密切，相互之间较为了解，"软信息"传播速度快，范围广。

作为代理方的中小企业的基本特征。中小企业的经营管理不规范，财务会计制度不健全，财务信息不透明，缺乏长期经营记录，数据不真实，提供的财务报表等硬信息披露不充分，可信度较低，村镇银行难以保证从财务报表上获得的硬信息能够客观反映企业的经营状况。中小企业的发展受企业主才能影响，企业的规模有限，导致中小企业缺乏固定资产，无法提供有效的抵押担保品。

作为代理方的农户和中小企业具有如下共同特征：

1. 客户的"软信息"特性

虽然银行可以通过财务信息对信用风险进行定量分析，但传统的财务分析在信用风险的衡量上存在滞后性、灰色性等诸多弊端，仅仅依靠财务信息无法确保银行成功规避风险。非财务因素蕴含大量、丰富的信息，非财务因素也称为"软信息"，软信息能够弥补硬信息的不足，缓解银企之间的信息不对称，提高信用评级的准确性，降低银行的信用风险。

软信息（Soft Information）是相对于财务报表、资产抵押及资信评估等易于编码、量化和传递的硬信息（Hard Information）而言的，是一种关于借款者的品德、行为、社会声誉等不易观察、难以编码、难以数值量化以及难以传递和验证的具有强烈人格化特征的信息。[1]

表3-1　软信息与硬信息特征比较

	软信息	硬信息
信息收集	主观，易受环境影响	客观，独立于信息收集环境
传递	以文本形式传递	以数值形式传递
检验	不容易被信息收集者之外的人证实	容易被证实
完整性	信息易损失、扭曲、失真	信息不易流失
适用范围	分权式组织管理形式	层级式组织管理形式

① 柳松，林贤明.软信息·核心竞争优势与私法关系型借贷——以村镇银行为例［J］.安徽农业科学，2011，39（28）：17725-17727.

根据因素分析法，将农户的软信息分为如下几个方面：农户的自身情况、家庭状况、农户的经营状况、农户的声誉等。农户的自身情况包括年龄、健康状况、教育水平、从事的职业等；家庭状况包括家庭人口数、劳动力个数、家庭成员中是否有人担任过村干部、抚养与赡养负担；农户的经营状况包括家庭年收入、家庭年支出、家庭财产积累状况、农户的经营收入、农户的副业收入、农户的外债水平等；农户的声誉包括个人品德、历史行为、口碑等。

农村是熟人社会，农户彼此间了解，信息在当地传播迅速，一旦某农户做出不道德的事情，消息很快在全村传播开。声誉是农户的无形资产，对农户具有约束作用。农户的守约行为能提高自己的声誉，取得未来获利的机会；农户的违约行为会使其受到惩罚，因此，声誉通过利益约束借款人的机会主义行为。农户的声誉是贷款质量保证的前提，即使农户的收入水平很高，如果赖账不还的话，银行仍将面临信用风险。

中小企业的软信息与企业的生产经营活动密切相关，能够反映出企业的生产经营状况和未来的发展趋势，揭示企业的信用风险。中小企业的软信息可以通过企业特征和企业主特征进行分类，企业特征主要包括企业所处行业、企业的市场占有率、管理方式、水电税费及工资表的变化趋势、产品认可度、企业信用、企业社会资源、企业社会形象、信誉等，其中，"三表"及税费能够从侧面反映出企业真实的经营状况。企业主特征主要包括企业家才能、企业主的品格、企业主的社会地位及声誉、与上游供应商及下游客户的关系、人脉资源、从业经验、教育背景、年龄、家庭状况等。

2. 客户的非理性行为倾向

理性行为是指能够掌握完全信息，做出利益最大化决策的行为，这是经济学的基本假设，实际上根本无法达到。由于行为人受到信息不完全以及自身认知和能力方面的限制，只能在能力范围内决策。同时受到环境条件、制度的约束等，理性行为只能存在于假设中。事实上，行为人的行为决策只能保持"有限理性"，但在某些情况下，行为人也会有非理性行为倾向。村镇银行的贷款客户主要有农户和中小企业，客户的非理性行为倾向主要包括认知的非理性行为倾向以及决策的非理性行为倾向。

贷款客户认知的非理性行为倾向是指客户通过已有知识储备或记忆等对事件做出直观的判断，使决策结果产生偏差的现象。由于贷款客户的教育水平较低，知识匮乏，对金融知识更是知之甚少，仅凭自己的主观看法进行决策。国家为了扶持农业发展，向农户和农村地区中小企业提供政策性贷款，借款人却把该贷款当作国家扶持农业的"补贴"而不进行归还，从而产生认知偏差。农村地区的跟风现象严重，借款人很容易产生从众心理，放弃自己可能正确的观点，导致认知上的偏差。

决策的非理性行为倾向是指行为人并不按照效用最大化原则进行决策。借款人为了农业生产或者企业扩张而进行融资，投资项目成功时，借款人获得投资带来的收益，由于信用意识薄弱，产生赖账、拖欠等违约行为；更为严重的是，借款人明明知道违约是不合理的，但为了暂时的利益仍选择违约。借款人的短视行为使其忽略长期收益受现在行为决策的影响，从而导致决策上的偏差。

客户的非理性行为容易导致系统性风险。由于同一区域，生产的农产品基本相同，受到气象灾害或者生物灾害时，会造成大面积的损失，当农产品价格波动较大时，将"所有的鸡蛋放在同一个篮子里"，容易出现相同的风险，而且风险集中不易分散。因此，同一区域，产品的趋同性，导致系统性风险。

二、村镇银行信贷行为中的委托方及其特征

（一）委托方及其构成

在信贷关系中，由于村镇银行不能直接观察到借款人的具体行为，对贷款投资项目的风险信息不了解，村镇银行掌握的信息与借款人相比处于劣势，所以村镇银行属于委托方。

（二）委托方的基本特征

1. 村镇银行的市场定位低

村镇银行立足于农村地区，分支机构覆盖所辖乡镇，且不跨地区经营。截至 2014 年末，村镇银行的网点达 3080 家，而我国共有 2854 个县级行政区

划单位，40381 个乡镇级行政区划单位，平均每 13 个乡镇区划拥有 1 个村镇银行网点。村镇银行的网点数量相对较少，地区分布不均匀，呈现东多西少的特点。村镇银行的资产规模小，资金实力与股份制商业银行相比处于绝对劣势地位，没有能力向大企业提供巨额贷款。在资金实力与网点数量等多方面竞争压力下，村镇银行只能定位于当地的中小企业和农户。

2. 村镇银行的内部控制

村镇银行的股权设置严格按照《公司法》的章程执行，保证村镇银行的专业化经营与管理。村镇银行的治理结构合理，村镇银行的业务规模小，组织机构灵活，采用分全式的管理模式，决策链条短，决策效率高，更容易满足农村地区客户"小、短、频、急"的资金需求。

3. 村镇银行的硬信息劣势

由于村镇银行服务对象的特殊性，客户无法提供有效的"硬信息"，村镇银行在硬信息的获取上具有劣势，面临严重的信息不对称。此外，借款人与村镇银行的利益目标不一致，借款人的非理性行为倾向会损害村镇银行的利益。因此，委托代理问题无法避免。

村镇银行与借款人的委托代理问题导致逆向选择。逆向选择将低风险的借款人驱逐出信贷市场，贷款将集中于高风险的借款人，降低了信贷质量，由此引致信用风险的发生。

4. 村镇银行的软信息优势

村镇银行可以通过收集"软信息"弥补硬信息的不足，降低信息不对称程度。村镇银行扎根农村地区，地域性较强，具有地缘性优势；工作人员一般是当地人，熟悉当地的经济状况，对企业经营状况和业主的才能比较了解，容易与客户建立合作关系，再加上与借款人的长期接触，在获得"软信息"上相比硬信息具有信息和成本上的优势。因此，后文借助"软信息"对借款人进行信用评级。

第二节　基于直觉模糊软集的软信息评价

一、直觉模糊软集概述

"软信息"的评分方法能在一定程度上帮助村镇银行对借款人进行信用评价，但评级是以评委的主观判断为依据的，而借款人的软信息具有模糊性和不确定性，评委的主观判断容易受环境以及人情的影响，主观性较强，即使采用加权算法，仍然无法消除，因此，村镇银行根据传统理论很难对借款人进行评定。由于软信息指标的模糊性，为了降低评级的主观性，最大程度地增强评级的准确性，筛选出合格的贷款客户，降低信用风险，增强银行的竞争力，引入直觉模糊软集决策方法。

由于单个参数不能全面反映借款人的信用状况，只有运用多证据时，才能准确把握借款人软信息的本质。直觉模糊集概念是 Atanassov 于 1983 年提出的，用于处理模糊信息。软集是 Molodtsov 在 1999 年提出的，该理论能够处理不确定性问题。由于软集对参数的描述无须精确，应用更加灵活，可以解决现实中由于信息收集不充分对对象的描述受限制的问题。Maji 等将软集与直觉模糊集的优势结合提出了直觉模糊软集概念。

证据理论是 Dempster 在 1967 年利用上、下限概率来解决多值映射问题时提出的，1976 年 Sharfer 在《证据的数学理论》一书中将信度函数引入证据理论，因此，证据理论又被称作 D-S（Dempster-Sharfer）理论。证据理论是以基本信任分配函数为度量标准，进行证据合成的不确定性推理方法，成为有效解决不确定性问题的方法。但在信息融合过程中，由于辨识框架中的焦元（即融合对象）具有模糊性，单一的证据理论难以有效解决该问题。因此将证据理论与直觉模糊软集相结合，解决模糊信息融合问题。两者的优势相结合，提出基于直觉模糊软集的决策方法，为村镇银行在信息不对称情况下进行不确定性决策提供了解决办法。

(一) 直觉模糊软集模型及其作用

直觉模糊软集不需要对对象的精确描述，参数设置无约束，简化了决策过程，即使在信息不完全的情况下也能有效决策，降低了决策的不确定性，提高了决策可信度。

村镇银行通过熟悉借款人软信息的评委对软信息指标进行评分，为了克服单个评委带有个人主观色彩的打分，村镇银行可以采用小组的形式进行评议，避免打分的主观性，设置三类评委：村干部、当地村民、信贷员。村镇银行将评委的打分赋予一定的权重，客观地对评价结果进行综合，权重的大小取决于评委对借款人软信息的了解程度，了解越深入，其评价越准确，相应权重越大。村干部作为当地的精英人物，管理本村的日常事务，表明其具有一定的能力，再加上村干部也身处当地的熟人社会网络，对当地村民的"软信息"了解更深入。信贷员虽然是银行从业人员，掌握相关金融知识，但与借款人的接触较少，对借款人的了解不深入。根据各评委在经验和具备的金融知识方面的差异，赋予村干部、当地村民、信贷员的权重依次是40%、30%、30%。

村镇银行对软信息的评分采用一分制，将评分划分为五级，0~0.20分为一定发生损失类客户，0.20~0.40分为可疑类客户，0.40~0.60分为次级客户，0.60~0.80分为关注类客户，0.80~1.00分为正常类客户，其中，次级、可疑、损失类客户为不合格客户，村镇银行为了降低自身的信用风险，拒绝向这类客户发放贷款。

村镇银行对于借款人的评价有 m 个相互独立的备选方案 x_1, x_2, ⋯, x_m。由于村镇银行对借款人的评价等级分为五类，因此，m = 5；n 个参数 e_1, e_2, ⋯, e_n，参数即为借款人软信息的评价指标，对农户来说，评价指标分为四类，所以 n=4。如表 3-2 所示。

评议组在对借款人的软信息指标进行观察后，结合自身经验进行评分，加权后形成评价结果。评价等级 x_i 的直觉模糊数为 $c_{ij} = (\mu_{f(e_j)}(x_i), v_{f(e_j)}(x_i))$，其中，$\mu_{f(e_j)}(x_i)$ 是评价指标 e_j 对评价等级 x_i 的支持度，$v_{f(e_j)}(x_i)$ 是评价指标 e_j 对

表 3-2 借款人"软信息"的分类

指标系列	评价指标	评价内容
e_1	农户自身状况	年龄
		健康状况
		教育水平
		从事职业
e_2	家庭状况	家庭人口数
		劳动力个数
		家庭成员中是否有人担任过村干部
		抚养、赡养负担
e_3	经营状况	家庭年收入
		家庭年支出
		家庭财产积累状况
		农户的主营业务收入
		农户的副业收入
		农户的外债水平
e_4	声誉	农户的个人品德
		农户的口碑

评价等级 x_i 的反对度，$0 \leqslant \mu_{f(e_j)}(x_i) + v_{f(e_j)}(x_i) \leqslant 1$，$\pi_{f(e_j)}(x_i) = 1 - \mu_{f(e_j)}(x_i) - v_{f(e_j)}(x_i)$ 是评价指标 e_j 对评价等级 x_i 的犹豫度。令论域 $U = \{x_1, x_2, \cdots, x_m\}$，参数集 $E = \{e_1, e_2, \cdots, e_n\}$。

$f(e_j) = \langle (x_i, \mu_{f(e_j)}(x_i), v_{f(e_j)}(x_i)) | i = 1, 2, \cdots, m \rangle$ 是评价指标集 E 到 IF (U) 的映射 f，则 (f，E) 是 U 上的直觉模糊软集。其中 IF (U) 是 U 上的所有直觉模糊集构成的集族。

根据直觉模糊数 c_{ij} 确定 (f，E) 的诱导矩阵 $C = (c_{ij})_{m \times n}$。

为了把不确定性问题转化为确定性问题，将直觉模糊数 $c_{ij} = (\mu_{f(e_j)}(x_i), v_{f(e_j)}(x_i))$ 的支持度 $\mu_{f(e_j)}(x_i)$ 与反对度 $v_{f(e_j)}(x_i)$ 做差，得到净支持度 $S_{ij} = \mu_{f(e_j)}(x_i) - v_{f(e_j)}(x_i)$，$S_{ij} \in [-1, 1]$，将 S_{ij} 称为 c_{ij} 的记分函数。记分函数的值越大，净支持程度越高，表明评价指标 e_j 选择评价等级 x_i 的客观性越强，评价指标的不确

定性越小。$S_{ij} = 1$，表示评价指标 e_j 完全赞成评价等级 x_i，$S_{ij} = -1$，表示评价指标 e_j 完全反对评价等级 x_i。

由于记分函数是支持度与反对度的差，结果可能出现负数，为了不影响到后续概率分配值的计算，对记分函数进行规范化处理：

$$d_{ij} = \frac{S(c_{ij}) - \min_{1 \leq i \leq m} S(c_{ij})}{\max_{1 \leq i \leq m} S(c_{ij}) - \min_{1 \leq i \leq m} S(c_{ij})} \qquad (3-1)$$

根据规范化的记分函数得到记分矩阵 $D = (d_{ij})_{m \times n}$。

构建信息结构映像序列：设长度为 s 的有限差异信息序列 $x = (x_1, x_2, \cdots, x_s)$，且存在 $x_i \neq 0$，映射 $f : x \to y$ 为序列 x 的信息结构算子，$y_i = x_i / \sum_{j=1}^{s} x_j (i = 1, 2, \cdots, s)$，$y = (y_1, y_2, \cdots, y_s)$ 称为信息结构映像序列，信息结构映像序列矩阵 $Y = (y_{ij})_{m \times n}$，其中 $y_{ij} = d_{ij} / \sum_{i=1}^{m} d_{ij}$。[①]

在记分函数矩阵中，评价指标越接近于参数的平均值，则该评价指标对决策提供的信息量越大，信息的不确定性越低。将记分矩阵中评价等级 x_i 在所有评价指标下对应的信息结构算子的算术平均值作为特征序列中的第 i 个特征元素 $x_0(i)$，$x_0(i) = \frac{1}{n} \sum_{j=1}^{n} d_{ij} (j = 1, 2, \cdots, n)$，所有的特征元素组成特征序列 X_0。评价等级 x_i 在评价指标 e_j 下对应的信息结构算子构成因素序列 $X_j (j = 1, 2, \cdots, n)$，$x_j(i) = (d_{ij})$。

灰色关联系数可被用于描述因素之间的相似程度，则特征序列 X_0 与因素序列 X_j 的 i 点相似程度用灰色关联系数表示为：

$$r(x_0(i), x_j(i)) =$$
$$\frac{\min_{1 \leq j \leq n} \min_{1 \leq i \leq m} |x_0(i) - x_j(i)| + \rho \max_{1 \leq j \leq n} \max_{1 \leq i \leq m} |x_0(i) - x_j(i)|}{|x_0(i) - x_j(i)| + \rho \max_{1 \leq j \leq n} \max_{1 \leq i \leq m} |x_0(i) - x_j(i)|} \qquad (3-2)$$

---

① 罗胜，莫山农. 信息不对称情况下的直觉模糊软集决策方法及其应用 [J]. 系统工程，2015, 6 (6)：137–141.

$r(x_0(i), x_j(i))$ 可简记为 $r_{0j}(i)$，同时 $r_{0j}(i) = r_{ij}$。ρ 为分辨系数，取值在 0 到 1 之间，一般取 $\rho = 0.5$。

已知 i 点的灰色关联系数，可得所有点的灰色关联系数组成的灰色关联系数矩阵 $R = (r_{ij})_{m \times n}$。

根据灰色关联系数矩阵，采用欧氏距离计算得到参数 e_j 的信息不确定度 $DOI(e_j)$：

$$DOI(e_j) = \frac{1}{m}\sqrt{\sum_{i=1}^{m}(r_{0j}(i))^2}, \quad j = 1, 2, \cdots, n \tag{3-3}$$

设辨识框架为 Θ，是关于某个命题的所有可能的命题的集合。如果集函数 $m: 2^{\Theta} \rightarrow [0, 1]$，满足 $m(\varphi) = 0$，且 $\sum_{A \subseteq \Theta} m(A) = 1$，则称 m 为辨识框架 Θ 上的基本概率分配函数，也称 Mass 函数。其中，使得 $m(A) > 0$ 的 A 称为焦元，$m(A)$ 称为 A 的基本概率分配值，反映了对 A 的信任强度，$m(\varphi) = 0$，反映了对于空集不会产生信度，$\sum_{A \subseteq \Theta} m(A) = 1$，表示所有焦元的基本概率分配值的和等于 1，即总信度为 1。参数 e_j 下方案 x_i 的基本概率分配值为：$m_j(i) = y_{ij}(1 - DOI(e_j))$，表示不同参数下各方案的 Mass 函数。由于认知的局限性，导致 $\sum_{i=1}^{m} m_j(i) < 1$，给决策带来不确定性。为了减少这种不确定性，将不确定性的基本概率分配值赋给辨识框架 Θ，得到 e_j 下整体不确定性的 Mass 函数：

$$m_j(\Theta) = 1 - \sum_{i=1}^{m} m_j(i) \tag{3-4}$$

在辨识框架 Θ 上基于基本概率分配函数 m 的信度函数为：$Bel(A) = \sum_{B \subseteq A} m(B)$，表示 A 中所有可能子集的可能性度量之和，即 A 的总信任度。

（二）不同评价指标下各方案的信息融合

根据 D-S（Dempster）证据合成法则，对不同参数下各方案的 Mass 函数进行证据合成。具体过程如下：

对于 $\forall A \subseteq \Theta$，$\Theta$ 上 n 个 Mass 函数 m_1，m_2，$\cdots$，m_n 的合成法则为：

$$\text{Bel}(X) = (m_1 \oplus m_2 \oplus \cdots \oplus m_n)(X)$$

$$= \begin{cases} \dfrac{1}{1-K} \sum\limits_{\bigcap\limits_{i=1}^{n} A_i = X} m_1(A_1) m_2(A_2) \cdots m_n(A_n), & X \neq \phi \\ \\ 0, & X = \phi \end{cases} \tag{3-5}$$

其中，$1-K$ 为归一化常数，$K = \sum\limits_{\bigcap\limits_{i=1}^{n} A_i = \phi} m_1(A_1) m_2(A_2) \cdots m_n(A_n)$，归一化常数

的作用是避免将非零概率赋给空集。

信息融合后得到信度函数，根据最大化原则进行方案选择。

二、直觉模糊软集在村镇银行信贷中的数据仿真应用

村镇银行对客户的四类评价指标构成参数集 $E = \{e_1, e_2, e_3, e_4\}$，村镇银行对客户的评级有正常、关注、次级、可疑、损失五种类型，这五种备选评价等级依次构成辨识框架 $\Theta = \{x_1, x_2, x_3, x_4, x_5\}$。应用直觉模糊方法进行仿真，以 MATLAB 实现运算过程，仿真过程如下：

（1）首先将评议小组的评价进行加权，得到不同评价等级下各评价指标的支持度和反对度，即直觉模糊数，根据直觉模糊数 c_{ij} 确定 (f, E) 的诱导矩阵 $C = (c_{ij})_{m \times n}$ 如下：

$$C = (c_{ij})_{5 \times 4}$$

$$= \begin{pmatrix} (0.2, 0.7) & (0.3, 0.6) & (0.2, 0.6) & (0.4, 0.5) \\ (0.1, 0.8) & (0.2, 0.8) & (0.4, 0.4) & (0.3, 0.5) \\ (0.3, 0.6) & (0.4, 0.6) & (0.7, 0.2) & (0.5, 0.3) \\ (0.6, 0.2) & (0.5, 0.1) & (0.5, 0.4) & (0.7, 0.2) \\ (0.4, 0.5) & (0.6, 0.3) & (0.4, 0.5) & (0.7, 0.3) \end{pmatrix}$$

规范化后的记分矩阵为：

$D = (d_{ij})_{5 \times 4}$

$$= \begin{pmatrix} 0.1818 & 0.3000 & 0 & 0.1429 \\ 0 & 0 & 0.4444 & 0 \\ 0.3636 & 0.4000 & 1.0000 & 0.5714 \\ 1.0000 & 1.0000 & 0.5556 & 1.0000 \\ 0.5455 & 0.9000 & 0.3333 & 0.8571 \end{pmatrix}$$

（2）根据记分矩阵得到信息结构映像序列矩阵为：

$Y = (y_{ij})_{5 \times 4}$

$$= \begin{pmatrix} 0.0870 & 0.1154 & 0 & 0.0556 \\ 0 & 0 & 0.1905 & 0 \\ 0.1739 & 0.1538 & 0.4286 & 0.2222 \\ 0.4783 & 0.3846 & 0.2381 & 0.3889 \\ 0.2609 & 0.3462 & 0.1429 & 0.3333 \end{pmatrix}$$

（3）由灰色关联系数得到灰色关联系数矩阵为：

$R = (r_{ij})_{5 \times 4}$

$$= \begin{pmatrix} 0.9431 & 0.6264 & 0.6052 & 0.9956 \\ 0.6906 & 0.6906 & 0.4072 & 0.6906 \\ 0.5148 & 0.5626 & 0.3531 & 1.0000 \\ 0.6906 & 0.6906 & 0.4072 & 0.6906 \\ 0.6854 & 0.4908 & 0.4130 & 0.5426 \end{pmatrix}$$

（4）由灰色关联系数矩阵和 $DOI(e_j) = \dfrac{1}{m}\sqrt{\sum_{i=1}^{m}(r_{0j}(i))^2}$ 得到各评价指标的信息不确定度：

$DOI(e_1) = 0.3211$，$DOI(e_2) = 0.2759$，$DOI(e_3) = 0.1993$，$DOI(e_4) = 0.3600$。

（5）根据 y_{ij} 得到的不同评价指标下各评价等级的 Mass 函数如下：

$$(m_j(i))_{5 \times 4} = \begin{bmatrix} 0.0590 & 0.0835 & 0 & 0.0356 \\ 0 & 0 & 0.1525 & 0 \\ 0.1181 & 0.1114 & 0.3432 & 0.1422 \\ 0.3247 & 0.2785 & 0.1906 & 0.2489 \\ 0.1771 & 0.2506 & 0.1144 & 0.2133 \end{bmatrix}$$

通过不同评价指标下各评价等级的 Mass 函数值得到各评价指标下整体的 Mass 函数值：$m_1(\Theta) = 0.3211$，$m_2(\Theta) = 0.2759$，$m_3(\Theta) = 0.1993$，$m_4(\Theta) = 0.3600$，整体不确定性的 Mass 均值为 0.2891。

（6）将不同评价指标下各评价等级的 Mass 函数值根据 D-S 证据合成法则进行信息融合，得到融合后各评价等级的信度值如下：

$$Bel(\{x_1\}) = (m_1 \oplus m_2 \oplus m_3 \oplus m_4)(\{x_1\}) = 0.0244$$

$$Bel(\{x_2\}) = (m_1 \oplus m_2 \oplus m_3 \oplus m_4)(\{x_2\}) = 0.0269$$

$$Bel(\{x_3\}) = (m_1 \oplus m_2 \oplus m_3 \oplus m_4)(\{x_3\}) = 0.2243$$

$$Bel(\{x_4\}) = (m_1 \oplus m_2 \oplus m_3 \oplus m_4)(\{x_4\}) = 0.4580$$

$$Bel(\{x_5\}) = (m_1 \oplus m_2 \oplus m_3 \oplus m_4)(\{x_5\}) = 0.2314$$

$$Bel(\Theta) = (m_1 \oplus m_2 \oplus m_3 \oplus m_4)(\Theta) = 0.0351$$

从各评价等级的信度值可以看出，评价等级的优劣顺序为 $x_4 > x_5 > x_3 > x_2 > x_1$，根据信度函数的最大化原则，确定 x_4 为最佳评价等级。同时在信息融合后，整体不确定性均值由 28.91% 降低到 3.51%，能够显著降低主观认识的不确定性。村镇银行对该客户最可靠的信用评价为可疑类客户，村镇银行为规避信用风险将拒绝向该借款人发放贷款。

三、直觉模糊软集对借款人"软信息"评价的结论

根据上面的分析，得出如下结论：

第一，应用证据理论的信息融合能够显著降低评价的不确定性。根据直觉模糊软集模型得到各评价指标下的整体不确定性均值为 28.91%，而在信息融合后，整体不确定性降低到 3.51%，村镇银行在信息不对称的情况下，可以借助直觉模糊软集决策模型改善自己的不利地位。

第二，村镇银行可以根据借款人的"软信息"进行客观的信用评级。由于直觉模糊软集决策模型利用借款人的"软信息"得到各评价等级的信度函数值，村镇银行根据信度函数值的大小直观地判断出借款人的信用等级，在很大程度上降低了村镇银行主观认识的不确定性。

村镇银行应用直觉模糊软集决策方法对借款人的"软信息"进行信用评级，根据评级结果决定是否发放贷款，可以在众多借款人中有效筛选出合格的借款人，为村镇银行的贷款决策提供依据，弥补硬信息不足导致的信息不对称，降低村镇银行决策的不确定性。直觉模糊软集决策方法虽然能够根据"软信息"进行信用评级，帮助村镇银行进行被动决策，尽量降低信用风险，但不能主动激励借款人减少违约意愿。后文将从村镇银行的角度探讨如何设计激励契约降低信用风险。

第三节　村镇银行信贷行为中的逆向选择分析

一、村镇银行信贷行为中的逆向选择行为

（一）信贷市场上逆向选择的形成

逆向选择理论是美国经济学家 Akerlof 在《柠檬市场》一书中提出的，指出了二手车市场中存在的"劣等车驱逐优等车"现象即为逆向选择。逆向选择是指在信息不对称的情况下，信息优势方采取的策略对信息劣势方不利，信息劣势方为规避风险采取的策略反而导致信息优势方的机会主义行为，导致市场失灵的现象。当信息不对称发生在合同签约之前时，产生逆向选择问题，即在签订合约之前，村镇银行不知道借款人的私人信息，然而借款人掌握了村镇银行不了解的信息，这些信息可能对村镇银行不利。在信贷市场上，存在着信用级别高的借款人和信用级别低的借款人，村镇银行和借款人按同样的方式对借款人的信用级别进行评价。但是，只有借款人知道自己的信用级

别，村镇银行在发放贷款前不知道借款人的信用级别，最多只了解借款人的平均信用等级。这样，低信用级别的借款人将与高信用级别的借款人一同向村镇银行申请贷款。由于村镇银行不能准确地知道借款人的信用级别，低信用级别的借款人可能伪装成高信用级别的借款人，不利于村镇银行在信贷市场上的选择。

在信息不对称的情况下，银行受到认知能力、信息成本、运作效率等一系列因素的制约，在信贷市场上处于信息劣势地位。村镇银行的政策都是公开透明的，借款人获得信息的成本很低，然而，村镇银行获取借款人的经营状况、盈利能力、偿债能力、投资收益能力、信用状况等信息比较困难，而且大部分只能根据借款人提供的材料被动获取，材料的真实性、完整性较低。由于借款人提供的材料是为了顺利获得贷款，可能会隐瞒对自身贷款不利的信息，粉饰财务报表等硬信息，甚至编撰虚假信息。因此，银行在掌握借款者私人信息甚少的不利情况下，对借款者进行信息甄别的难度加大，不能准确评估借款人的信用风险，无法提供与借款人风险相匹配的贷款利率。

由于银行提供贷款的期望收益取决于贷款利率和借款人的违约概率，在信息不对称的情况下，银行无法估量借款人的投资风险，只能通过提高贷款利率以弥补将面临的违约风险，但贷款利率提高后，只有高收益的借款人才会接受借款，而高收益的项目一般是高风险的，项目质量较低，会降低贷款的质量，增加借款人的违约概率；低风险低收益的借款人因借款成本超过预期，自身利益减少而选择退出信贷市场。因此，在信息不对称的情况下，提高利率不仅不能弥补损失，反而会降低贷款的质量，导致逆向选择，逆向选择的存在使银行面临的违约风险增加，不良贷款率增加。

（二）信贷市场上的逆向选择导致信贷配给

我国有贷款需求的 1.2 亿农户中，仅有 50% 农户的贷款需求能够得到满足，然而农村金融机构存在大量闲置信贷资金，因此，农村金融市场上存在严重的信贷配给问题。由于村镇银行不能准确评定借款人的信用级别，无法实现低风险借款人的融资需求，使得资金供求存在缺口。

村镇银行为减少逆向选择会在相对较低的利率水平上拒绝部分客户的贷

款需求，而不愿在较高的利率水平上满足所有客户的贷款需求，因此，出现了信贷配给。斯蒂格利茨指出，银行期望收益和贷款利率之间的关系是一条倒"U"形曲线，如图 3–1 所示，当利率 R 低于 R* 时，利率提高带来的收益效应大于风险效应，使银行的期望收益随着利率的提高而提高；当利率 R 高于 R* 时，利率提高带来的风险效应高于收益效应，使银行的期望收益随着利率的提高而降低。因此，当利率水平较高时，愿意接受该利率的借款人有较高的风险，还款的可能性较低，银行的风险效应高于收益效应，银行不愿在高利率下满足借款人的贷款需求。

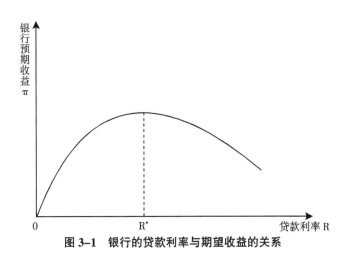

图 3–1　银行的贷款利率与期望收益的关系

信贷市场上的借款人为企业，企业初始资金为零，只能从银行获得贷款，银行是唯一的放款人，企业从银行贷款的利率为 R。企业可投资项目很多，每个项目的资金需求都为 1，每个项目投资的可能结果只有两个，成功或失败，投资成功时获得的收益为 S（S>0），失败时的收益为 0。企业投资项目成功的概率为 p（0≤p≤1），假设投资项目的收益均值为 W，且为银行所知，则 p(S)S=W，表示在项目收益均值 W 一定的情况下，投资项目的收益 S 越高，投资成功的概率 p 越低。企业将贷款投资于项目，项目成功时，企业获得的利润为 S−(1+R)，项目投资失败时，企业的利润为 0，因此企业的期望收益为：

$$E = p[S - (1+R)] + (1-p)0 = p[S - (1+R)] \tag{3-6}$$

当企业不进行投资时，企业的期望收益为 0，企业进行投资与不投资的均衡点是两者的期望收益相等，因此，投资的临界值为 $S^* = 1 + R$，只有当 $S \geqslant S^*$ 时，企业才会申请贷款进行投资，否则企业将无利可图。由于 $p(S)S = W$，S 存在临界值意味着 p 也有一个临界的成功概率 p^*，当 $S \geqslant S^*$ 时，也就是 $p \leqslant p^*$ 时，企业才会申请贷款。成功概率为 p^*：

$$p^* = W/S^* = W/(1+R) \tag{3-7}$$

假设项目投资成功的概率 p 在区间 $[0, 1]$ 上的概率密度函数为 $f(p)$，分布函数为 $F(p)$，则所有投资项目的平均成功概率为：

$$\bar{p}(R) = \frac{\int_0^{p^*} pf(p)\,dp}{\int_0^{p^*} f(p)\,dp} = \frac{\int_0^{p^*} pf(p)\,dp}{F(p^*)} \tag{3-8}$$

因此，

$$\frac{\partial \bar{p}}{\partial R} = \frac{\dfrac{\partial p^*}{\partial R} p^* f(p^*) F(p^*) - \dfrac{\partial F(p^*)}{\partial R} \int_0^{p^*} pf(p)\,dp}{F^2(p^*)}$$

$$= -\frac{f(p^*)}{F^2(p^*)} \frac{W}{(1+R)^2} \left(p^* F(p^*) - \int_0^{p^*} pf(p)\,dp \right) < 0 \tag{3-9}$$

式（3-9）表明，贷款利率与成功概率负相关，贷款利率越高，投资项目成功的可能性越小，借款人违约的概率越大。项目收益均值一定时，贷款利率越高，项目成功时的收益越低，此时，只有高收益的借款人才会申请贷款，然而在项目收益均值给定时，高收益意味着低成功率，项目风险较大；低风险的借款人由于收益较低，不愿接受较高的贷款利率而退出信贷市场。所以，高收益的高风险项目驱赶走低收益的低风险项目，导致信贷市场上逆向选择的产生。

银行发放贷款的期望收益取决于贷款利率和借款人的违约概率，因此银行期望收益受利率的影响并不是单调的。假设银行向一切有贷款需求的客户发放贷款，则每单位贷款的期望收益为：

$$\overline{\pi}(R) = \frac{\int_0^{p^*} (1+R) \, pf(p) \, dp}{\int_0^{p^*} f(p) \, dp}$$

$$= \frac{(1+R) \int_0^{p^*} pf(p) \, dp}{F(p^*)} = (1+R) \, \overline{p}(R) \qquad (3-10)$$

式（3-10）表明，银行的期望收益是借款人守约获得的收益与平均还款概率的乘积。

对式（3-10）求导得：

$$\frac{\partial \overline{\pi}}{\partial R} = \overline{p}(R) + (1+R) \frac{\partial \overline{p}}{\partial R} \qquad (3-11)$$

式中，$\overline{p}(R)$ 表示利率的直接收入效应，其值为正，但是其大小随着利率的提高而降低，每单位利率的提高，会使银行的期望收益增加 $\overline{p}(R)$ 个单位，但是增加的幅度越来越小；$(1+R)\partial\overline{p}/\partial R$ 表示利率的间接风险效应，每单位利率的提高，会使借款人的违约概率上升 $|\partial\overline{p}/\partial R|$ 个单位，由于 $\partial\overline{p}/\partial R < 0$，所以银行的期望收益将下降 $(1+R)\partial\overline{p}/\partial R$ 个单位。

$\partial\overline{\pi}/\partial R$ 的正负取决于收入效应与风险效应的相对大小，当收入效应大于风险效应时，$\partial\overline{\pi}/\partial R > 0$；当收入效应小于风险效应时，$\partial\overline{\pi}/\partial R < 0$。当 $R \to 0$ 时，$p^* \to 1$，$(1+R) \, \partial\overline{p}/\partial R \to 0$，所以，$\partial\overline{\pi}/\partial R > 0$；当 $R \to +\infty$ 时，$p^* \to 0$，$(1+R) \, \partial\overline{\pi}/\partial R \to -b$（$b \geq 0$），所以，$\partial\overline{\pi}/\partial R < 0$。由此可知，当 R 在区间 $[0, +\infty)$ 时，存在 R^*，当 $R \leq R^*$ 时，$\partial\overline{\pi}/\partial R < 0$；当 $R \geq R^*$ 时，$\partial\overline{\pi}/\partial R \leq 0$。在一定的贷款利率范围内，随着利率的提高，银行的期望收益增加，但当利率高于最优利率时，利率的提高反而会使银行的期望收益降低，此时，银行宁愿实施信贷配给也不愿提高利率。

银行在低利率水平上实行信贷配给，在一定程度上减少了逆向选择，但并没有从根本上解决逆向选择问题，银行的信息不对称现象仍然存在。面对过旺的资金需求，银行愿意提供的贷款却远不能满足借款人的需求，供求的缺口导致银行资金配置效率低下。信贷配给拒绝了部分贷款客户，减少了银行的受众群体，降低了自身的竞争力，对银行自身业务发展有一定的制约。因此，信贷配给虽减少了逆向选择却不能使村镇银行实现帕累托改进，并非防范逆向选择风险的最优对策。

（三）村镇银行信贷行为中引致逆向选择产生的因素

Stiglitz 和 Weiss 在 "Credit rationing in markets with imperfect information" 一文中提出金融市场中的信息不对称导致逆向选择。由于借款人无法向村镇银行提供财务报表等硬信息，村镇银行在信贷市场上处于信息劣势，难以量化贷款的违约风险。村镇银行为了保证自身的收益，选择向提供高利率的借款人提供贷款，而高利率的借款人一般是高风险的，低利率的借款人因不愿承受较高的利率退出而信贷市场，因此，村镇银行与借款人的信息不对称导致逆向选择。此外，借款人的非理性行为倾向加剧了双方之间的信息不对称程度，使得村镇银行与城市商业银行、大型股份制商业银行相比信贷信息不对称的程度更高。

抵押或担保品是借款人过去的成果，显示了他的能力。抵押或担保物能在一定程度上解决村镇银行面临的逆向选择，但村镇银行的借款人缺乏有效的抵押担保物，逆向选择难以避免。当借款人提供足额抵押品，不还款时的机会成本是其提供的抵押品，由于抵押品对借款人的价值大于对银行的价值，此时，借款人会选择还款；当借款人无抵押品或抵押品不足时，银行向借款人发放贷款后，借款人会选择违约，因为不还款带来的收益大于抵押品的价值，而银行则损失全部贷款，只能获取抵押品的所有权。当缺乏抵押品时，银行选择向承担高利率的借款人发放贷款，高利率意味着高风险，而承担低利率的低风险借款人退出信贷市场，所以抵押或担保品的缺失会造成银行的逆向选择。

抵押品贷款可以降低村镇银行的逆向选择风险。

村镇银行向借款人提供两种类型的贷款，纯信担保用贷款和抵押担保贷款。如图 3-2 所示。借款人的初始资本为零，项目投资金额为 M，全部来自银行贷款，贷款利率为 i，项目收益为 R，抵押贷款时提供的抵押品价值为

C，借款人违约时，抵押品归银行所有。借款人还款的概率为 p_i，违约的概率为 $1-p_i$。

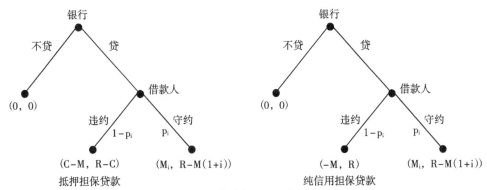

图 3-2　抵押担保贷款与纯信用担保贷款扩展式

根据抵押担保贷款与纯信用担保贷款的博弈模型，可以发现：抵押担保贷款下，借款人违约的收益 R-C 小于纯信用担保时违约的收益 R，而且抵押品的价值越大，借款人的收益越小，违约的意愿越小，抵押品对于借款人违约发挥了一定的效力。借款人为了避免违约给自己带来的收益损失而选择守约，抵押品在一定程度上降低了借款人的违约概率。

借款人的预期收益为：

$$E = p_i[R-(1+i)M]+(1-p_i)(R-C) \tag{3-12}$$

根据借款人的预期收益函数，可得借款人提供的抵押品对贷款利率的边际替代率：

$$MRS = \frac{\partial i}{\partial C} = -\frac{1-p_i}{p_i M} < 0 \tag{3-13}$$

由于边际替代率是还款概率 p_i 的函数，进一步得到：

$$\frac{\partial MRS}{\partial p_i} = \frac{M}{(p_i M)^2} > 0 \tag{3-14}$$

借款人的边际替代率与还款概率正相关，低风险借款人还款的概率比高风险借款人高，低风险借款人的边际替代率高于高风险借款人，因此低风险借款人更愿意提供较多的抵押品来换取低利率。抵押品作为信号向银行传递借款人的风险类型，村镇银行据此决定是否发放贷款，因此，抵押品的存在降低了借款人的违约率，也在一定程度上减少了村镇银行的逆向选择。

二、村镇银行信用风险的信号传递模型

为了使处于信息优势方的借款人选择最有利于村镇银行的行动，运用信号传递模型和信号甄别模型，调整相关变量实现分离均衡，据此设计出针对借款人的激励机制。在村镇银行的信贷行为中，由于信息不对称，借款人事前的机会主义会导致逆向选择，引发村镇银行的信用风险。本节通过信号传递模型解决信贷市场上的逆向选择问题，进而间接降低村镇银行的信用风险。

信号传递是指具有信息优势的一方先采取行动，通过向信息劣势方发送相关信号，表明自身类型，规避逆向选择，改善市场运行状况。信息劣势方通过信息优势方传递具有一定成本的信号，达到区分信息优势方类型的目的。

（一）信号传递模型概述

1. 信号传递博弈的基本模型

信号传递模型中有两个参与者，信号发送者 S 和信号接收者 R，信号发送者 S 的信息是私人信息；信号接收者 R 的信息是公共信息。信号发送者和信号接收者的信息是不对称的，因此，信号传递是不完美信息动态博弈。信号传递过程如下：

第一，"自然"以一定的概率选择信号发送者 S 的类型 θ，$\theta \in \Theta$，$\Theta = \{\theta_1, \theta_2, \cdots, \theta_k\}$ 是信号发送者 S 的类型空间，信号发送者 S 知道自身的类型，而信号接收者 R 却不知道其类型，只知道信号发送者属于类型 θ 的先验概率是 $p = p(\theta)$，且 $\sum_{i=1}^{k} p(\theta_i) = 1$。

第二，信号发送者 S 在观察到自身的类型 θ 后选择发出信号 $m \in M$，$M = \{m_1, m_2, \cdots, m_j\}$ 是信号空间。

第三，信号接收者 R 接收到发送者 S 发出的信号 m 后，应用贝叶斯法则对信号发送者 S 的类型做出修正性推断，在接收到的信号为 m 的条件下推断出信号发送者是类型 θ 的后验概率 $p = p(\theta|m)$，随后信号接收者 R 根据推断出的发送者的类型选择自身的行动 $\alpha \in A$，$A = \{\alpha_1, \alpha_2, \cdots, \alpha_n\}$ 是信号接收

者 R 的行动空间。

第四，信号发送者 S 和信号接收者 R 的支付函数分别为 $\mu_S(m, \alpha, \theta)$ 和 $\mu_R(m, \alpha, \theta)$。

该信号传递模型的扩展式如图 3-3 所示，图中仅表示了 K = J = N = 2 的情况，先验概率为 $p(\theta_1)$、$p(\theta_2)$，在观察到传递的信号后对先验概率进行修正，得到后验概率 $\tilde{p} = \tilde{p}(\theta_1|m_1)$，$\tilde{q} = \tilde{p}(\theta_1|m_2)$，由 $\tilde{p}(\theta_1|m_1) + \tilde{p}(\theta_2|m_1) = 1$，得 $\tilde{p}(\theta_2|m_1) = 1 - \tilde{p}$，由 $p(\theta_1|m_2) + p(\theta_2|m_2) = 1$，得 $\tilde{p}(\theta_2|m_2) = 1 - \tilde{q}$。

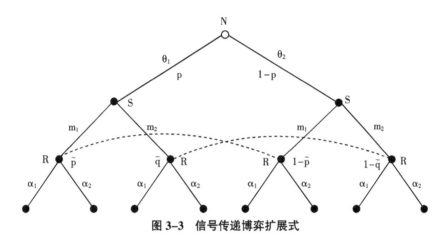

图 3-3　信号传递博弈扩展式

2. 信号传递博弈的均衡

信号发送者 S 预测到信号接收者 R 会根据其发出的信号修正对其类型的判断，所以，信号发送者 S 会选取一个最优的类型信号发送；信号接收者 R 认为信号发送者 S 选取的是考虑了信息效应后的最优策略，因此，信号接收者 R 会应用贝叶斯法则对信号发送者 S 类型的推断进行修正，据此选择对自己最优的行动。

信号传递中精炼贝叶斯均衡的策略组合 $(m^*(\theta), \alpha^*(m))$ 和后验概率 $\tilde{p}(\theta|m)$ 满足：

$$(P_1)\quad \alpha^*(m) \in \arg \max_{\alpha} \sum_{\theta} \tilde{p}(\theta|m) \mu_R(m, \alpha, \theta) \tag{3-15}$$

$$(P_2)\quad m^*(\theta) \in \arg \max_{m} \mu_S(m, \alpha^*(m), \theta) \tag{3-16}$$

（B）$\tilde{p}(\theta|m)$ 是信号接收者 R 观察到信号发送者 S 发出的信号 m 及其最优策略信号 $m^*(\theta)$，应用贝叶斯法则对先验概率 $p(\theta)$ 进行修正。

其中，(P_1) 和 (P_2) 是实现精炼贝叶斯均衡应满足的条件，(P_1) 表示信号接收者 R 在后验概率给定的情况下，根据信号发送者 S 的信号选择自己的最优行动；(P_2) 表示信号发送者 S 预测到信号接收者的最优行动 $\alpha^*(m)$ 后，选择自己的最优策略，发送信号 $m^*(\theta)$。

为了能确切区分不同类型信号的发送者，本书只介绍分离均衡。分离均衡是指每种类型的信号发送者发出的是与其自身匹配的信号，与其他类型的信号发送者发出的信号各不相同，即没有哪两种类型的信号发送者发出的信号是相同的。在分离均衡下，根据信号发送者发出的信号，信号接收者可以准确地推断出信号发送者的类型。例如，在只有两种类型的信号发送者，信号发送者只有两种信号可以选择的情况下，分离均衡意味着：如果信号 m_1 是信号发送者 θ_1 的最优选择，那么信号 m_1 将不是信号发送者 θ_2 的最优选择，信号发送者 θ_2 的最优选择一定是信号 m_2。信号发送者的类型为 θ_1 时选择 m_1 所带来的效用一定会大于选择信号 m_2 时的效用，类型 θ_2 同理。

$$\mu_1(m_1, \alpha^*(m), \theta_1) > \mu_1(m_2, \alpha^*(m), \theta_1) \qquad (3-17)$$

$$\mu_2(m_2, \alpha^*(m), \theta_2) > \mu_2(m_1, \alpha^*(m), \theta_2) \qquad (3-18)$$

后验概率为：

$$\tilde{p}(\theta_1|m_1) = 1, \quad \tilde{p}(\theta_2|m_1) = 0$$

$$\tilde{p}(\theta_1|m_2) = 0, \quad \tilde{p}(\theta_2|m_2) = 1$$

（二）信号传递模型在村镇银行信贷市场上的应用

银行向借款人放贷之前，可以通过借款人的"硬信息"、抵押担保物等对借款人的信用进行评估，但村镇银行的借款人有其特殊性，无法提供"硬信息"和有效的抵押担保物，村镇银行不能进行可信的评估。鉴于此，村镇银行可以收集借款人的"软信息"，因为"软信息"代表了借款人的社会资本，社会资本是借款人声誉、人缘等可以给借款人带来未来收益的资本，是其能力和品德的反映，社会资本能够证明自身还款能力，向村镇银行传递借款人自身的风险类型。

在信贷市场上村镇银行与借款人的信息不对称，借款人知道自己的风险类型，而村镇银行不知道借款人的风险高低，只知道借款人风险类型的概率分布。村镇银行可以根据借款人申请贷款时发出的信号，对借款人的风险类型进行修正，判断出借款人的信用级别。村镇银行利用信号传递模型，设计出有效的激励机制，实现分离均衡，使高风险的借款人传递高风险信号，低风险的借款人传递低风险信号。信号传递能够降低借贷双方的信息不对称程度，使村镇银行能准确区分出不同风险类型的借款人，帮助村镇银行筛选客户，规避信贷中的逆向选择，降低村镇银行的信用风险，实现帕累托改进。

1. 信号传递模型的相关假设

第一，信贷市场上只有村镇银行和借款人两个参与者，借款人是信号发送者，村镇银行是信号接收者。借款人有两种类型，一种是高风险类型 $\theta = H$，另一种是低风险类型 $\theta = L$。

第二，借款人为获得贷款，向村镇银行传递自身风险类型的信号。根据"海萨尼转换"，将借款人传递的"软信息"信号，转化为借款人传递的社会资本信号。借款人向村镇银行传递的自身社会资本信号，表现自己的目标风险类型。高风险借款人的社会资本较低，还款能力弱。借款人的信号空间为 $M = \{m_L, m_H\}$，$m = m_H$ 表示借款人传递的是高社会资本信号，$m = m_L$ 表示借款人发出的是低社会资本信号。

第三，村镇银行根据后验概率，对借款人的风险类型进行判断，决定同意或者拒绝借款人的贷款申请。村镇银行的行动空间则为 $A = \{y, n\}$，$\alpha = y$ 表示村镇银行同意发放贷款，$\alpha = n$ 表示村镇银行拒绝发放贷款。

第四，项目成功的概率与借款人自身风险类型负相关，即风险越低，项目成功的概率越高。低风险借款人项目成功的概率为 t_L，预期收益为 R_L，且项目成功后，借款人一定还本付息；失败的概率为 $1-t_L$，预期收益为 0，项目失败后借款人无力偿还贷款本金和利息。高风险借款人项目成功的概率为 t_H，预期收益为 R_H，项目成功后，借款人一定还本付息；失败的概率为 $1-t_H$，预期收益为 0，借款人违约，不还本付息。低风险项目成功的概率高于高风险项目成功的概率，即 $t_L > t_H$。

第五，借款人的资金需求量为 D，并且只能从村镇银行获取，村镇银行提供贷款的利率为 i，对优质借款人的贷款利率下浮 δ 倍（$0 < \delta < 1$），δ 越大，利率优惠越少。高风险的借款人为了获得贷款和贷款优惠，将花费一定的成本 C 伪装成高社会资本的借款人；低风险的借款人本身社会资本较高，因此没有必要进行伪装。

第六，由于借款人缺乏有效抵押品，社会资本可被视作借款人的"无形抵押品"，社会资本对借款人的价值非常大，而对村镇银行的价值为零。由于乡土社会人与人之间有着天然的源于地缘、血缘和宗族关系的信任感，他们之间互相欺骗的概率较低，欺骗的成本很高。借款人违约时会受到一定程度的惩罚，惩罚的力度是其社会资本的增函数 $f = f(m_\theta)$，即借款人的社会资本越多，违约时受到的惩罚越重。

2. 信号传递过程

信号传递过程如下：

第一步："自然"选择借款人的类型，根据其信用等级的高低，将其划分为高风险和低风险两种类型的借款人，高风险类型为 θ = H，低风险类型为 θ = L。由于村镇银行不知道借款人的类型，只能知道借款人风险类型的概率分布，高风险的先验概率为 $p(\theta_H) = p$，低风险的先验概率为 $p(\theta_L) = 1 - p$。

第二步：借款人选择发出信号 M = {m_L, m_H}，村镇银行观察到借款人发出信号后对先验概率进行修正，得到后验概率 $p(H|m_H) = \alpha_1$，$p(H|m_L) = \alpha_2$，则 $p(L|m_H) = 1 - \alpha_1$，$p(L|m_L) = 1 - \alpha_2$，然后村镇银行选择自己的最优行动。

信号传递的扩展式如图 3-4 所示。

信号传递扩展式中的支付组合，第一个数代表借款人的收益，第二个数代表村镇银行的收益，则图 3-4 中博弈双方的收益分别为：

$(U_{11}, U_{12}) = (t_H[R_H - (1 + \delta i)D] - (1 - t_H)f(m_H) - C, (1 + \delta i)t_H D - D)$

$(U_{21}, U_{22}) = (-C, 0)$

$(U_{31}, U_{32}) = (t_H[R_H - (1 + i)D] - (1 - t_H)f(m_L), (1 + i)t_H D - D)$

$(U_{41}, U_{42}) = (0, 0)$

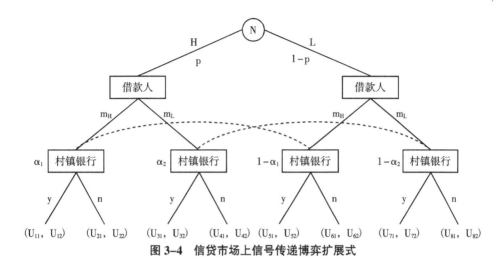

图3-4 信贷市场上信号传递博弈扩展式

$$(U_{51}, U_{52}) = (t_L [R_L - (1+\delta i) D] - (1-t_L) f(m_H), (1+\delta i) t_L D - D)$$

$$(U_{61}, U_{62}) = (0, 0)$$

$$(U_{71}, U_{72}) = (t_L [R_L - (1+i) D] - (1-t_L) f(m_L), (1+i) t_L D - D)$$

$$(U_{81}, U_{82}) = (0, 0)$$

博弈双方的目的是获得自身效用的最大化,借款人希望获得贷款,村镇银行希望将贷款发放给风险较低的借款人。根据不完美信息动态博弈扩展式求解精炼贝叶斯均衡。

3. 村镇银行的贝叶斯均衡

当村镇银行观察到借款人传递的是高社会资本信号 $m = m_H$ 时,村镇银行可以选择发放贷款或者是拒绝贷款,为了实现自身效用最大化,应该比较发放贷款与拒绝贷款的收益。当发放贷款获得的收益大于拒绝贷款获得的收益时,村镇银行选择发放贷款,否则,拒绝贷款。

$$U_{m_H} = \max \{ \alpha_1 U_{12} + (1-\alpha_1) U_{52}, \alpha_1 U_{22} + (1-\alpha_1) U_{62} \}$$

$$= \max \{ \alpha_1 [(1+\delta i) t_H D - D] + (1-\alpha_1) [(1+\delta i) t_L D - D], 0 \} \quad (3-19)$$

村镇银行观察到借款人发送高社会资本信号 $m = m_H$ 时,对先验概率进行修正,得到借款人传递高社会资本信号的条件下属于高风险类型的后验概率,当 $p(H|m_H) = \alpha_1$ 在区间 $[0, \dfrac{(1+\delta i) t_L - 1}{(1+\delta i)(t_L - t_H)})$ 时,村镇银行认为传递高社会资

本信号属于高风险借款人的概率较小，村镇银行选择发放贷款，否则，拒绝发放贷款：

$$村镇银行 (m_H) = \begin{cases} y, & 0 \leqslant \alpha_1 < \dfrac{(1+\delta i)\, t_L - 1}{(1+\delta i)(t_L - t_H)} \\[3mm] n, & \dfrac{(1+\delta i)\, t_L - 1}{(1+\delta i)(t_L - t_H)} \leqslant \alpha_1 \leqslant 1 \end{cases} \tag{3-20}$$

当村镇银行观察到借款人传递的是低社会资本信号 $m = m_L$ 时，村镇银行仍然会选择效用最大化原则，即：

$$U_{m_L} = \max \{ \alpha_2 U_{32} + (1-\alpha_2) U_{72},\ \alpha_2 U_{42} + (1-\alpha_2) U_{82} \}$$
$$= \max \{ \alpha_2 [(1+i) t_H D - D] + (1-\alpha_2) [(1+i) t_L D - D],\ 0 \} \tag{3-21}$$

村镇银行观察到借款人发送低社会资本信号 $m = m_L$ 时，得到借款人传递低社会资本信号的条件下属于高风险类型的后验概率，当 $p(H|m_L) = \alpha_2$ 在区间 $[0, \dfrac{(1+i) t_L - 1}{(1+i)(t_L - t_H)})$ 时，村镇银行选择发放贷款，否则，拒绝发放贷款：

$$村镇银行 (m_L) = \begin{cases} y, & 0 \leqslant \alpha_2 < \dfrac{(1+i)\, t_L - 1}{(1+i)(t_L - t_H)} \\[3mm] n, & \dfrac{(1+i)\, t_L - 1}{(1+i)(t_L - t_H)} \leqslant \alpha_2 \leqslant 1 \end{cases} \tag{3-22}$$

根据后验概率可以推出村镇银行的子博弈完美贝叶斯均衡策略，当后验概率 $\alpha_1 \in [0, \dfrac{(1+\delta i) t_L - 1}{(1+\delta i)(t_L - t_H)})$，$\alpha_2 \in [0, \dfrac{(1+i) t_L - 1}{(1+i)(t_L - t_H)})$ 时，村镇银行的最优选择为（放贷，放贷）策略；当 $\alpha_1 \in [0, \dfrac{(1+\delta i) t_L - 1}{(1+\delta i)(t_L - t_H)})$，$\alpha_2 \in [\dfrac{(1+i) t_L - 1}{(1+i)(t_L - t_H)}, 1)$ 时，村镇银行的最优选择为（放贷，拒贷）策略；当 $\alpha_1 \in [\dfrac{(1+\delta i) t_L - 1}{(1+\delta i)(t_L - t_H)}, 1)$，$\alpha_2 \in [0, \dfrac{(1+i) t_L - 1}{(1+i)(t_L - t_H)})$ 时，村镇银行的最优选择为（拒贷，放贷）策略；当 $\alpha_1 \in [\dfrac{(1+\delta i) t_L - 1}{(1+\delta i)(t_L - t_H)}, 1)$，$\alpha_2 \in [\dfrac{(1+i) t_L - 1}{(1+i)(t_L - t_H)}, 1)$ 时，村镇银行的最优选择为（拒贷，拒贷）策略。

当借款人传递信号后，村镇银行的最优选择：观察到借款人提供高社会资本时，银行认为其风险较低，选择发放贷款，观察到借款人提供低社会资本时，银行认为其风险较高，选择拒贷，即当 $\alpha_1 \in \left[0, \dfrac{(1+\delta i)\,t_L - 1}{(1+\delta i)(t_L - t_H)}\right)$，$\alpha_2 \in \left[\dfrac{(1+i)\,t_L - 1}{(1+i)(t_L - t_H)}, 1\right)$ 时，村镇银行的最优选择为（放贷，拒贷）策略。

4. 借款人的贝叶斯均衡

借款人传递高社会资本信号时，村镇银行选择发放贷款；借款人传递低社会资本信号时，村镇银行选择拒绝发放贷款。

当借款人是高风险类型时，传递高社会资本获得贷款的收益与传递低社会资本被拒绝的收益应满足效用最大化原则：

$$U_H = \max\{U_{11}, U_{41}\}$$
$$= \max\{t_H[R_H - (1+\delta i)D] - (1-t_H)f(m_H) - C, \ 0\} \tag{3-23}$$

$$\text{借款人 (H)} = \begin{cases} m_H, & f(m_H) < \dfrac{t_H[R_H - (1+\delta i)D] - C}{1 - t_H} \\[2mm] m_L, & f(m_H) > \dfrac{t_H[R_H - (1+\delta i)D] - C}{1 - t_H} \end{cases} \tag{3-24}$$

当借款人是低风险类型时，传递高社会资本获得贷款的收益与传递低社会资本被拒绝的收益同样应满足效用最大化原则：

$$U_L = \max\{U_{51}, U_{81}\}$$
$$= \max\{t_L[R_L - (1+\delta i)D] - (1-t_L)f(m_H), \ 0\} \tag{3-25}$$

$$\text{借款人 (L)} = \begin{cases} m_H, & f(m_H) < \dfrac{t_L[R_L - (1+\delta i)D]}{1 - t_L} \\[2mm] m_L, & f(m_H) > \dfrac{t_L[R_L - (1+\delta i)D]}{1 - t_L} \end{cases} \tag{3-26}$$

将不同风险类型借款人选择传递信号的均衡条件在图 3-5 上直观展现：

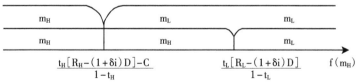

图 3-5　信号传递分离均衡条件图

当 $f(m_H) < \dfrac{t_H[R_H - (1+\delta i)D] - C}{1 - t_H}$ 时，无论是高风险的借款人还是低风险

的借款人都会选择发送高社会资本信号；当 $f(m_H) > \dfrac{t_L[R_L-(1+\delta i)D]}{1-t_L}$ 时，无

论是低风险的借款人还是高风险的借款人都会选择发送低社会资本信号；这

两种都属于混同均衡，高、低风险的借款人都传递相同的信号，村镇银行无

法 甄 别 出 借 款 人 的 风 险 类 型 。 当 $\dfrac{t_H[R_H-(1+\delta i)D]-C}{1-t_H} < f(m_H) <$

$\dfrac{t_L[R_L-(1+\delta i)D]}{1-t_L}$ 时，高风险的借款人选择发送低社会资本信号，低风险的借

款人选择发送高社会资本信号，满足了分离均衡的条件：

$$\mu_H(m_L,\ \alpha^*(m),\ H) > \mu_H(m_H,\ \alpha^*(m),\ H) \tag{3-27}$$

$$\mu_L(m_H,\ \alpha^*(m),\ L) > \mu_L(m_L,\ \alpha^*(m),\ L) \tag{3-28}$$

社会资本能掩饰借款人本身的风险类型，因此，高风险的借款人也倾向

于提供高社会资本，将自己伪装成低风险类型，欺骗银行向其发放贷款。但

是高风险借款人伪装成低风险借款人违约时受到的惩罚力度较大，使其预期

收益低于成本，因此，高风险借款人不会提供高社会资本。低风险的借款人

提供低社会资本时，银行不会对其发放贷款，因此，低风险的借款人会选择

提供高社会资本。村镇银行根据借款人发出的信号，能够判断出借款人的风

险类型。

此时，后验概率：

$$p(H|m_H) = \alpha_1 = 0 < \frac{(1+\delta i)t_L-1}{(1+\delta i)(t_L-t_H)} \tag{3-29}$$

$$p(H|m_L) = \alpha_2 = 1 \geqslant \frac{(1+i)t_L-1}{(1+i)(t_L-t_H)} \tag{3-30}$$

由上式可得：

$$\delta i > \frac{1-t_L}{t_L}\ ;\ i \leqslant \frac{1-t_H}{t_H}$$

当 $\dfrac{t_H[R_H-(1+\delta i)D]-C}{1-t_H} < f(m_H) < \dfrac{t_L[R_L-(1+\delta i)D]}{1-t_L}$ ，$\alpha_1=0$ ，$\alpha_2=1$ 时实

现分离均衡，低风险借款人的最优选择是传递高社会资本信号，村镇银行观

察到高社会资本信号时，最优行动是发放贷款；高风险借款人的最优选择是

传递低社会资本信号，村镇银行观察到低社会资本信号时，最优行动是拒绝

发放贷款。

信号传递分离均衡的实现，使得高风险的借款人传递低社会资本，低风险的借款人传递高社会资本，村镇银行通过观察到的信号能准确区分出借款人的类型，减少了信贷中的逆向选择，防范村镇银行的信用风险。

（三）模型结论

1. 调整精炼贝叶斯均衡的变量实现信号传递的分离均衡

分离均衡实现的条件 $\dfrac{t_H\left[R_H-(1+\delta i)D\right]-C}{1-t_H}<f(m_H)<\dfrac{t_L\left[R_L-(1+\delta i)D\right]}{1-t_L}$ 与多种因素相关。不等式本身意味着对借款人违约的惩罚力度应处于一定的区间内，不等式两边值的大小决定了惩罚力度的大小。不等式左边的值决定了惩罚力度的下限，右边的值决定了惩罚力度的上限。由于惩罚力度是社会资本的增函数，因此，下限值不应过小，上限值不应过大。上限值过大的话，低风险的借款人也无力提供过高的社会资本；下限值过小的话，高风险的借款人也提供高社会资本，村镇银行也就无法根据借款人提供的信号区分其风险类型。

为了使不等式 $\dfrac{t_H\left[R_H-(1+\delta i)D\right]-C}{1-t_H}<f(m_H)<\dfrac{t_L\left[R_L-(1+\delta i)D\right]}{1-t_L}$ 更容易实现，可以增大 C，即提高高风险借款人提供高社会资本时付出的伪装成本，伪装成本越高，不等式左边的值越小，不等式越容易实现。由于借款人的伪装成本与银行的反伪装技术水平正相关，村镇银行应该加强反伪装技术，提高高风险借款人伪装成低风险借款人的成本，借款人为了伪装不被识破，需要增加在伪装技术上的成本。为了获得贷款付出的成本越高，借款人伪装成高社会资本的动力越小，也越容易传递自己的真实类型。提高低风险借款人的项目成功率 t_L，增加低风险借款人的收益 R_L，使不等式右边的值增大。低风险借款人的成功率和收益与高风险借款人拉开较大的差距，促进分离均衡的实现。

2. 提高村镇银行识别借款人风险类型的后验概率

根据"海萨尼转换"将村镇银行对贷款信用风险的识别转化为村镇银行对借款人风险类型的识别。村镇银行根据后验概率对借款人的风险类型进行

识别，由于低风险的借款人肯定传递高社会资本的信号，为了使分离均衡能够实现，应使高风险的借款人传递高社会资本的后验概率 $p(H|m_H) = \alpha_1$ 降低。

令

$$p(H|m_H)' = \frac{(1 + \delta i) t_L - 1}{(1 + \delta i)(t_L - t_H)} \tag{3-31}$$

则 $p(H|m_H)'$ 关于参数 i 求导可得：

$$\frac{\partial p(H|m_H)'}{\partial i} = \frac{\delta t_L (1 + \delta i)(t_L - t_H) - [(1 + \delta i) t_L - 1] \delta (t_L - t_H)}{[(1 + \delta i)(t_L - t_H)]^2}$$

$$= \frac{\delta (t_L - t_H)}{[(1 + \delta i)(t_L - t_H)]^2} > 0 \tag{3-32}$$

通过式（3-31）、式（3-32）可以看出，村镇银行贷款的信用风险 $p(H|m_H)'$ 与利率 i 正相关。当村镇银行提高利率 i 时，由于利率 i 与 $p(H|m_H)'$ 正相关，所以 $p(H|m_H)'$ 增大，高风险的借款人增多。因为只有高收益的借款人愿意接受高利率，高收益的项目往往是高风险的，所以高风险的借款人驱逐低风险的借款人，在信贷市场上出现"逆向选择"现象，村镇银行不能为了追求高收益而忽视高利率带来的信用风险。村镇银行降低利率时，$p(H|m_H)'$ 减小，高风险的借款人减少，村镇银行选取优质借款人的概率较高。因此，村镇银行可以通过降低贷款利率 i，降低村镇银行贷款的信用风险。

村镇银行提供贷款的利率上限为 $\frac{1 - t_H}{t_H}$（$i \leqslant \frac{1 - t_H}{t_H}$），但提供给优质借款人的贷款利率不应低于下限值 $\frac{1 - t_L}{t_L}$（$\delta i > \frac{1 - t_L}{t_L}$）。当村镇银行提供的贷款利率相差较大时，高风险的借款人受低利率吸引，有动力伪装成低风险的借款人以谋取低成本的利率，这样村镇银行就无法区分高风险借款人和低风险借款人。

信号传递博弈将借款人传递高社会资本或低社会资本作为银行甄别借款人的指标。对银行而言，通过提高自身反伪装技术水平，增加高风险借款人的伪装成本，使高风险借款人传递低社会资本；降低贷款利率，增加对低风险借款人的利率优惠，鼓励低风险的借款人申请贷款。在一定程度上，减少了村镇银行与借款人之间信息不对称导致的逆向选择问题。

对借款人而言，借款人通过提高项目成功率以及项目收益，向村镇银行证明自己的能力，有助于村镇银行提高对借款人风险类型的识别的准确性，由此减少村镇银行的逆向选择。

三、村镇银行信用风险的信号甄别模型

信号甄别是指市场上处于信息劣势的一方，可以通过信息甄别的方式，给具有信息优势的一方提供有效的激励机制，以诱使他们显示真实的信息。信号甄别模型能够减少信贷市场上的逆向选择，进而防范村镇银行信用风险的发生。

为了避免借款人传递虚假信号，村镇银行应设计一种信号甄别模型。信号甄别的行动顺序与信号传递是相反的。信号传递模型中先行动的是借款人，而在信号甄别模型中，先行动的是村镇银行。首先，村镇银行提出供不同借款人选择的贷款合同，每个合同明确不同风险类型借款人的贷款利率和抵押品。其次，每个借款人在不同种类的贷款合同中选择其偏好的合同。村镇银行可以根据借款人选择的最优合同甄别借款人的风险类型。信号甄别模型中要么存在唯一的分离均衡，要么不存在分离均衡，而不会存在混同均衡。村镇银行提供的信贷合同能够使不同类型的借款人选择不同的最优合同，从而实现分离均衡。

由于农村地区贷款对象的特殊性，无法提供足额的抵押担保物，因此村镇银行无法通过设计抵押品合约区分不同类型的借款人。然而，村镇银行在收集客户的软信息上具有优势，可以通过"软信息"反映借款人的社会资本，以社会资本充当"无形抵押资品"，实现对借款人风险类型的甄别。

（一）信号甄别模型的相关假设

第一，假设借款人只有两种类型，一类是高风险类型 $\theta = H$，另一类是低风险类型 $\theta = L$，借款人的初始财富为零，借款人是风险中性的，$U' > 0$，$U'' = 0$。

第二，项目成功的概率与借款人自身风险类型负相关，即风险越低，项目成功的概率越高。低风险借款人项目成功的概率为 t_L，预期收益为 R_L，且项目成功后，借款人一定还本付息；失败的概率为 $1 - t_L$，预期收益为 0，项目失败后借款人无力偿还贷款本金和利息。高风险借款人项目成功的概率为

t_H，预期收益为 R_H，项目成功后，借款人一定还本付息；失败的概率为 $1 - t_H$，预期收益为 0，借款人违约，不还本付息。低风险项目成功的概率高于高风险项目成功的概率，即 $t_L > t_H$。

第三，借款人的资金需求量为 D，并且只能从村镇银行获取，村镇银行提供贷款的利率为 i，对优质借款人的贷款利率下浮 δ 倍（$0 < δ < 1$）。

第四，农村地区是熟人社会关系网络，客户一旦违约，银行将借款人的信息披露，借款人积累的社会资本将受到严重损失。借款人的社会资本积累量化为货币价值 $m_θ$，损失量化为货币价值 $k_θ$，借款人的社会资本越多，违约时损失越大。

第五，村镇银行提供 $φ_θ = (i_θ, k_θ)$ 的信贷合约，$i_θ$ 是贷款利率，$k_θ$ 是社会资本的损失量，对借款人进行甄别。村镇银行是风险中性的，且存款利率为零。

(二) 信号甄别模型的信贷市场均衡

当借款人抵押担保物不足时，可以通过社会资本进行融资。低风险借款人的社会资本积累量高于其违约时受到的惩罚，即：$m_L > k_L$。高、低风险借款人在合约 $φ_θ = (i_θ, k_θ)$ 下的期望收益为：

$$E_L(φ_L) = t_L[R_L - (1 + δi_L)D] - (1 - t_L)k_L \tag{3-33}$$

$$E_H(φ_H) = t_H[R_H - (1 + i_H)D] - (1 - t_H)k_H \tag{3-34}$$

村镇银行向不同类型借款人提供信贷合约的期望收益为：

$$π_L(φ_L) = t_L δi_L D - (1 - t_L)D \tag{3-35}$$

$$π_H(φ_H) = t_H i_H D - (1 - t_H)D \tag{3-36}$$

为了使村镇银行提供的贷款合约能够有效甄别不同风险类型的借款人，合约应该同时满足参与约束和激励相容约束。

无论借款人是高风险类型，还是低风险类型，借款人选择任意合约获得贷款的收益均非负，而且不小于其期望收益，满足借款人的参与约束条件。

借款人的期望收益应满足激励相容约束条件，即借款人选择自己真实类型合约的期望收益大于选择隐藏真实类型合约的期望收益。

$$E_L(φ_L) > E_L(φ_H) \tag{3-37}$$

$$E_H(φ_H) > E_H(φ_L) \tag{3-38}$$

$E_L(\varphi_L) > E_L(\varphi_H)$ 的约束条件转化为：

$$t_L[R_L - (1 + \delta i_L)D] - (1 - t_L)k_L > t_L[R_L - (1 + i_H)D] - (1 - t_L)k_H$$

$$t_L(i_H - \delta i_L)D + (1 - t_L)(k_H - k_L) > 0 \tag{3-39}$$

$E_H(\varphi_H) > E_H(\varphi_L)$ 的约束条件转化为：

$$t_H[R_H - (1 + i_H)D] - (1 - t_H)k_H > t_H[R_H - (1 + \delta i_L)D] - (1 - t_H)k_L$$

$$t_H(i_H - \delta i_L)D + (1 - t_H)(k_H - k_L) < 0 \tag{3-40}$$

将式（3-39）与式（3-40）相乘，可得：

$$t_L t_H[(i_H - \delta i_L)D]^2 + (1 - t_L)(1 - t_H)(k_H - k_L)^2 + t_L(1 - t_H)(i_H - \delta i_L)D(k_H - k_L) +$$

$$t_H(1 - t_L)(i_H - \delta i_L)D(k_H - k_L) < 0 \tag{3-41}$$

由式（3-40）可得：

$$[t_L(1 - t_H) + t_H(1 - t_L)](i_H - \delta i_L)D(k_H - k_L) < 0$$

因为 $[t_L(1 - t_H) + t_H(1 - t_L)] > 0$，$D > 0$，所以

$$(i_H - \delta i_L)(k_H - k_L) < 0 \tag{3-42}$$

根据借款人的期望收益函数可知，不同类型借款人的社会资本损失与贷款利率之间存在一定的替代关系。不同类型借款人对 k 和 i 的边际替代率为：

$$MRS_L(\varphi_L) = \frac{\partial i_L}{\partial k_L} = -\frac{1 - t_L}{\delta t_L D} < 0 \tag{3-43}$$

$$MRS_H(\varphi_H) = \frac{\partial i_H}{\partial k_H} = -\frac{1 - t_H}{t_H D} < 0 \tag{3-44}$$

边际替代率是借款人成功概率 t_θ 的函数，可以得到边际替代率与借款人风险的关系：

$$\frac{\partial MRS_L(\varphi_L)}{\partial t_L} = \frac{\delta}{[\delta t_L]^2 D} > 0 \tag{3-45}$$

$$\frac{\partial MRS_H(\varphi_H)}{\partial t_H} = \frac{1}{(t_H)^2 D} > 0 \tag{3-46}$$

借款人的风险越低，其成功的概率越高，由于成功概率与边际替代率正相关，因此，边际替代率较大，即低风险的借款人比高风险的借款人愿意承受更大的社会资本损失来换取利率优惠。借款人的风险越高，其愿意提供的社会资本也越少。当信贷市场达到均衡时，银行将不会要求高风险的借款人

提供社会资本，即 $k_H = 0$。

村镇银行是风险中性的，其向高风险借款人和低风险借款人提供贷款的利润为零。信贷市场均衡时，高风险的借款人选择合约 $\varphi_H = (i_H, \ k_H)$ 和 $\varphi_L = (\delta i_L, \ k_L)$ 是无差异的，但是选择合约 $\varphi_H = (i_H, \ k_H)$ 需提供的社会资本为零，所以，高风险的借款人不会伪装成低风险的借款人选择合约 $\varphi_L = (\delta i_L, \ k_L)$。

$$\begin{cases} k_H = 0 \\ \pi_L(\varphi_L) = t_L \delta i_L\,D - (1-t_L)D = 0 \\ \pi_H(\varphi_H) = t_H i_H\,D - (1-t_H)D = 0 \\ E_H(\varphi_H) = E_H(\varphi_L) \end{cases} \tag{3-47}$$

根据这四个条件，可以得到村镇银行的均衡信贷合约：

$$\varphi_H = (i_H, \ k_H) = \left(\frac{1-t_H}{t_H}, \ 0 \right) \tag{3-48}$$

$$\varphi_L = (\delta i_L, \ k_L) = \left(\frac{1-t_L}{t_L}, \ \frac{(t_L - t_H)\,D}{t_L(1-t_H)} \right) \tag{3-49}$$

高风险的借款人在不提供社会资本的情况下，以 $\frac{1-t_H}{t_H}$ 的利率获得贷款；

低风险的借款人通过提供 $\frac{(t_L - t_H)\,D}{t_L(1-t_H)}$ 的社会资本，获得优惠贷款利率 $\frac{1-t_L}{t_L}$。

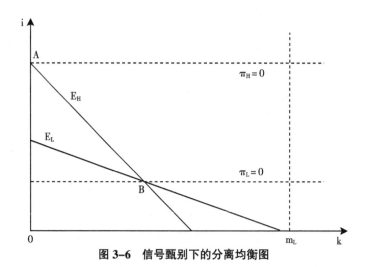

图 3-6　信号甄别下的分离均衡图

图 3-6 中，E_L、E_H 分别代表低风险和高风险借款人的无差异效用曲线，由于低风险借款人愿意承受更多的社会资本损失来换取利率优惠，同时，低风险借款人的利率浮动系数 $0 < \delta < 1$，因此，低风险借款人的无差异曲线相比高风险借款人的无差异曲线要更平缓。$\pi_L = 0$、$\pi_H = 0$ 分别代表村镇银行为低风险借款人和高风险借款人提供贷款的零利润线。由于借款人提供的社会资本对村镇银行的价值为零，因此，社会资本对利率的边际替代率为零，所以等利润线为平行于社会资本轴的直线。图中 $A = \left(0, \dfrac{1 - t_H}{t_H} \right)$ 点为高风险借款人的均衡信贷合约，$B = \left(\dfrac{(t_L - t_H)D}{t_L(1 - t_H)}, \dfrac{1 - t_L}{t_L} \right)$ 点为低风险借款人的均衡信贷合约。

（三）模型结论

（1）村镇银行可以主动提供贷款合同。村镇银行应用信号甄别模型不需要被动地等待借款人传递社会资本信号，可以主动设置关于借款人社会资本的契约，每一种契约匹配不同风险类型借款人，使村镇银行根据借款人选择的契约区分其风险类型，提高村镇银行识别借款人的主动性。

（2）村镇银行提供的合同可以甄别借款人的风险类型。信号甄别模型的均衡合约是存在且唯一的分离均衡，借款人会选择最适合自己的契约，因此，村镇银行可以用合约 $\varphi_H = \left(\dfrac{1 - t_H}{t_H}, 0 \right)$，$\varphi_L = \left(\dfrac{1 - t_L}{t_L}, \dfrac{(t_L - t_H)D}{t_L(1 - t_H)} \right)$，甄别不同风险类型的借款人，减少逆向选择问题。

第四节　减少村镇银行信贷中逆向选择的制度安排

一、村镇银行要建立区分借款人风险类型的机制

（一）提高识别借款人虚假信息的能力

由于借款人的伪装成本是银行反伪装能力的增函数，所以，村镇银行反伪装技术水平的提高，会增加高风险借款人伪装成低风险借款人的成本，促使分离均衡条件的实现。高风险借款人伪装成低风险借款人的目的是获得较低的贷款利率，但伪装成低风险的借款人需要付出一定的成本，当获得低利率带来的收益小于伪装成低风险借款人付出的成本时，高风险借款人将不会伪装，而是如实显示自己的风险类型。因此，提高银行识别借款人的技术水平，使得借款人的伪装成本增加，高风险借款人伪装的积极性降低，有利于银行区分不同风险类型的借款人。

（二）健全违约惩罚机制

当借款人违约时，村镇银行将借款人的信息进行披露，对借款人的违约行为实施惩罚。高风险借款人传递高社会资本违约时造成的损失相比其传递低社会资本时要严重，违约成本远高于其收益。违约惩罚无形中也给高风险借款人一种威慑力，使得高风险借款人不会轻易尝试传递高社会资本。违约的惩罚力度应该在区间 $(\dfrac{t_H[R_H-(1+\delta i)D]-C}{1-t_H}, \dfrac{t_L[R_L-(1+\delta i)D]}{1-t_L})$ 内，使信号传递实现分离均衡。

（三）缩小高、低风险借款人之间的贷款利差

尽量缩小高低风险借款人贷款的利率差异，促成信号传递博弈分离均衡的实现。高风险借款人要想获得低贷款利率需要伪装成低风险借款人，但伪

装是需要成本的，尤其是在银行具有高反伪装技术水平时，伪装成本会很高。当贷款利率相差不大时，高风险借款人伪装带来的收益与付出的成本相差不大，无利可图，便没有动力伪装成低风险的借款人。如果银行提高对低风险借款人的贷款利率，将导致低风险的借款人退出信贷市场，寻求其他的贷款渠道，给银行带来逆向选择问题。所以银行对低风险借款人贷款利率的提高应满足：银行每提高一单位的贷款利率对低风险借款人增加的逆向选择的边际量等于银行缩小利率差距而减小的逆向选择的边际量。

（四）设计贷款均衡合约

村镇银行设计一系列贷款利率与社会资本组合的契约，在只有两种类型借款人的条件下，合约为：$\varphi_H = \left(\dfrac{1-t_H}{t_H},\ 0 \right)$，$\varphi_L = \left(\dfrac{1-t_L}{t_L},\ \dfrac{(t_L - t_H)D}{t_L(1-t_H)} \right)$。贷款利率是借款人项目成功概率的函数，社会资本是不同类型借款人项目成功率以及融资额的函数，村镇银行据此区别不同风险类型的借款人。

二、健全村镇银行"软信息"收集体系

村镇银行虽然深入农村地区，但并没有达到"融入"农村地区的程度。村镇银行出于对生存的考虑，贷款业务的开展也仅局限于有融资需求的客户，对尚未产生资金需求的客户并不纳入信息收集对象内。为了降低"软信息"收集的局限性和片面性，村镇银行应该多角度、多渠道地收集信息。对客户的信用调查应该"以点带线，由线带面"，以目标客户的调查为中心，向四周延伸，既对调查客户有了全面了解，还节省了暂时没有资金需求客户后续调查的成本。

（一）扩大与当地机构、机关部门的交流合作

村镇银行通过与当地互助性、协会类机构合作不仅能获取借款人更多的软信息，降低信息不对称的程度，还能开发村镇银行的潜在客户。由于当地机构了解农业行业、企业特点，具有信息优势，所以村镇银行与其合作可以获取更多客户的"软信息"，有利于村镇银行对客户的信用评价，区分不同类型的借款人。村镇银行可以运用交叉检验技术，对不同渠道获得的同一信息

进行验证，提高信息的可信度。"软信息"对于降低违约风险以及削减交易费用具有积极作用，掌握借款人软信息将使村镇银行在与借款人的博弈中占据优势地位，有利于村镇银行设计合理有效的契约，实现借款人的长期动态激励。

（二）建立科学规范的征信管理体系

村镇银行应建立科学规范的征信管理体系，实时更新借款人的信用档案。村镇银行建立科学的征信系统，一方面，可以借助村镇银行与借款人的账户交易往来信息评价借款人的财务状况，估计借款人的还款能力；另一方面，村镇银行对借款人的信用评级形成借款人的信用档案，评估借款人的还款意愿。如果借款人提供的信息不真实，村镇银行会在该客户的信用记录上标注，当借款人提供虚假信息的次数或虚假信息的程度达到阈值，村镇银行将其拉入黑名单，永远不再发放贷款。当借款人出现违约行为时，借款人信用记录上的评级就会降低。征信系统的建立有助于村镇银行对借款人风险类型的识别。

三、加强村镇银行信用调查评分制度建设

（一）建立健全的社会资本评定机制，将"软信息"硬化

村镇银行对社会资本的认定，是社会资本充当无形抵押品的前提条件。如果社会资本不被银行认可，借款人就不能以社会资本为信号传递自身风险类型。由于社会资本是借款人软信息的反映，村镇银行信贷人员无法全面掌握借款人的"软信息"，应先借助外部评级机构进行初评，再通过计量模型进行评级，层层把关借款人的资信状况、财务状况等指标。由于地区差异，金融发展水平不同，借款人的社会资本状况也有所区别，不能一概而论。成立专门的评级小组，小组成员由对当地了解的精英人物、专业的信贷员组成；建立科学合理的评价指标体系，通过直觉模糊软集决策模型，对借款人的"软信息"进行评价，做到信息不重叠、不遗漏，保证评定结果的公正性、可靠性。由于软信息的无法量化、传递和验证等人格化特征，村镇银行应优化信贷组织结构，尽量简化"软信息"的传递环节，避免"软信息"失真，导致社会资本评定不合理。

（二）软、硬信息结合，降低"软信息"评分的主观性

由于"软信息"的收集具有主观性，易受环境的影响，因此"软信息"很大程度上取决于信贷员的主观因素。硬信息的收集具有客观性，独立于信息收集环境，而且容易量化和传递，但硬信息的粉饰成本较低，企业提供虚假硬信息的机会大。因此，将"软信息"与"硬信息"结合，互为补充，为村镇银行的决策提供可靠依据。硬信息降低"软信息"的主观性，"软信息"印证硬信息的真实性。

四、加强农村信用工程建设

信用工程的建设是一项长期的工程，应该循序渐进，逐步推进。实施"金融夜校"全覆盖，利用晚上休息时间向农户普及基础金融知识和政策信息，让贫困地区群众及时了解金融资源和扶贫政策，增强农民的金融意识，树立借款人按时还款的观念，增强借款人的信用意识。

借款人之间的信用比较，更容易激发其对"软信息"的重视，提升自身素质，维护良好声誉。通过开展信用乡镇、信用村、信用户的形式，对信用户贷款给予优惠政策，激发农民之间的信用比较，调动农民提高自身信用的积极性，有利于农村地区营造良好的信用环境。

第四章
村镇银行信用风险的预警管理

第一节　BP 神经网络与遗传算法概述

一、BP 神经网络的数据传播原理

人工神经网络（Artificial Neural Networks）是用数学方法对人脑的神经结构的抽象模拟，主要包含三大要素，即网络的拓扑结构、信息的流动方向、网络的学习方式。其中，网络的拓扑结构取决于各层神经元的节点个数，其输出关系为：

$$Y_j(t) = f\left(\sum_{i=1}^{n} w_{ji} x_i - \theta_j\right)$$

其中，Y_j 表示网络的输出，f 表示激活函数，t 表示时间，w_{ji} 表示各层的连接权值，n 表示样本个数。

中间层由输入信号的权重和表示。神经网络数据传播原理如图 4-1 所示：

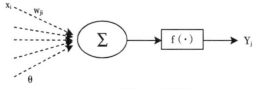

图 4-1　人工神经网络原理

BP 神经网络（Back-Propogation Neural Networks）是一种按误差逆传播算法训练的多层前馈网络，它具有高度自学习和自适应的能力。本书采用三层 BP 网络模型，如图 4-2 所示。

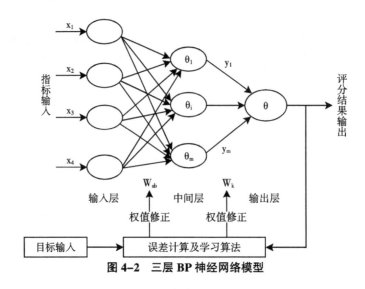

图 4-2　三层 BP 神经网络模型

通常情况下，BP 神经网络会采用 Sigmoid 函数作为激活函数，Sigmoid 函数的数学表达式为：

$$f(x) = 1/(1 - e^{-x}) \tag{4-1}$$

其输入与输出过程的函数关系为：

$$y = i = \sum_{i=1}^{m} v_i f\left(\int_0^T \left(\sum_{j=1}^{n} \varpi_{ji}(t) x_j(t) \right) d_i - \theta_i \right) \tag{4-2}$$

其中，v_i 表示隐含层到输出层的连接权值，θ_i 表示隐含层的阈值，ϖ_{ji} 表示输入层到隐含层的连接权值，其表达式为：

$$\varpi_{ji}(t) = \sum_{l=1}^{L} \varpi_{ji}^l b_l(t) \tag{4-3}$$

给定 K 个学习样本：$(x_{k1}(t), x_{k2}(t), \cdots, x_{ka}(t), d_k)$，$k = 1, 2, \cdots, K$。其中，$d_k$ 表示第 K 个样本的期望输出。那么网络误差为：

$$E = \sum_{k=1}^{K} (y_k - d_k)^2 = \sum_{k=1}^{K} \left(\sum_{i=1}^{m} v_i f\left(\int_0^T \left(\sum_{j=1}^{n} \varpi_{ji}(t) x_j(t) \right) d_t - \theta_i \right) - d_k \right)^2 \tag{4-4}$$

在 BP 网络算法中一般采用权值修正法，即在误差反向传播时对每层的权值进行适应性调整，其中权值调整的方向与误差减小的方向一致。在网络中所有权值都被更新后完成学习周期。具体的学习过程如下：

$$w_{jh}(t+1) = w_{jh}(t) - \eta \frac{\partial E}{\partial w_{jh}} + \partial (w_{jh}(t) - w_{jh}(t-1)) \tag{4-5}$$

$$w_{hi}(t+1) = w_{hi}(t) - \eta \frac{\partial E}{\partial w_{hi}} + \partial (w_{hi}(t) - w_{hi}(t-1)) \tag{4-6}$$

首先，确定目标输出变量，并去除样本数据的量纲；当输入数据经过中间层的传递函数映射后计算输出层的输出值，并计算输出值和实际值之间的误差。其次，将误差进行逆传播，对网络各层的连接权值进行修正，直到误差达到标准要求。

二、BP 神经网络特性

BP 神经网络（Back-Propogation Neural Networks，B-PNN）是以生物学的人脑神经为基石，结合数学方法对其进行仿真，从而建立的简化数据分析模型[①]。良好的自学习、自适应和记忆存储能力使得它被广泛运用于模式识别、预测、组合优化等领域。具体来说，BP 神经网络包含以下特性：

（1）强大的非线性映射能力。BP 算法的核心是为输入样本和输出样本建立某种映射，它能通过学习训练来发现数据之间的各种内在联系，而不仅仅局限在线性关系上。理论上，在隐含层数和隐含层节点数足够多的前提下，BP 神经网络能模拟所有的映射关系。

（2）良好的泛化能力。对输入样本经过学习训练之后，BP 网络会识别样本的各种属性，不仅能对已经训练过的样本进行正确分类，也能对未见过的模式抑或是有噪声的模式进行正确分类。

（3）较好的容错能力。当 BP 神经网络的部分神经元受到破坏后，对全局的训练结果不会造成大的影响，即系统在局部受损后仍能正常工作，表现出

---

① 瞿万里. 基于人工神经网络的商业银行信用风险评估模型研究 [D]. 长沙理工大学硕士学位论文，2013.

良好的容错能力。

三、利用 BP 神经网络建模的步骤

一般情况下，利用 BP 神经网络建模要经过七个步骤：

步骤一：选定训练样本，并设定相应参变量的值。

$X_k = [x_{k1}, x_{k2}, \cdots, x_{km}]$，$(k = 1, 2, \cdots, N)$ 表示模型指标的调查数据，W 表示各网络层之间的权重向量。

$Y_k(n) = [y_{k1}(n), y_{k2}(n), \cdots, y_{kp}(n)]$，$(k = 1, 2, \cdots, N)$ 为第 n 次迭代的结果。

$d_k = [d_{k1}, d_{k2}, \cdots, d_{kp}]$，$(k = 1, 2, \cdots, N)$ 表示实际值。

η 表示学习率，m 表示最大学习次数。

步骤二：为 $W(0)$ 指定一个初始值，并将学习次数 n 置 0。

步骤三：输入待训练的数据 X_k，利用加权和公式，计算网络各层节点的传入值 u 和传出值 v。其中：$v_p^P(n) = y_{kp}(n)$，$p = 1, 2, \cdots, P$。

步骤四：计算期望值 d_k 与实际输出值 $y_k(n)$ 之间的差值 E，并与指定误差作比较，若精度达到要求则训练结束；否则转至步骤五。

步骤五：观察学习次数 n 是否大于预先设定的值 m，若大于则训练结束，否则根据式（4-7）至式（4-9），反向计算各层神经元的局部梯度。

$$\delta_p^p(n) = y_p(n)(1 - y_p(n))(d_p(n) - y_p(n)), \quad p = 1, 2, \cdots, P \tag{4-7}$$

$$\delta_j^J(n) = f'(u_j^J(n)) \sum_{p=1}^P \delta_p^P(n) w_{jp}(n), \quad j = 1, 2, \cdots, J \tag{4-8}$$

$$\delta_i^J(n) = f'(u_i^I(n)) \sum_{j=1}^J \delta_j^J(n) w_{ij}(n), \quad i = 1, 2, \cdots, I \tag{4-9}$$

步骤六：按照式（4-5）和式（4-6）计算各网络层的权值改变量，并对其进行修正。令 $n = n + 1$，并转至步骤三。

步骤七：判断是否还有遗漏的样本，是则转到步骤三，否则结束训练。

四、遗传算法的运算步骤

遗传算法（Genetic Algorithms）最初由美国的 J.Holland 教授提出，它是一种全局优化的算法，借用达尔文生物进化论中"物竞天择，适者生存"的原理，通过个体选择、个体交叉和个体变异等操作使种群个体变得更加优秀。遗传算法主要由编码、适应度函数、遗传算子和参数运行等组成。

遗传算法的基本运算过程如下：

步骤一：具体问题抽象化。分析并抽象化实际问题，确定问题的各个参数，然后对参数进行编码，生成算法所需的染色体。

步骤二：初始化。设置算法停止规则，设置最大进化代数 T，设置进化代数器 t = 0，并随机生成 N 个个体作为初始种群 P(0)。

步骤三：群体的评价。根据适应度函数 f 计算出第 t 次进化中，种群 P(t)中所有个体的适应度。若满足停止规则，则结束进化；若不满足，则转向步骤四。

步骤四：遗传操作。

（1）选择。利用选择算子，将优秀的个体直接遗传到下一代。

（2）交叉。利用交叉算子，按一定的交叉概率使个体进行交叉操作，产生新个体。

（3）变异。利用变异算子，按一定的变异概率使个体的某些基因座发生变化，从而产生新个体。

群体 P(t)经过遗传操作后会得到下一代群体 P (t + 1)，并转入步骤三。

步骤五：判断是否达到最大进化次数 T，若是，则将算法所得到的具有最大适应值的个体作为最优解输出，并进行解码操作。

第二节　我国村镇银行信用风险预警管理现状及其存在的问题

一、我国村镇银行信用风险预警管理现状

我国村镇银行经过 8 年的发展，已逐步形成了一套独特的信用风险预警管理模式，下面简要分析其预警管理现状。

（1）信用评级机制。为了能更好地预防信用风险的发生，村镇银行应建立一套科学合理的信用评级机制。银行针对不同的客户群体实施不同的评级方法，即采用不同的评级体系分别对农户、个体经营户和小微企业进行评级，并将其分为钻石级、金卡级、银卡级和会员级四个级别，不同信用级别的客户获得的服务也不尽相同。以华明村镇银行为例，2014 年银行的授信用户为 1137 户，其中钻石级客户为 237 户、金卡级客户为 325 户、银卡级客户为 443 户、会员级客户为 132 户。

（2）形成了独特的贷款管理流程。村镇银行建立了贷前审查、贷款审批和贷后定期检查的管理流程，并实行审放分离制度，对贷款过程中的每个环节的责任人、业务事项和职责范围做出了详细的规定。在贷款流程的设计上，首先由客户申请贷款，其次由业务拓展部的业务员收集申请人的资料进行初步判断，对于符合村镇银行规定的客户，将其资料提交给信审部，信审部审批同意后再报送风险部，风险部同意受理后报送主管行长批复，对于贷款金额较大的，还需经过贷审会审议后再报送行长审批。在贷后管理方面，村镇银行也明确规定了相应的措施，以北辰村镇银行为例，银行要求客户经理在贷款发放后 15 日内进行第一次贷后检查，主要检查贷款资金的去向，是否有将贷款资金挪作他用的情况；然后进行定期检查并填写《定期检查表》，同时逐月收集借款人财物数据及其他相关资料。对于重点客户还需进行跟进监测。

贷款到期收回时，客户经理要提前 20 日通知客户，在贷款收回后对此笔业务进行评价。

（3）建立了贷款抵押担保机制。当前，村镇银行的贷款抵押担保方式有四种，即联保、抵押、质押和第三方担保。联保贷款方式要求单笔贷款最少 4 户进行联保，联保体成员应向该联保体中其他成员的联保贷款提供全额连带责任保证。此外，对于同一经营群体客户根据自愿原则组成联保体的小微企业也可以实行联保方式。通常这种联保是基于亲缘、地缘等关系自愿组成的联保体，这种方式可以充分利用贷款人之间的信息和关系网络，减少违约的发生。根据村镇银行对抵押质押品的规定，能够作为抵押的物品有：房产、存货、交通工具、股权等。第三方担保主要指由银行认可的融资担保公司或者有能力担保的第三人提供担保。

（4）采用公司治理结构，建立有效的内控机制。目前，部分村镇银行采用股份制公司的治理结构，初步形成了以股东大会、董事会、监事会、管理层为主体的组织架构。在日常的经营管理中，明确了各个机构及相关负责人的权利和职责，保证村镇银行的平稳运行。针对不同的客户群、业务水平和风险管理能力授予客户经理不同的权限，客户经理仅可以在规定的权限内开展业务。同时，对银行内部员工进行培训教育，定期组织职业道德和风险管理等内容的学习。通过这些培训，使风险管理意识普及到每个员工身上，并促使员工能够主动规范个人行为，自觉防范和控制风险。

（5）根据风险状况实行差别利率贷款。根据风险收益均衡原则，村镇银行针对贷款的不同情况采用差别利率定价。目前，银行贷款利率是在基准利率的基础上综合考虑贷款用途、担保方式、信用评级、贷款期限、贷款额度等因素确定的。根据央行的规定，村镇银行贷款利率的浮动范围下限为基准利率的 0.9 倍，上限不得高于基准利率的 2.3 倍。当借款人所处的行业发展稳定、信用评级越高、贷款期限越短、担保能力越强，则贷款利率越低。否则，贷款利率越高。总体来看，村镇银行的贷款定价机制能综合考虑风险的影响因素，利率定价较为灵活。

二、我国村镇银行在信用风险预警管理中存在的问题

村镇银行信用风险预警管理中的问题主要包括银行内部因素和外部金融环境因素，具体地说：

（1）尚未形成正确的信用风险管理意识。村镇银行在我国还处于试点阶段，人们对农村新型金融机构风险缺乏全面的认识，风险管理意识没有深入到全体员工的内心。银行员工往往不能正确地权衡业务发展与风险管理，部分员工认为通过减少业务量可以达到规避风险甚至是控制风险的目的，于是出现了"惧贷""惜贷"的现象。

（2）风险管理人才严重匮乏。大城市凭借其良好的地理位置和相对优厚的待遇条件吸引了绝大部分的优秀人才，致使村镇银行的人才储备明显不够。以北辰村镇银行为例，北辰村镇银行现有员工 130 多人，其中有银行工作经验的只有 3 人，其余大部分是刚走出校门的应届毕业生，这些人员普遍缺乏信贷工作经验和创新能力，而银行内部也未建立起行之有效的奖惩机制。村镇银行对客户基本信息的采集不够全面，对已有信息的分析不够深入，导致客户有效数据的价值没能得到很好的挖掘。同时，村镇银行对客户的软信息的搜集整合达不到规范化的程度，也没有确立根据农业经济周期变化规律对债务人、债务项目进行压力测试的可行办法。

（3）风险预警管理技术简单。近年来，商业银行信用风险的管理量化技术取得了很大进展，巧妙结合了数理统计模型，如 KMV 模型、Mckinsey 模型等。但我国村镇银行信用风险预警管理的方法还集中在理论阶段，仍大量采用专家定价法，实用性有待提高，村镇银行的信贷员在贷款环节上自主性较强，仍将重点放在对借款者个人信用、资金实力及担保物的定性分析上，轻视了量化分析。

（4）经营模式有待创新、贷后管理欠佳。村镇银行的特殊服务对象决定了其贷款业务量大、单笔金额少的特点，然而银行的员工有限，导致了贷前调查不全面、贷后跟进管理不到位的现象普遍存在。在这一点上，现代商业银行采取了审贷分离、风险经理和客户经理独立作业、信贷经理和客户经理

独立管理的制度，而村镇银行因国家法律和所处环境的约束导致其无法适应现代商业银行的相关制度。此外，大型国有商业银行和大部分股份制银行都建立了比较完善的贷前审查模型和贷后管理方法，村镇银行因为生存的环境不同、贷款主体不同，不能直接沿用商业银行的管理理论和模型，而自身又缺乏管理机制创新的能力，经营模式和贷后管理的落后依然是村镇银行亟待解决的重要问题。

第三节　村镇银行信用风险神经网络预警模型

一、村镇银行信用风险预警方法及适用性分析

对银行信用风险预警的探究一直是国内外学者研究的热点，提出了各种预警方法。传统的预警体系以定性分析为主，而现代的预警模型大多以定量分析为主。信用风险的复杂性以及人们对预警模型精准度要求的提升导致了这种预警模式的转变。虽然用于银行信用风险预警的模型多种多样，但不同的模型有着各自的适用条件。

（一）传统信用风险预警方法

传统的信用风险预警方法主要有专家制度法、特征分析法、贷款评级分类模型和信用评分方法。

（1）专家制度法。在早期的信用风险预警体系中，专家制度法是很常见的。若干个权威专家依据自己的专业技能，对影响信用风险的一些重要因素进行权衡之后，主观判断其信用风险的大小，常用的专家制度法主要有"5W"法、"5C"法和"5P"法。

借款人的还款能力和意愿受到多种因素的综合影响，如何对借款人的信用进行考核，不同的专家制度法有不同的指标。其中，"5W"法主要的考核指标有借款人（Who）、借款用途（Why）、担保物（What）、还款期限

(When)、还款方式（How）；"5P"法主要指个人因素（Personal）、借款目的（Purpose）、保障（Protection）、偿还（Payment）、前景（Perspective）；而"5C"法主要指道德品质（Character）、还款能力（Capacity）、资本实力（Capital）、担保（Collateral）和经营环境条件（Condition）。

在20世纪80年代的银行信用管理中，专家制度法发挥着重要的作用，但随着我国银行规模的不断扩大，银行贷款模式的多元化，专家制度法逐渐显露出自身的缺陷。这种方法审查时间比较长，成本大，而且主观性和随意性比较强，只能作为辅助性方法使用。

（2）特征分析法。特征分析模型属于传统的信用分析方法，利用特征分析技术，归纳总结对企业的信用状况有显著影响的财务指标和非财务指标，然后进行综合评判。在利用该模型时，选择出对企业信用状况影响最大且密切相关的18个因素，分为三组，然后结合实际情况给这18个因素分配对应的权值，最后进行分析。由于特征分析法的使用成本相对高昂，因而主要运用于信用调查机构。

（3）贷款评级分类模型。贷款评级分类模型的前身是OCC开发的评级系统，该模型将贷款划分为5个等级，即正常、关注、次级、可疑和损失，为有效地防范风险，模型还规定对不同级别的贷款提取对应比例的损失准备金。我国于1998年开始实行贷款五级分类法，但是在实际评级过程中，有的村镇银行把贷款等级分为9级或者10级。

（4）信用评分方法。信用评分法是将反映借贷者信用状况的一些指标进行量化，并赋予相应权重，然后通过线性公式计算出借款人的信用综合分值，最后将其与基准值进行比较来确定是否对借款人发放贷款。其中比较著名的是Z计分模型。

Altman于1968年提出Z计分模型，将各种财务比率作为影响因子，来预测公司破产的可能性。最初的Z计分模型只有4个变量，在实践中经过多次修正后，形成了现在的含有5个变量的模型。根据模型算出Z值，从而区分公司的类型，即破产或非破产。1977年，Altman、Haldeman和Narayannan对Z计分模型进行了扩展，得到了ZETA评分模型。相比Z计分模型，ZETA模型的预测精准度更高，它能够在破产前 5 年就识别出问题公司，且精准度高达 77%。ZETA 模型因为方法简便、成本低和效果好等优点，被广泛运用于制造业和零售业。

（二）现代信用风险预警模型

现代信用风险预警模型主要有 VaR 模型、KMV 模型、Credit Risk+模型以及 Credit Portfolio View 模型。

（1）基于 VaR 的信用度量模型。VaR（在险价值）是一种基于统计学的风险度量方法，它通过观测企业资产价值变化的统计分布，寻找与置信区间相对应的分位数，即 VaR 的值。VaR 是 1997 年由 JP 摩根公司开发的，目前广泛应用于商业信用、债券、贷款承诺以及金融衍生工具等领域的风险度量。但该方法在使用上也有一定的局限，如违约率直接取决于历史数据，无法观测贷款当前的市场价值和波动性。

（2）KMV 模型。KMV 模型是 KMV 公司于 1997 年开发的用于预测借款企业违约概率的方法，是现代最为广泛应用的信用风险模型之一。该模型通过计算公司短期资产负债比的波动性来判断一家公司是否面临破产风险，当比值小于 1 时，公司破产的可能性较大，进而推断出其违约概率较大。KMV 模型的优点在于：第一，将违约与公司的现有特征而非初始信用状况结合在一起，使得模型对借款人信用质量的变化投入更多关注。第二，借助市场的力量，以股票的价格变化来测算上市公司的违约概率，使得模型具有更好的前瞻性，预测能力更强。第三，模型所选用的变量均源自市场，时变性更加明显，比 VaR 模型更为灵活。

（3）Credit Risk+系统。Credit Risk+系统是瑞士银行金融产品部于 1996 年开发的，其主导思想来自保险精算学，即损失额度的大小仅取决于灾害发生的频率及其破坏程度。由于 Credit Risk+模型的应用前提是各个风险因素彼此独立互不影响，而我国村镇银行的信用风险的影响因子彼此是有关联的，所以模型的适用性不强。

（4）Credit Portfolio View 系统。针对 Credit Metrics 模型中出现的问题，Mckinsey 公司于 1998 年开发了 CPV（Credit Portfolio View）模型，在 Credit

Metrics 模型的基础上融入了周期性因素。CPV 模型假定信用等级的转移概率是受到国别、利率、失业率、汇率、政府支出等因素的综合影响的，并不是像 Credit Metrics 模型所认为的固定值。Credit Portfolio View 模型的优点在于考虑了影响违约概率和信用等级转移的宏观因素，系统地刻画了回收率的不确定性以及国家风险带来的损失。由于我国尚不成熟的金融市场难以达到模型中的理论基础和应用前提，因此适用性也不强。

通过以上对各种模型的分析发现，尽管信用风险预警的模型有很多，但是各自有着不同的适用条件和应用缺陷。村镇银行信用风险预警是一个较为复杂的非线性系统，常规的线性理论很难客观地反映其内在规律。而根据前文的介绍，BP 神经网络具有良好的非线性映射能力，且能同时处理连续数据和离散数据，使得模型的建立和使用都很方便。所以，本书将以 BP 神经网络模型在村镇银行信用风险预警中的应用作为主要研究对象。

二、村镇银行信用风险预警指标体系的构建

（一）村镇银行信用风险预警指标体系构建的原则

（1）科学性和实用性。为了更好地预测借款农户的信用风险状况，所依据的评价指标体系必须要通过科学的手段得来，能充分体现借款农户信用风险的内涵。所选定的各个评价指标不仅要做到概念上充分严谨，含义非常清晰，而且要易于量化，各指标能够有机搭配，相互之间保持独立性，保证模型的结果真实、客观。

（2）完备性和简明性。村镇银行借款农户的信用风险预警涉及多个影响因素，要使得预警的结果科学准确，预警指标体系的设计必须遵循完备性原则，选取相对完备的指标。但是指标的选取也不是越细越好，指标越细，数据的搜集和处理的工作量越大，与此同时，过细的指标难免会出现概念的交叉重叠，加大了指标间的关联度，反而降低了模型的科学性，最终影响模型预警结果。因而，在坚持体系完备性的同时，在不影响到评判结果的情况下，选取具有代表性的预警指标，剔除不必要的预警指标，使构建的预警指标体系简单明了。

（3）可操作性。模型建立所需要的预警指标要尽量与现有的统计数据相兼容，在保证指标可量化的条件下，要保证数据的可获得性，便于数理统计软件的处理。

（二）村镇银行信用风险预警指标的筛选

本书选取的村镇银行信用风险影响因素有：贷款数额、借款用途、借款期限、借款人的文化程度、产品市场现状、产品发展潜力、贷款有无抵押、借款人的信用状况、借款人的技术和能力、借款人的经营水平、借款人家庭收支状况、借款人经营思路①。

（三）村镇银行信用风险预警指标体系的总体框架

（1）输入节点的选择。BP 模型的输入样本应能客观全面地反映其输出结果，即输入节点数对应风险指标数。根据前文建立的信用风险体系，得知村镇银行信用风险的主要影响因素为 12 个，故输入节点定为 12。

观察数据的属性，我们将输入因子分为两类：数字标量化和指标标量化。借款金额、借款人的家庭收支状况以及借款人有无抵押等是数字标量化的；借款人的信用状况、借款人的经营思路、借款人的经营水平、产品市场现状、借款人的文化程度、借款人的技术水平、产品的发展潜力、借款期限、借款用途等因素是指标标量化的，可以选用专家打分法。

通常，为了充分发挥 BP 网络的功能，也为了便于统计软件的计算，在数据输入前要采用公式进行预处理，即数据的去量纲化，使得不同量纲的数据变成闭区间 [0，1] 上的值。

（2）输出节点的确定。由于我国所有经营信贷业务的金融机构均实施贷款五级分类制度，所以，按照银行所承受的风险大小，我们也将村镇银行信用风险划分为五个等级，所以，模型的输出节点为 5 个。

（3）隐含层节点的确定。一直以来对于隐含层节点数的选取都缺乏精准的计算公式，隐含层节点数选取过大，会导致网络结构庞大，学习时间长，

---

① 许美玲，齐晓娜. 基于 BP 神经网络的村镇银行信用风险预警模型的构建 [J]. 河南科技，2014（11）：15-16.

训练效率低；隐含层节点数过小，网络结构简单，使得网络获取的能解决问题的信息量不够，甚至会出现模型的不收敛现象，导致模型可用性不强。本节根据经验公式 $y = \sqrt{m+n} + a$ 计算隐含层节点的个数。然后根据试凑法，逐步调整最适合的节点数，得到本书模型的隐含层神经元个数为 12。

（4）学习率的选择。学习率的值决定 BP 神经网络的误差在反向传播时权值的改变量。学习率选取过大，网络震荡厉害，鲁棒性降低；学习率太小会导致神经网络训练时间冗长，极值收敛缓慢，甚至有可能导致整个模型达不到收敛。通常会根据稳定性优先的原则选择较小的学习率，进而判断误差曲线的下降率，如果下降过快，则表明学习率的值过大，可以逐步减小到下降速度合适为止。本书通过仿真实验，确定学习率的值为 0.01。

三、基于 GA-BP 算法的村镇银行信用风险预警模型

（一）遗传算法与 BP 网络的结合

BP 神经网络有较强自学习、自记忆和非线性映射的能力，鲁棒性较好，因而被广泛运用于预测领域。但模型训练时间较长，收敛速度慢，且容易出现局部极值等缺陷使得模型的预测精度和适用范围受到了限制。

以生物进化为理论基础的遗传算法，其最大的优点在于强大的全局寻优的能力，且对目标函数的限制较少。因此将擅长局部搜索的 BP 神经网络算法和擅长全局寻优的遗传算法结合起来，构建出全新的 GA-BP 模型，以期达到优势互补的目的。本节重点研究遗传算法对 BP 神经网络权值和阈值的改进。

（二）遗传算法对 BP 神经网络权值和阈值的优化

遗传算法优化 BP 网络的原理是：首先根据 BP 网络的结构对其进行编码作为染色体，其次随机生成模型所需的种群规模，再次根据个体的适用度函数来选择优秀个体，最后对优秀个体的编码进行解码操作，得到模型所需要的最优权值和阈值。下面进行具体介绍：

1. 浮点编码与生成初始种群

作为较常用的编码制度，浮点编码不仅能够得到比较精确的结果，而且非常直观。由于村镇银行信用风险的 BP 神经网络的连接权值和阈值均为浮点

数，因此采用浮点数编码方式对其进行编码。

村镇银行信用风险模型使用 3 层 BP 网络结构，且根据式（4-10）计算编码长度：

$$R = N \cdot S + S \cdot M + S + M \tag{4-10}$$

其中，N 表示输入节点、S 表示隐层节点，M 表示输出节点。

根据本书"12-12-5"的网络结构，计算得到的编码长度为 221。然后随机生成一定数目的长度为 221 的染色体作为遗传算法的初始种群。

2. 计算适应度

将遗传算法初步优化得到的连接权值和阈值赋予网络，进行训练样本的正向传播，并将网络输出值与真实值进行比较，然后计算出两者的误差平方和，得到适应度函数：

$$f(i) = \frac{1}{E(i)} = \frac{1}{\displaystyle\sum_{k=1}^{n}(y_k - a_k)^2} \tag{4-11}$$

根据式（4-11），不难看出，误差平方和越小，函数值越大，即网络性能越好。

3. 遗传操作

（1）选择。本书采用排序分配法进行优秀个体的选择：根据式（4-11）计算种群中所有个体的适应度并由大到小进行排序，适应度较高的个体被选中的概率更大，反之，适应度较小的个体被淘汰的概率更大。

（2）交叉。交叉过程是算法的核心操作，是指将两个原有个体的编码按照某一指定概率进行交叉操作产生新的个体，并不断地扩大搜索空间，直至达到全局搜索的目的。本书采用浮点型的算数交叉法，其表达式为：

$$\begin{cases} x_1' = ax_1 + (1-a)x_2 \\ x_2' = ax_2 + (1-a)x_1 \end{cases} \tag{4-12}$$

其中，x_1 和 x_2 表示原有个体，x_1' 和 x_2' 表示新个体，$a \in (0, 1)$。

交叉概率的选取也很重要，概率 P 值太大，优良个体被破坏的可能性加大；P 值太小又容易导致搜索停滞。根据 Schaffer 的文献，本书将交叉概率取为 0.8。

（3）变异。变异操作是指以某种突变概率对原有的个体进行扰动，使其编码上的某个基因或某一串基因发生变化。这类似于生物基因的突变，可能是碱基对发生变化，也有可能是某段染色体发生了错位。本书采用非均匀变异的方法，对原有基因值进行随机扰动操作，并将扰动后的结果作为新的基因值[1]。根据 Schaffer 的文献，本书将变异概率取为 0.008。

（4）新种群的产生。经过前三个步骤的处理会产生大量的新个体，将新个体和原有个体进行混合，形成新的种群。根据式（4-11）计算新个体的适应度，如果符合优化条件，则进入第（5）步。

（5）得到最优编码值。当遗传算法的结果满足精度要求或是迭代次数达到最大值时，遗传算法结束，此时的种群染色体编码即为最优编码，对其进行解码操作即得到最优的 BP 神经网络权值和阈值。

四、GA-BP 算法的软件实现

（一）GA-BP 算法的流程

GA-BP 算法的具体步骤为：

步骤一：将研究的问题进行抽象化，找出 BP 网络所需要的影响指标，确定网络结构；

步骤二：将输入样本输入网络并对其进行预训练，得出初始权值和阈值；

步骤三：对初始权值和阈值进行浮点数编码，生成种群并初始化种群规模；

步骤四：确定适应度函数，根据式（4-11）计算 $f(i)$；

步骤五：将 $f(i)$ 与标准值作对比，如果符合优化条件则转向步骤八；否则，进入下一步；

步骤六：遗传操作。

（1）选择。根据每个个体的适应值对整体适应值的贡献程度，得到如下用于选择优秀个体的概率公式：

---

① 陈祺. 基于 GA-BP 神经网络的高校实验室安全评价研究 [D]. 厦门大学硕士学位论文，2014.

$$p\,(i) = \frac{f(i)}{\displaystyle\sum_{i=1}^{N} f(i)}$$

（4-13）

其中，i = 1，2，…，N 为种群所含染色体的个数。

（2）交叉。按 0.8 的概率执行交叉操作。

（3）变异。按 0.008 的概率执行变异操作。

步骤七：产生新群体。并重复步骤三至步骤六，不断优化权值和阈值，直至符合优化条件。

步骤八：对最优个体的编码进行解码操作。

步骤九：训练 BP 网络。

（1）输入训练样本，计算各层神经元的输入值和输出值。

（2）根据输出结果计算误差，并判断是否符合优化条件，如果是，训练结束；否则，训练 BP 网络。

（3）反向传播误差，调整各网络层之间的连接权值和阈值。

（4）判断是否达到最大训练次数，是则训练结束；否则，转回步骤九，重复训练。

步骤十：BP 神经网络训练结束。

综上，GA-BP 算法由以下三个部分组成：

（1）确定 BP 网络结构（步骤一至步骤二）；

（2）GA 优化 BP 神经网络（步骤三至步骤七）；

（3）BP 神经网络训练（步骤八至步骤十）。

（二）GA-BP 模型的参数设置

GA-BP 模型的参数设置分为 BP 网络的参数设置和遗传算法的优化设置。

1. BP 网络的参数设置

（1）网络的结构。本书采用 3 层 BP 网络结构。

（2）BP 网络的结构。根据前文的研究，模型所需的输入节点个数为 12，隐含节点个数为 12，输出节点个数为 5，即"12-12-5"的结构。

（3）激活函数的选择。因为输入样本是浮点型数据，输出节点是二进制类型，所以，输入层和中间层间的激活函数选择 sigmoid 函数，中间层和输出层间的激活函数采用 purelin 函数。

（4）学习函数的选择。本书采用最实用的 trainlm 函数为学习函数。

（5）连接权重的生成。本书选择 BP 网络的连接权重为 0.5。

2. 遗传算法优化 BP 网络

（1）选择编码类型。由于 BP 网络的权值和阈值是浮点数，所以采用浮点型编码方式。

（2）适应度函数的选择。GA-BP 模型根据 BP 网络的误差平方和来确定适应度函数。

（3）遗传操作。对种群中的个体采用"选择—交叉—变异"操作，使之得到最优编码值。

综上，构建基于 GA-BP 算法的村镇银行信用风险预警模型，如图 4-3 所示。

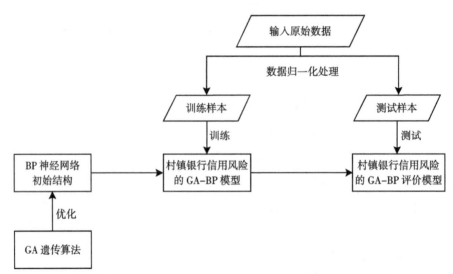

图 4-3　基于 GA-BP 算法的村镇银行信用风险模型的构建过程

第四节 加强村镇银行信用风险预警管理的制度安排

本书提出如下制度安排建议，以此提高村镇银行信用风险预警管理能力。

一、健全内部风控管理，建立良好的贷款管理制度

要做好信用风险的预警管理工作，首先应该从银行内部的风控体系着手，在进行贷款业务操作时，应该遵循贷前调查、授信审批和贷后管理的流程：

（1）村镇银行要充分利用经营范围小的地域优势，深入目标群体对借款人的家庭环境、担保抵押物、还款能力等进行调查和记录，取得翔实的第一手资料，便于对借款人的信用做分析。

（2）对客户资料进行认真处理，选取有用信息作为影响因子，利用GA-BP模型对借款人的财务状况和信用状况进行综合风险评判。

（3）当借款人通过授信审批后，应切实执行授信条款，为客户办理好相应手续，同时要严格把控资金的流向，力争做到专款专用。

（4）强制借款人存款。让借款者从贷款额中提取一部分（如5%）作为自己的风险基金，一方面可以作为借款人的违约抵押，另一方面可以为银行增收，降低信用风险。

（5）做好贷后管理。定期走访借款人，一方面可以增进村镇银行和借款人之间的感情，另一方面便于银行关注贷款动向和借款人的财务状况变化。

二、推行大型商业银行与村镇银行合作

我国农村金融体系基础薄弱，而农村金融体系关乎整个农业经济的发展，大型商业银行特别是国有银行有责任为村镇银行提供帮助，具体做法如下：

（1）大银行应根据自身情况，瞄准当前和接下来一段时期内农村金融市

场的发展动向，制定出与村镇银行进行战略合作的长远计划。

（2）大银行应选择适宜的合作模式，努力推进农业保险公司、农产品期货公司等金融机构的发展，进一步拓宽合作途径。

（3）在合作过程中要做好风险的防控工作，在合作对象的选择上应小心谨慎。

三、推行村镇银行子银行的组建模式

村镇银行设立的子银行有如下优势：

（1）相较于村镇银行，子银行可以借助自身较好的信誉度以更低的成本融得资金，把更多的城市资金引入农村金融市场，使村镇银行业务的发展得到更强力的支持。

（2）子银行更容易加入中央银行的支付系统，进而以集中清算的方式帮助村镇银行提升汇兑业务的工作效率，打破村镇银行业务单一、汇路不畅的局面。

（3）子银行能在一定程度上协调村镇银行，帮助农户以更低的生产成本购得涉农企业的农产品。同时，在涉农企业和有农资需求的农户之间搭桥，为其建立直销关系以减少中间环节的成本（如人力成本和运输成本）。

（4）子银行可以提供技术支持。子银行能借助主发起行的种种优势，在产品研发、管理流程设计、风险控制、后台集中处理、产品营销等方面为村镇银行提供专业化的服务，提升村镇银行整体服务水平和风险防御能力。

四、土地抵押贷款模式

农户土地抵押问题一直是导致我国农户贷款难、银行信用风险高的重要因素。然而我国农村并不缺乏抵押物，农村集体土地、林地和宅基地都具备保值性，可以作为贷款抵押物。当前我国拥有 20 亿亩耕地和 50 亿亩非耕地，若能将其资产化，这将是一笔巨大的抵押资产。因此，本书建议建立一套切实有效的土地抵押贷款组织结构，具体措施如下：

（1）改善农村土地价格评估环境。对农村土地进行合理的估价是土地得以作为贷款抵押物的前提条件。当前，我国还未建立完整的农村土地价格评估体系，也缺乏相应的评估机构和部门。所以，我国应加快对农村土地评估人才的培养，并出台相应政策法规来完善土地评估标准。

（2）加速土地银行的建立。土地银行受到我国银监会的监管，委托当地农村金融机构（如农信社）加设农村土地抵押贷款的业务，并由土地抵押贷款评估机构来负责抵押资格的审核与发放。

（3）引入保险机构。获得土地抵押资格的农户，可自由选择按照贷款额的一定比例缴纳险金。当农户因重大亏损导致无法按时还款而失去抵押贷款资格时，保险公司可按照合同规定给予农户一定的赔偿金来减少农户的损失，进而减小村镇银行所面临的信用风险。

五、根据客户需求开发新型贷款产品

金融创新是金融机构持续发展的核心力量，只有不断研发新型信贷产品，村镇银行才能兼顾扩大市场和保障贷款质量的目标。村镇银行应该针对不同客户的需求研发与之配套的信贷产品。具体操作可从三个方面进行：

（1）针对涉农企业和农户，结合农业生产的周期性，采用灵活的贷款期限。农户申请贷款的特点通常是单笔金额小、需求急，因此，应设立一些审批简单、还款周期与农业生产周期相适应的信贷产品。而针对农业企业可制定一些中长期贷款供其使用。

（2）采用多种抵押担保形式来提高自身竞争力。村镇银行可与合作社、专业协会和龙头企业进行联合，采取"合作社＋农户""协会＋农户""龙头企业＋农户"的担保形式开展信贷业务，由合作社、协会或龙头企业向村镇银行提供担保，为农户提供贷款支持。这种模式既节约了村镇银行的信息收集成本，又有效控制了信用风险。

（3）与政府相关部门、其他经济组织如担保公司、保险公司等进行合作，开发联保模式，借助外部力量，解决客户缺乏抵押物的问题。村镇银行旨在服务"三农"和小微企业，其业务有自身的特点，因此，在服务理念和业务种类上必须与大型商业银行区别开来，根据客户实际需求开发信贷产品，才能保证村镇银行走持续发展之路。

六、地方政府的支持

当地政府要为村镇银行搭建良好的宣传平台,协助村镇银行寻找有效途径来加大对其经营业务的宣传力度,通过村干部公开演讲或是当地电视台联合宣传的方式,提高民众对村镇银行的认知度和信任度,为村镇银行树立社会知名度。

当地政府应结合市场经济,引导村镇银行科学地分析当地经济实际发展情况;村干部对本地村民或小微企业的了解更为深入,要积极地为村镇银行提供必要的"软信息",配合村镇银行做好风险的预警管理工作。

第五章
农户联保贷款集体违约风险防控

村镇银行的客户是农户和农村小企业。那些缺乏抵押品的单个农户获得贷款比较困难。为了支持这些农户获得银行贷款，多个农户可以在自愿的基础上，组成互助互保贷款小组，在组员彼此间承担连带责任的前提下，向银行申请小额贷款，即获得联保贷款。

农户联保贷款是村镇银行一项重要的贷款业务，是降低贷款风险的一种有效手段。下面探讨村镇银行开展农户联保贷款业务的运作机制、集体违约风险的基本特征及其防范措施。

第一节　农户联保贷款概述

一、农户联保贷款的起源与发展

所谓农户联保贷款，国际上通行的定义为一种以扶贫为目的的贷款模式，它在传统小额信贷的基础上衍生发展而来，是集信贷、技术指导、理财和信息服务于一体的一种金融创新产品。该贷款模式仅以贫困农户为贷款对象，由存在资金需求且非直系亲属的几家农户（一般为 2~5 户）自愿组成互助互保贷款小组，组员在为彼此承担连带责任的前提下向银行申请小额贷款。

农户联保贷款起源于孟加拉国经济学家尤努斯于 1976 年发起的小额信贷

试验性项目。孟加拉国是世界上人口密度最高且最贫穷的国家之一，高达85%的人口居住在农村，农民的生活极其贫困，而1974年全国性饥荒的发生更加剧了孟加拉国的这种贫困局势。尤努斯教授对孟加拉国农村展开的经济调查结果显示，农民难以改善当前贫困生活的根本原因在于由抵押品缺失等导致的创业生产活动的初始资金短缺。据此，为使贫困农户的生产项目能够获取资金支持以实现脱贫致富，尤努斯教授开始积极探索对抵押品依赖程度较低的贷款模式。1976年，尤努斯以42位贫困妇女为对象展开了小额信贷试验并取得成功，接着他于当年创立了格莱珉银行（亦称孟加拉乡村银行），该银行在1983年经过当局允许得以正式注册。自此，尤努斯教授在孟加拉全国范围内不断推行贫困农户小额信贷，致力于改善该国家农村地区的经济落后状况。

孟加拉乡村银行模式是一种借助连带责任与社会压力手段开展贷款业务的组织形式，如今它已发展成为世界上规模最大、效益最好的小额贷款金融机构，在实现自身可持续发展的同时也极大地改变了本国农民的贫困面貌。2006年10月，尤努斯教授因成功创立孟加拉乡村银行、帮助农民脱贫致富而荣获诺贝尔和平奖。孟加拉乡村银行组织运作的基本特征包括以下几点：

（1）服务对象瞄准贫困农户，其中，贫困妇女是最主要的目标客户；

（2）以多人联保方式代替抵押担保，联保小组成员对彼此负有连带责任，形成"互保、互助、互督"的内部约束机制；

（3）首先由非直系亲属的同村5家农户自愿组建成一个联保小组，再由5~6个联保小组共同组成一个联保贷款中心，联保中心会定期组织召开会议，检查项目运行与资金使用情况，办理放款与还款等相关手续，借款农户相互交流有关投资项目的运作经验与市场信息；

（4）借款农户在获取贷款前需先接受银行工作人员的培训，培训内容包括贷款程序、银行规章制度以及生产项目的技术指导等；

（5）联保小组须按贷款额度的一定比例成立小组互助基金并存入银行，以在紧急情形下支援借款农户；

（6）孟加拉乡村银行对贫困农户提供的贷款额度一般为100~500美元，

执行较为灵活的市场利率，贷款期限控制在 1 年以内，借款农户须按周分期还款。

随着孟加拉乡村银行在扶贫方面取得巨大成功，世界上其他发展中国家，如印度、菲律宾、尼泊尔、印度尼西亚等，相继效仿和推广了农户联保贷款模式，均有效实施了反贫困项目。此外，该创新模式甚至被一些发达国家借鉴，如加拿大和美国。当前，世界上已有约 100 个国家、250 多个机构推行孟加拉乡村银行的运作模式，农户联保贷款取得了快速发展。

二、农户联保贷款的运行机制

实践证明，村镇银行联保贷款在满足农户信贷需求、提高借款农户还款概率、补充农村金融供给以及增进社会福利等各方面发挥了重要作用。农户联保贷款模式的有效推行，主要依赖于其独特的运行机制，即：自我甄别机制、横向监督机制、共同还款机制和多方共赢机制。

（一）自我甄别机制

所谓自我甄别机制，是指农户在组建联保小组时借助信息优势对彼此的风险类型自发进行甄别，并最终达到低风险农户自动聚类、高风险农户被迫退出的客户筛选目的。

在农户联保贷款模式下，存在信贷需求的当地几家非直系亲属贫困农户自愿组建成一个联保小组，在组员为彼此承担连带责任的基础上向银行申请贷款。当联保小组某一成员无法按期还本付息时，其他组员基于连带责任的内部约束机制须代其偿还。作为理性经纪人，低风险借款农户为了追求自身收益最大化，往往倾向于与同风险类型的农户共同组建成联保小组，避免因为高风险借款农户承担连带还款责任而增加贷款成本。另外，高风险农户在被低风险农户拒绝后，同样出于自身收益最大化的考虑，将放弃与同风险类型借款者组合而首选传统的个人贷款模式。此外，由于联保组员来自同村或邻村，对彼此的信誉状况、盈利能力等信息比较熟悉，组员之间的这种信息透明优势使得农户联保贷款的自我甄别机制成为可能。综上所述，由于联保贷款契约连带责任的设计，借款农户在组建联保小组时会主动借助熟人社会的信息优势选择合适的联保组员，从而实现贷前对信誉较好、还款能力较强的借款农户的自动筛选。

（二）横向监督机制

农户联保贷款模式下的横向监督，是指联保组员对彼此的贷后情况进行监督，这种组员间横向监督机制的形成机理仍在于联保贷款的连带责任设计。

传统的贷后监督工作主要由信贷机构执行，工作人员通过询问、实地检查等方式实现对农户联保贷款的纵向监督。然而，由于信息不对称的存在，工作人员需要花费较高成本以实施监督工作，而且往往不能准确、及时地把握借款农户的具体情况。在农户联保贷款模式下，为了避免替联保小组其他成员偿还贷款，借款农户会利用信息优势主动地了解彼此的贷款资金使用用途、投资项目运作过程和盈利前景等情况，并通过联保中心会议或者其他渠道反馈给信贷机构，便于其及时发现并解决问题。农户联保贷款横向监督机制的存在，不仅有助于降低监督成本，同时使得借款农户贷后信息透明度增高，有效缓解了因信息不对称导致的道德风险问题，从而弥补了信贷机构纵向监督的不足。

（三）共同还款机制

共同还款机制是指联保组员履约偿还各自贷款，当某一成员因投资失败无力还款或故意违约拒不还款时，其他组员须承担连带责任代其偿还，从而实现联保小组所有成员的共同还款。

共同还款机制是针对联保小组某一成员违约不还贷的情形发展而来的，它主要有两种表现形式：①在农户联保贷款模式下，联保组员需按各自的借款额所占比例缴纳一定的资金成立小组互助基金，当任一组员因某种原因违约不还贷时，联保小组会首先动用互助基金代其偿还到期贷款本息。②当联保小组互助基金不足以替违约组员偿还贷款时，小组其他成员须按照各自借款额占比运用自有资金代其还款。

农户联保贷款共同还款机制能否发挥作用，依赖于信贷机构对还款奖惩措施的实施。具体而言，任何组员的违约行为都会导致整个联保小组失去再贷款机会，并使得小组声誉和名声受损；而当其他组员替违约组员偿还贷款以保证共同还款时，联保小组能够获得良好的社会声誉以及更多的后续贷款额度。信贷机构的这种联保组员荣辱与共的奖惩制度设计，使得农户联保贷款的共同还款机制能够有效发挥作用。

（四）多方共赢机制

所谓多方共赢机制，是指农户联保贷款模式有助于实现贫困农户、信贷机构以及政府等多方获益的最优状态。

对于贫困农户而言，联保贷款模式下的熟人之间信用担保取代物质担保，可以有效缓解因信息不对称和有效抵押品缺失导致的融资难题，使得农户成功借入创业生产所需资金；通过联保中心会议，借款农户相互交流有关生产项目的运作经验与市场信息，有助于提高其致富能力；农户在贷前接受的信贷机构工作人员的技术指导与理财培训，遵循了"扶贫先扶智"的基本原则，能够从根本上帮助农户脱贫。另外，对于信贷机构而言，强制储蓄与小组互助基金等手段在扩大其资金来源的同时，也为农户的后续还款提供了安全保障；农户联保贷款的广泛推行有助于信贷机构开拓农村金融市场，通过在贫困农户中发展优质客户以创造新的利润增长点，进而实现自身持续盈利与发展。此外，农户联保贷款模式对于政府而言是一种有效的创新扶贫手段，传统财政补贴被现代金融支持所替代，能够从根本上改变农村地区的贫困面貌，从而促进社会和谐与经济发展。

三、农户联保贷款在我国的实践

（一）我国农户联保贷款的发展概况

孟加拉乡村银行模式的成功实践，使得农户联保贷款在世界各国得到广泛推行。1993 年，中国社会科学院农村发展研究所杜晓山教授带领的项目组尝试引进孟加拉乡村银行的运作模式，在河北省易县建立了我国第一家扶贫经济合作社，开始进行农户联保贷款的试点工作。1996 年，该合作社开始实现盈利，易县的扶贫工作也取得了一定成效。同年，农户联保贷款试点在全国范围内达到三个，项目资金规模高达 9000 万元。自此，联保贷款模式作为一种扶贫手段在我国农村地区逐渐得到广泛试点与推行。

农户联保贷款自 1993 年被正式引入我国后，在过去的 20 多年内取得了快速发展，如今已成为继无担保个人小额信贷之后的我国第二大农户贷款模式，各类贷款机构先后开始涉足农户联保贷款业务，这种贷款模式也被村镇银行普遍采用。近年来，我国农信社农户联保贷款的放贷规模呈不断扩大趋势，在满足广大农户信贷需求、补充农村金融供给等方面发挥了重要作用。

（二）我国农户联保贷款的运行方式

为了保证农户联保贷款在我国顺利推行，金融管理当局先后颁布了多个相关文件对其进行了指引与规范。其中，中国人民银行于 2000 年颁布的《农村信用合作社农户联保贷款管理指导意见》（以下简称《联保指导意见》）与中国银监会于 2004 年出台的《农村信用合作社农户联保贷款指引》（以下简称《联保指引》）是农户联保贷款业务规范运行的行动指南。通过比较可以发现，我国金融管理当局在不同时期给出的农户联保贷款指引条例存在一定差异，农户联保贷款的运作方式也随之发生了变化，具体情况如表 5-1 所示。

表 5-1 不同时期联保指引下我国农户联保贷款运作方式的比较

比较内容		2000 年《联保指导意见》	2004 年《联保指引》
贷款人	机构	农信社	农信社、农商行、农合行
	性质	非银行金融机构	银行金融机构
	供给方式	多户联保、按期存款、分期还款	个人申请、多户联保、周转使用、责任连带、分期还款
借款人	条件	农户	社区居民
		具有完全民事行为能力	单独立户，服务区域内有固定住所
		成员无直系血缘关系	
		需要生产资金	具有贷款资金需求
		从事符合国家政策规定的经营活动	具有合法、稳定的收入
联保小组	准入与退出	5~10 户	一般不少于 5 户
		借款额 1% 设立小组互助基金	未定
		不少于借款额 5% 的活期存款	贷款人处开立存款账户
		强调组长协助管理职能	强调选举组长职责
		可自愿退出或被开除	有比较完善的小组退出机制

续表

比较内容		2000 年《联保指导意见》	2004 年《联保指引》
授信	限额	原则上单次贷款不大于当地农户人均收入，可逐次增加	根据情况自定
		未确定同小组成员同限额	同小组成员限额相同
	期限	未定	最长不超过 3 年，可以续签
贷款	安排顺序	①农业生产费用 ②个体工商户贷款 ③其他	未定顺序
	期限	原则上不超过 1 年	根据生产经营周期决定，但不得超过联保协议期限
	利率	最低为同期活期存款利率，不得超出活期存款利率的一个百分点	适当优惠，根据具体情况协商确定，不得高于法定浮动范围

从表 5-1 可以看出，不同时期联保政策指引下我国农户联保贷款在供给机构、目标对象以及贷款方式等各方面都发生了一定变化。事实上，2000 年人民银行颁布的《联保指导意见》传承了传统孟加拉乡村银行模式的重要思想，主要借鉴了 20 世纪 90 年代的小额信贷业务经验；而 2004 年中国银监会出台的《联保指引》则是在 21 世纪初期我国小额信贷实践经验的基础上发展而来，凸显了农户联保贷款的商业化运作理念。举例来说，《联保指导意见》中关于联保小组须按照借款额的 1% 设立小组互助基金、存入不少于借款额 5% 的活期存款等规定在《联保指引》中被淡化甚至省略，这是因为此类条款实际上变相提高了农户的贷款利率，违背了银行贷款业务的商业化运作相关规定；而在贷款利率方面，浮动利率取代了优惠利率，放贷机构可以根据联保组员的存款利率、贷款风险和费用成本等具体情况与其协商确定，拥有了一定的贷款自主定价权，有助于规范贷款营销行为和实现商业化运作。

总之，不同时期我国金融管理当局关于农户联保贷款指引条例的修改，体现了由单纯学习传统孟加拉乡村银行信贷模式到结合我国小额信贷实践经验的指导思想演进，规范并完善了我国农户联保贷款的运行方式。

第二节　农户联保贷款集体违约风险概述

一、农户联保贷款集体违约风险的定义

根据我国银监会的定义，农户联保贷款是指社区居民自愿组成联保小组，按照"个人申请、多户联保、周转使用、责任连带、分期还款"的基本原则向农信社等金融机构申请的贷款。在农户联保贷款模式下，联保组员对彼此承担连带责任，当任一组员发生违约时，其他组员须替其偿还贷款，以保证整个联保小组的共同还款。然而，当联保组员因集体经营失败或合谋等原因出现大面积违约现象时，农户联保贷款不仅未能够发挥其社会担保的制度优势，反而会给放贷金融机构造成更大的损失。

所谓农户联保贷款集体违约风险，指的是放贷机构在经营该贷款业务过程中所面临的联保小组所有成员均未能偿清本息的可能性。联保小组集体违约风险越高，说明放贷机构收回联保贷款的可能性越小。由于联保贷款模式的设计宗旨在于借助组员之间的社会担保有效缓解因抵押品缺失和信息不对称导致的农户融资困境，而当联保小组所有成员都未能履约时，该设计下的制度优势将不再发挥作用，反而因风险积累给放贷机构带来巨大损失。因此，有必要加强对农户联保贷款集体违约风险的管理与控制，以使该贷款模式真正成为实现多方共赢的有力手段。

二、农户联保贷款集体违约风险的表现形式

从我国农户联保贷款的实践中可以看出，联保组员集体违约情形比较复杂，主要有组员跟风拖欠、组员合谋违约以及经营环境恶化三种表现形式。其中，前两种表现形式属于联保农户主观性集体违约，第三种形式属于非主观集体违约。

（一）联保组员跟风拖欠

联保组员跟风拖欠导致集体违约，这是各联保农户在某些成员违约后选择策略性违约的博弈结果。当联保小组某一成员未能按时偿还贷款时，其他成员由于责任推诿心理而形成"一户不还，户户不还"的联保农户集体跟风拖欠现象。

在农户联保贷款模式下，存在信贷需求的几家农户自愿组建成联保小组后，以替彼此承担连带责任的方式共同向农信社或其他金融机构申请贷款，当其中任一组员的投资活动陷入了困境，其他农户可以代为偿还贷款，从而降低信贷风险。然而事实表明，大多数联保农户除了清偿自身债务外，并不清楚或不愿意承担其他组员贷款的连带责任，当联保小组中有成员无力还贷时，其他组员会相互推卸代偿责任。另外，即使联保农户清偿了自身债务，但由于未替违约成员还款，仍会被放贷机构视为违约而受到后续贷款限制。因此，当联保农户对未来获取再贷款的价值评价很低时，往往出于利益最大化考虑而选择完全违约[1]，进而引发联保贷款"一人不还、集体不还"的连锁反应。

（二）联保组员合谋违约

实践证明，联保农户之间横向监督的有效性会对联保贷款还款率的高低产生直接影响。而当联保农户合谋时，联保贷款"横向监督机制"将完全失效，使得放贷机构面临严重的信贷风险。联保组员合谋主要有合谋改变资金用途和合谋拒不还贷两种情形。

联保组员合谋改变资金用途，主要指联保农户将自身粉饰为低风险的优质客户向金融机构贷得所需资金后，违背合约规定合谋将资金投入其他未经放贷机构审核的生产项目。其中，"多人借贷、一人使用"的垒大户现象是联保贷款用途发生异变的一种典型形式。例如，一些个体大户、私营企业尤其是经营困难的企业在借助正常渠道难以获取贷款的情况下，就以当地多个农

---

[1] 章元、李全在《论产出分布对团体贷款还款率的影响》一文中将联保组员只清偿自身债务而不替其他违约成员代偿债务的行为定义为不完全违约。

户的名义申请联保贷款用于个人或企业生产经营，一旦经营失败，被借名的农户往往因未使用贷款等原因拒不承担代偿责任，进而造成联保贷款巨大的潜在风险。

联保组员合谋拒不还贷可以分为合谋贷前骗贷与贷后恶意拖欠两种情况。所谓联保组员合谋贷前骗贷，是指农户组建成联保小组恶意骗取金融机构贷款却无意还款的经济犯罪行为。另外，在联保贷款到期后，当少数组员不能或不愿履约还款并鼓动其他组员集体拖欠贷款时，即使投资活动取得成功，联保小组所有成员也有可能达成一致意见而选择集体违约。

（三）经营环境恶化

在农户联保贷款业务的开展过程中，当联保组员从事的相同或相似农业生产受到自然灾害或市场行情不景气等经营环境的恶化影响时，组员们的还贷与担保代偿能力会同时下降，从而引发集体违约现象。

在江西省吉安市，借款农户主要从事传统种养业，其中，生猪和肉鸡等养殖业的收入在户均收入中占比高达30%，当此类产业的经营环境发生恶化时，联保农户会因此遭受严重亏损。例如，一家涉农金融机构对当地31户生猪养殖大户发放联保贷款后，不想当年生猪收购价格竟下跌30%，使得户均亏损率高达35%。由于受到2013年上半年H7N9禽流感的影响，吉安市某县的全部存栏肉鸡按政府规定被宰杀，联保肉鸡养殖户集体亏损非常严重。当联保组员的相同农业产业活动因经营环境恶化而遭受严重损失时，极易引发联保贷款大面积违约现象。

三、农户联保贷款集体违约风险的主要成因

农户联保贷款集体违约现象之所以会发生，主要原因在于借款农户法律与诚信意识薄弱、放贷机构信贷管理执行不力、失信惩罚力度不足以及同地域农业产业结构单一等。

（一）借款农户法律与诚信意识薄弱

当前，在我国较为落后的部分农村地区，农户法律意识不强，诚信观念淡薄，逃账和赖账等不守信行为时常发生，农村信用环境较为脆弱。

一方面，由于个人受教育水平低下等原因，农户法律意识普遍缺失，往往在不了解何为联保与相应法律责任的情况下被借用或骗用身份证套取金融机构贷款。一旦资金使用者投资失败无法履约还款，被借名农户自然不愿承担代偿责任，这无疑增大了联保贷款的回收难度。

另一方面，对于农村居民而言，完全理性的假设条件远远不能够满足，农户无法准确衡量诚信带来的潜在好处而只看重眼前经济利益；同时，因为缺乏企业家才能和投资机会，农户对未来再贷款可获得性提高的价值评价较低，因违约而丧失再贷款机会对其产生的不利影响并不大。在诚实守信未来效益发挥作用有限的情况下，借款农户往往为眼前利益而选择违约。当某一联保农户不愿清偿贷款时，其他农户的还款积极性也会受到影响，联保组员之间相互攀比、效仿，从而引发集体违约现象。而对于由高风险农户组建成的联保小组而言，成员之间很容易达成一致意见而诱发合谋风险。

在我国教育和经济水平相对落后的农村地区，农户法律和诚信意识普遍薄弱，联保贷款社会担保机制的运行效果并不理想，放贷机构难以有效控制联保农户的主观性集体违约行为。

（二）放贷机构信贷管理执行不力

在农户联保贷款业务开展过程中，若放贷机构信贷管理执行不力，无疑会给联保农户的违约行为提供机会。一般来说，我国农村金融机构在设计农户联保贷款合约条例时，往往会将风险全都转嫁给联保小组，当某一组员未能按时履约时，其他组员须代为清偿所有到期贷款。联保小组替违约成员承担了全部代偿责任，使得放贷机构的信贷风险防范意识有所减弱，因而疏于对联保贷款的贷前审核与贷后监督管理工作，信贷人员往往为图省事而搞形式主义。而在联保农户恶意合谋情形下，联保贷款模式不再是缓解放贷机构与借款农户之间信息不对称的有力手段，加之我国农村地区征信体系普遍不健全，放贷机构对联保组员信用等级和资金使用等情况的审查与管理难度进一步加剧。另外，在信贷人员开展联保贷款管理工作的过程中，违规放款事件时有发生，信贷管理制度执行不力，往往有章不循、违法操作、违规办理，令部分个体大户或私营企业得以借名、冒名联保贷款，最终促成"多人借贷、一人使用"的垒大户现象。此外,对于初涉农户联保贷款的新型农村金融机构如村镇银行而言,信贷人员业务能力有限、风险管理水平低下等因素也在一定程度上导致了联保贷款集体违约风险的增大。

总之,无论是放贷机构无意放松贷款管理工作,还是信贷人员恶意违规操作,都给联保农户集体违约行为的发生创造了机会。

(三) 失信惩罚力度不足

一般来讲,联保组员会因违约行为受到一定惩罚,该惩罚分为声誉惩罚和经济惩罚两类。

其中,声誉惩罚是指放贷机构的再贷款限制和联保小组内部的孤立排挤。首先,当借款农户违约拒还贷款时,放贷机构会对其后续贷款额度加以限制甚至拒绝再次放贷。如果未来再贷款价值(用 V 表示)对于农户而言较低,那么这种声誉惩罚机制发挥作用也比较有限。事实上,由于农户普遍缺乏企业家才能和良好的投资机会,其对 V 的评价并不是很高。另外,随着当前农村金融机构越来越多样化,加之农户违约信息在竞争机构之间无法达到完全共享,违约农户很容易在其他放贷机构获得再次贷款,从而导致 V 值很低。其次,若联保小组少数成员没有按时履约,其他成员会因受到牵连而对其实施孤立与排挤,违约农户的社会资本会因自身行为不检而受到损害。但是当联保农户发生集体违约时,这种来自联保小组内部的声誉惩罚机制将不再发挥作用,即社会约束失灵,从而导致联保贷款的失信惩罚力度有所下降。

此外,违约农户受到的经济惩罚是指自身缴纳的小组互助基金与活期存款会被强制用来清偿贷款。由于放贷机构对联保组员的合谋行为约束力有限,小组互助基金与活期存款无疑是非常重要的辅助技术手段。然而值得关注的一点是,中国银监会在于 2004 年出台的《联保指引》中,将"按借款额 1%设立小组互助基金"和"不少于借款额 5%的活期存款"两个条款分别进行了省略与淡化,使得联保贷款的经济惩罚力度再不如从前。

在失信惩罚整体力度不足的情况下,联保农户的集体违约行为并不会受到足够的威慑,他们往往出于违约收益与成本的权衡考虑而做出集体违约的选择。

(四) 同地域农业产业结构单一

由于组建成同一联保小组的农户多来自同村或者邻村,受到地理环境、生产技术及传统习俗等因素的影响,同地域农业产业结构较为单一,联保组员的投资项目、贷款资金的用途与回收方式等高度趋同,使得经营风险非常集中。具体而言,当联保小组成员从事相同养殖业、种植业或其他相近的农业生产项目时,容易因自然环境或市场行情恶化遭受集体损失。例如,农作物生长对气候、土地等自然资源有着很强的依赖性,一旦暴发地震、旱涝、冰冻等自然灾害,就会造成区域内农作物大面积毁损;而对于农村养殖业而言,病情瘟疫无疑是其最大的敌人,病疫暴发具有速度快、波及面广以及破坏性大等特征,极易给受灾区域内的养殖生产带来毁灭性打击。此外,农户因受教育水平、信息获取途径等因素限制,不能及时对市场供求关系的变化做出反应,联保组员会因农产品市场价格下降或销路不畅遭受集体严重亏损。

综上所述,由于同地域农业产业结构较为单一,一旦经营环境发生恶变,联保农户的投资活动极易遭受大面积亏损,其偿债能力和担保能力会随之下降,进而导致联保贷款集体违约风险急剧增加。

第三节　农户联保贷款集体违约的博弈分析

根据上一节相关内容可知,农户联保贷款集体违约风险在不同表现形式下会涉及不同的博弈主体。据此,本章将分别构建联保小组内部成员之间以及联保小组与金融机构之间的博弈模型,试图对不同情形下农户联保贷款集体违约风险的生成机制展开分析,探寻联保组员集体违约行为的有效防控手段。

一、联保小组内部成员之间的博弈

联保组员之间的博弈是各组员在已有产出的基础上针对履约与否而展开,即:当联保小组部分成员因投资失败而违约时,其他投资成功者会关于是否承担代偿责任进行博弈，结果可能引发"一户不还，户户不还"的联保农户集体跟风拖欠现象。接下来，本节将通过构建联保小组内部成员之间的博弈模型，对该情形下农户联保贷款集体违约的发生进行分析。

（一）基本假设与参数设定

为构建联保小组内部成员之间的博弈模型，首先做出如下假设：

（1）联保小组由 5 名农户组成，分别表示为 M_1、M_2、M_3、M_4 和 M_5，各农户均从银行获取 1 个单位的贷款资金，贷款期限为 1 年，贷款利率为 i，投资活动取得成功后的产出分别为 R_1、R_2、R_3、R_4 和 R_5。五位农户都只能获得"一般性成功"[①]，即五位农户投资成功时的产出满足：$1+i \leqslant R_1, R_2, R_3, R_4, R_5 < 5(1+i)$；若投资活动失败，则产出为 0。

（2）若借款农户未能按时履约，其未来再贷款行为会受到放贷机构的限制，这是借款农户因违约而遭受的一种声誉惩罚。对于五位借款农户而言，再贷款价值分别为 V_1、V_2、V_3、V_4 和 V_5。

（3）当联保小组中只有少数成员违约时，违约者会受到来自多数履约者的声誉惩罚，这种社会约束给少数违约者带来的负效用为-S。对于五位借款农户而言，社会约束分别设为 S_1、S_2、S_3、S_4 和 S_5。

（4）联保小组中履约成员按照各自贷款额比例分担违约成员债务，根据假设（1）可知五位农户的贷款资金均为 1 个单位，因此履约成员平均分担违约成员债务。

（5）借款农户违约后其债务不会消失，仍然负有对代偿成员或者放贷机构的债务[②]。设违约农户未来再偿还贷款的可能性为 P_0，$0 \leqslant P_0 \leqslant 1$。

（6）考虑到《联保指引》中相关条例的省略与淡化，以及为简化分析过程，在接下来的博弈分析过程中将忽略由联保小组互助基金与活期存款因素

[①] 联保组员都只能获得"一般性成功"意味着不存在任何一位投资成功者有能力替其他四位成员偿还全部贷款，即不会发生某一成员获得"超常成功"的情形。该假设的基本原理是：考虑到同地域农业产业结构单一、联保贷款模式下同风险类型农户的自我甄别机制等因素，设定产出会均匀分布在投资成功者手中。

[②] 章元、李全在《论产出分布对团体贷款还款率的影响》一文中提出，团体贷款成员无论是因投资失败而无力还款还是有能力却要策略性违约，他的债务只可能发生转移而不会消失。

造成的违约经济惩罚。

（二）对几个关键参数的解释

对于上述基本假设中涉及的几个关键参数，如再贷款价值 V、社会约束 S 和再偿贷可能性 P_0，做出如下解释：

（1）对再贷款价值 V 的解释。对于借款农户而言，违约行为会使其未来再贷款行为受到原放贷机构的限制甚至拒绝。未来再贷款价值 V 的大小主要取决于借款农户的个人评价、放贷机构行业竞争状况以及信息在竞争银行之间的共享程度三个因素。首先，不同的借款农户对未来再贷款价值的评价可能存在很大差别：拥有良好投资机会的农户会给予 V 较高的评价，否则评价会很低；具有企业家才能的农户对 V 可能有很高的评价，反之评价会很低；农户对未来获取再贷款金额的需求量越大，对 V 的评价也就越高；等等。其次，如果放贷机构面临众多同行业竞争者，且农户违约信息在竞争机构之间无法达到完全共享，失去从原放贷机构再贷款的机会并不会对违约农户造成很大的损失，这是因为他能够轻易地在其他放贷机构获得再次贷款，即未来再贷款价值 V 很低。

（2）对社会约束 S 的解释。当联保小组中只有少数成员违约时，违约者会受到来自多数履约者的惩罚，这种惩罚具体表现为：少数违约成员会受到多数履约成员的孤立与排挤，违约农户因名声受损难以在当地再被接纳为联保组员，其社会资本因自身行为不检而受到损害。社会约束 S 只有在多数联保组员不违约时才会发挥其对违约行为的可置信威胁作用；当产出分布在少数成员手中时，社会约束将无法发挥作用，此时社会约束失灵。社会约束 S 值的大小取决于两个因素：社会约束的强度和借款农户对社会约束的自我评价。社会约束越强，即意味着 S 值越大；如果借款农户并不在乎社会约束产生的负效用，譬如对他人的嘲讽与排斥毫不在意，那么他对社会约束的评价就可能很低，即 S 值很小。

（3）对再偿贷可能性 P_0 的解释。当借款农户未能按时履约时，如果联保小组成员替其偿还了贷款，则他对银行的负债转移到了联保组员身上；如果联保小组没有替其还款，那么他仍负有对放贷机构的负债。设定违约农户未来再偿还贷款的可能性为 P_0，意味着若投资成功者替违约者偿还了债务，其债权未来被补偿的可能性亦为 P_0，当 $P_0 = 1$ 时，表示违约农户未来一定会继续偿还全部贷款，此时债务只是纯粹转移。另外，当 $P_0 = 0$ 时，违约农户未来不可能再偿还贷款，即债务消失。违约农户再偿贷可能性 P_0 的大小取决于多种因素，例如当地社会约束越强，违约农户承受的社会压力就越大，其未来再还款的可能性也就越大；又如当地信用环境越好，违约农户未来再还款的可能性就越大；再如违约农户对社会约束产生的负效用越敏感，他以后再还款可能性越大，而如果他对别人的嘲讽与排斥等毫不在意，那么他赖账的可能性就越大；等等。本书将上述关于 P_0 的一系列影响因素归结为当地信贷市场的完全情况，即：该信贷市场越完全，违约农户再偿贷可能性 P_0 就越接近 1；反之，P_0 就越接近 0。

（三）博弈分析过程

接下来将根据投资成功人数以及产出水平，分情况来讨论联保小组内部成员之间的博弈过程。

（1）当五位农户全都获得成功时，根据农户的投资产出可分为如下四种情形：

情形一：五位农户获得一般性成功的收入为 $1 + i \leqslant R_1$，R_2，R_3，R_4，$R_5 < \frac{5}{4}(1 + i)$。在这种情况下，若其中一人违约（设为 M_1），我们首先来看其他四人的决策。当 M_1 违约时，M_2、M_3、M_4 和 M_5 由于收入约束无法替 M_1 偿还债务。以 M_2 为例，M_2 选择不完全违约（只偿还自身债务而拒绝承担违约成员的代偿责任）的期望收益为：

$$EU'_2 = R_2 - (1 + i) - V_2 \qquad\qquad (5-1)$$

若 M_2 选择完全违约（既不承担违约成员的代偿责任，也不偿还自身债务），那么他的期望收益为：

$$EU''_2 = R_2 - P_0(1 + i) - V_2 \qquad\qquad (5-2)$$

由于违约农户再偿贷可能性 P_0 满足 $0 \leqslant P_0 \leqslant 1$，可知 $EU''_2 \geqslant EU'_2$，那么 M_2 会选择完全违约，对于 M_3、M_4 和 M_5 亦是如此。

我们再来看 M_1 的选择。当 M_1 选择履约还贷时，M_2、M_3、M_4 和 M_5 才有可能都不违约，此时 M_1 的期望收益为：

$$EU_1 = R_1 - (1+i) \qquad\qquad (5-3)$$

若 M_1 选择违约，结合上述讨论可知 M_2、M_3、M_4 和 M_5 也会因此完全违约，此时 M_1 的期望收益为：

$$EU''_1 = R_1 - P_0(1+i) - V_1 \qquad\qquad (5-4)$$

因此，M_1 履约与否的期望收益差为：

$$EU_1 - EU''_1 = V_1 - (1 - P_0)(1+i) \qquad\qquad (5-5)$$

由式（5-5）可知，M_1 的选择取决于 V_1 和 P_0 的大小。若 M_1 对未来再贷款价值 V_1 的评价很高，或者当地信贷市场完全情况较为理想（P_0 较大），使得 $EU_1 - EU''_1 \geq 0$ 成立，理性的 M_1 会选择履约还款。相反，如果 M_1 对未来再贷款价值 V_1 的评价较低，或者当地信贷市场完全情况并不理想（P_0 较小），可能会导致 $EU_1 - EU''_1 \leq 0$，此时 M_1 则会选择违约。

因此，在 $1+i \leq R_1$，R_2，R_3，R_4，$R_5 < \dfrac{5}{4}(1+i)$ 这种投资产出情况下，当五位农户中有一人选择违约时，其他四位原本无意违约的农户由于收入约束也不得不违约，并且会完全违约，于是联保贷款集体违约现象便产生了。对于有两人领头违约、三人领头违约等的类似情况这里不再分析。

情形二：五位农户获得一般性成功的收入为 $\dfrac{5}{4}(1+i) \leq R_1$，$R_2$，$R_3$，$R_4$，$R_5 < \dfrac{5}{3}(1+i)$。我们依旧从其中一人 M_1 违约的情况出发来讨论。当 M_1 违约时，由于收入水平的限制，只有其他四人 M_2、M_3、M_4 和 M_5 都不违约，联保小组的债务才可能被清偿（包括 M_1 的债务）；否则，M_2、M_3、M_4 和 M_5 中任一人违约都会导致其他三人不得不违约。以 M_2 为例，当 M_2、M_3、M_4 和 M_5 都不违约时的期望收益为：

$$EU_2 = R_2 - \dfrac{5}{4}(1+i) + \dfrac{1}{4}P_0(1+i) \qquad\qquad (5-6)$$

当 M_2 违约时，会导致 M_3、M_4 和 M_5 一同违约，由情形一的分析同理可知

M_2、M_3、M_4 和 M_5 会选择完全违约，此时 M_2 的期望收益为：

$$EU_2'' = R_2 - P_0(1+i) - V_2 \qquad\qquad (5-7)$$

M_2 履约与否的期望收益差为：

$$EU_2 - EU_2'' = V_2 - \frac{5}{4}(1 - P_0)(1 + i) \qquad\qquad (5-8)$$

由式（5-8）可知，M_2 的选择取决于 V_2 和 P_0 的大小。对于 M_3、M_4 和 M_5 而言亦是如此。

当 M_2、M_3、M_4 和 M_5 都不违约时，M_1 选择不违约的期望收益为：

$$EU_1 = R_1 - (1 + i) \qquad\qquad (5-9)$$

当 M_2、M_3、M_4 和 M_5 都不违约时，M_1 选择违约的期望收益为：

$$EU_1'' = R_1 - P_0(1 + i) - S_1 \qquad\qquad (5-10)$$

此时，社会约束 S_1 开始发挥作用，这是因为当大多数农户（M_2、M_3、M_4 和 M_5）履约还款时，少数违约农户（M_1）会受到多数履约者的惩罚。

那么，M_1 履约与否的期望收益差为：

$$EU_1 - EU_1'' = S_1 - (1 - P_0)(1 + i) \qquad\qquad (5-11)$$

由式（5-11）可知，M_1 的选择取决于 S_1 和 P_0 的大小。只有当社会约束对 M_1 产生的负效用（$-S_1$）较大、当地信贷市场比较完全（P_0 较大），使得 $EU_1 - EU_1'' \geqslant 0$ 成立时，M_1 才会履约还款；否则，M_1 会因"搭便车"动机而选择策略性违约。

与情形一不同的是，在 $\frac{5}{4}(1+i) \leqslant R_1$，$R_2$，$R_3$，$R_4$，$R_5 < \frac{5}{3}(1+i)$ 这种产出水平下，当五位农户中某一人违约时，其他四人的选择不再受收入约束，而是取决于 V 和 P_0 的大小。当五位农户中至少两人以上（包括两人）选择违约时，其他农户才会因收入约束而不得不违约。对于本情形中两人以上（包括两人）选择违约的讨论这里将省略不再重述。

情形三：五位农户获得一般性成功的收入为 $\frac{5}{3}(1+i) \leqslant R_1$，$R_2$，$R_3$，$R_4$，$R_5 < \frac{5}{2}(1+i)$。这种情形的讨论与情形二比较类似，区别在于：当五位农户

中有两人违约时，其他三人仍有能力偿还全部贷款，且这三人的选择取决于 V 和 P_0 的大小。

情形四：五位农户获得一般性成功的收入为 $\frac{5}{2}$（$1+i$）≤ R_1，R_2，R_3，R_4，$R_5 < 5$（$1+i$）。这种情形与情形三的区别在于：当五位农户中有三人违约时，其他两人仍有能力偿还全部贷款，且这两人的选择取决于 V 和 P_0 的大小。

（2）当五位农户中有四人获得成功时，根据农户的投资产出也可分为四种情况讨论。假设 M_1、M_2、M_3 和 M_4 四人投资活动取得成功，M_5 投资失败而无法履约还贷。

情形一：四位农户获得一般性成功的收入为 $1+i$ ≤ R_1，R_2，R_3，R_4，$R_5 < \frac{5}{4}$（$1+i$）。在这种情形下，M_1、M_2、M_3 和 M_4 由于收入水平的限制而无法承担对 M_5 债务的代偿责任，四人只能在完全违约与不完全违约之间做选择。根据（1）中情形一的分析同理可知，这四人最终会选择完全违约，从而引发农户联保贷款集体违约现象。

情形二：四位农户获得一般性成功的收入为 $\frac{5}{4}$（$1+i$）≤ R_1，R_2，R_3，$R_4 < \frac{5}{3}$（$1+i$）。由于收入水平限制，只有当 M_1、M_2、M_3 和 M_4 都不违约时，联保小组所有债务才能够被清偿，而其中任一人的违约都会使其他三人不得不违约。因此，在该博弈过程中，四位农户都违约和都履约才有可能形成纳什均衡。

当 M_1、M_2、M_3 和 M_4 都不违约时，以 M_1 为例，M_1 的期望收益为：

$$EU_1 = R_1 - \frac{5}{4}（1+i）+ \frac{1}{4}P_0（1+i） \tag{5-12}$$

当 M_1、M_2、M_3 和 M_4 都选择完全违约时，M_1 的期望收益为：

$$EU''_1 = R_1 - P_0（1+i）- V_1 \tag{5-13}$$

那么，M_1 履约与否的期望收益差为：

$$EU_1 - EU''_1 = V_1 - \frac{5}{4}（1-P_0）（1+i） \tag{5-14}$$

由式（5-14）可知，M_1 的选择取决于 V_1 和 P_0 的大小。对于 M_2、M_3 和

M_4 而言亦是如此。

情形三：四位农户获得一般性成功的收入为 $\frac{5}{3}(1+i) \leqslant R_1$，$R_2$，$R_3$，$R_4 <$ $\frac{5}{2}(1+i)$。这种情形的讨论与情形二比较类似，区别在于：当四位农户中某一人违约时，其他三人仍有能力偿还全部贷款，且这三人的选择取决于 V 和 P_0 的大小，而领头违约农户的选择取决于 S 和 P_0 的大小。当四位农户中至少两人以上（包括两人）选择违约时，其他农户才会因收入约束而不得不违约。

情形四：四位农户获得一般性成功的收入为 $\frac{5}{2}(1+i) \leqslant R_1$，$R_2$，$R_3$，$R_4 <$ $5(1+i)$。这种情形与情形三的区别在于：当四位农户中有两人违约时，其他两人仍有能力偿还全部贷款，且这两人的选择取决于 V 和 P_0 的大小。

（3）当五位农户中有三人获得成功时，根据农户的投资产出可分为三种情况讨论。假设 M_1、M_2 和 M_3 三人投资活动取得成功，M_4 和 M_5 投资失败而无法履约还贷。

情形一：三位农户获得一般性成功的收入为 $1+i \leqslant R_1$，R_2，$R_3 < \frac{5}{3}(1+i)$。在这种情形下，M_1、M_2 和 M_3 由于收入水平的限制而无法承担对 M_4 和 M_5 债务的代偿责任，三人最终只会选择完全违约，从而引发农户联保贷款集体违约现象。

情形二：三位农户获得一般性成功的收入为 $\frac{5}{3}(1+i) \leqslant R_1$，$R_2$，$R_3 < \frac{5}{2}(1+i)$。由于收入水平限制，只有当 M_1、M_2 和 M_3 都不违约时，联保小组所有债务才能够被清偿，而其中任一人的违约都会使其他两人不得不违约。因此，在该博弈过程中，三位农户都违约和都履约才有可能形成纳什均衡。

当 M_1、M_2 和 M_3 都不违约时，以 M_1 为例，M_1 的期望收益为：

$$EU_1 = R_1 - \frac{5}{3}(1+i) + \frac{2}{3}P_0(1+i) \tag{5-15}$$

当 M_1、M_2 和 M_3 都选择完全违约时，M_1 的期望收益为：

$$EU''_1 = R_1 - P_0(1+i) - V_1 \tag{5-16}$$

那么，M_1 履约与否的期望收益差为：

$$EU_1 - EU_1'' = V_1 - \frac{5}{3}(1-P_0)(1+i) \tag{5-17}$$

由式（5-17）可知，M_1 的选择取决于 V_1 和 P_0 的大小。对于 M_2 和 M_3 而言亦是如此。

情形三：三位农户获得一般性成功的收入为 $\frac{5}{2}(1+i) \leqslant R_1$，$R_2$，$R_3 < 5(1+i)$。这种情形的讨论与情形二比较类似，区别在于：当三位农户中某一人违约时，其他两人仍有能力偿还全部贷款，且这两人的选择取决于 V 和 P_0 的大小。另外，值得指出的是，此时领头违约农户的选择不再受社会约束 S 的影响，因为此时违约者占大多数，社会约束将失灵。当三位农户中至少两人以上（包括两人）选择违约时，其他农户才会因收入约束而不得不违约。

（4）当五位农户中有两人获得成功时，根据农户的投资产出可分为两种情况讨论。假设 M_1 和 M_2 两人投资活动取得成功，M_3、M_4 和 M_5 投资失败而无法履约还贷。

情形一：两位农户获得一般性成功的收入为 $1+i \leqslant R_1$，$R_2 < \frac{5}{2}(1+i)$。在这种情形下，M_1 和 M_2 由于收入水平的限制而无法承担对 M_3、M_4 和 M_5 债务的代偿责任，两人最终只会选择完全违约，从而引发农户联保贷款集体违约现象。

情形二：两位农户获得一般性成功的收入为 $\frac{5}{2}(1+i) \leqslant R_1$，$R_2 < 5(1+i)$。由于收入水平限制，只有当 M_1 和 M_2 都不违约时，联保小组所有债务才能够被清偿，而其中任一人的违约都会使另一人不得不违约。因此，在该博弈过程中，两位农户都违约和都履约才有可能形成纳什均衡。

当 M_1 和 M_2 都不违约时，以 M_1 为例，M_1 的期望收益为：

$$EU_1 = R_1 - \frac{5}{2}(1+i) + \frac{3}{2}P_0(1+i) \tag{5-18}$$

当 M_1 和 M_2 都选择完全违约时，M_1 的期望收益为：

$$EU_1'' = R_1 - P_0(1+i) - V_1 \tag{5-19}$$

那么，M_1 履约与否的期望收益差为：

$$EU_1 - EU_1'' = V_1 - \frac{5}{2}(1 - P_0)(1 + i) \tag{5-20}$$

由式（5-20）可知，M_1 的选择取决于 V_1 和 P_0 的大小。对于 M_2 而言亦是如此。

（5）如果五位农户中只有一人（设为 M_1）获得成功，当且仅当 $R_1 \geq 5(1 + i)$ 时，M_1 才能够清偿联保小组全部债务，而根据基本假设可知 M_1 并未取得超常成功，即 $1 + i \leq R_1 < 5(1 + i)$。因此，当五位农户中只有一人获得一般性成功时，此人因收入约束最终会选择完全违约。

（6）如果五位农户全部投资失败，显然无法偿还各自贷款，于是农户联保贷款集体违约便发生了。联保组员因同地域农业产业结构限制或组员合谋而开展单一投资活动，是造成联保小组集体投资失败的主要原因。而在联保组员合谋进行投资时，联保小组将与金融机构展开博弈，本章后文将对这一过程展开详细分析。

（四）博弈结论

根据上述基于已有产出的联保小组内部成员之间的博弈分析，我们得出以下结论：

（1）当联保组员总产出小于总负债时，投资成功者会因收入约束最终选择违约，而且是完全违约，从而引发农户联保贷款集体违约现象。

（2）当联保组员总产出大于总负债时，联保贷款也未必会得到清偿，投资成功者履约与否取决于信贷市场的完全程度、未来再贷款价值以及社会约束的大小。对于借款农户而言，如果当地信贷市场的完全程度较低，未来再贷款价值较小或者社会约束发挥作用有限，联保农户选择策略性违约的期望收益也就较大，那么，即使农户有能力偿还贷款，也可能会选择拒不还贷，从而最终引发农户联保贷款集体违约现象。

二、联保小组与放贷机构之间的博弈

当联保小组内部成员合谋时，成员之间因决策达成一致而不存在任何博弈，此时联保小组与放贷机构之间进行博弈，本节主要针对联保组员合谋改变资金用途的情形展开博弈分析。

（一）基本假设与参数设定

为构建联保小组与放贷机构之间的博弈模型，首先做出如下假设：

（1）联保小组面临多个可选投资项目，且各项目的风险函数连续。联保小组因成员合谋会将所贷资金投资在同一个项目中，并追求期望收益最大化。设定所有可选项目具有相同的资金需求（D）和期望产出（R），联保小组自有资金为 0，金融机构是其唯一的资金供给者，贷款期限为 1 年。

（2）联保小组与金融机构之间进行不完全信息动态博弈，即联保小组能够准确把握各投资项目的收益与风险对应关系，而金融机构对此存在信息劣势。金融机构设定的贷款利率为 i，其开展安全投资（如购买国债）的收益率为 r_f。

（3）每个项目都只有两种投资结果：成功或失败。设定项目成功概率为 P，则项目失败概率为 1–P。假设联保小组投资成功产出率为 r，失败产出为 0。

（4）不考虑联保小组策略性违约情形，即联保小组履约与否仅取决于项目投资成败。若联保小组未能按时履约还款，则会受到放贷机构未来再贷款限制，设再贷款价值为 V，此时社会约束将因联保组员合谋而失灵。此外，当联保小组因投资失败违约后，其债务并不会消失，再偿贷可能性（P_0）的大小仍然依赖于当地信贷市场的完全情况。

（二）博弈模型的构建

在联保小组与放贷金融机构双方博弈的第一阶段，联保小组需决定是否向金融机构申请贷款。如果联保小组选择不申请贷款，则整个博弈过程随之结束。联保小组因资金短缺而无法进行项目投资，其期望收益为 0；金融机构则因将资金 D 进行安全投资而获取期望收益 Dr_f。若联保小组选择"申请"战略，那么双方博弈进入下一阶段。

在博弈的第二阶段，由金融机构决定是否向联保小组发放贷款。若金融机构"拒贷"，则双方支付仍为（0，Dr_f）。若机构选择"放贷"，博弈双方的支付则将取决于联保小组的项目投资成败：如果投资成功，双方支付为（D(r–

1-i)，Di）；如果投资失败，联保小组将因无力还贷而选择违约，双方支付为 $(-P_0D(1+i)-V, P_0D(1+i)-D)$。联保小组与金融机构之间的博弈过程如图 5-1 所示。

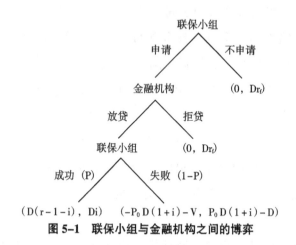

图 5-1 联保小组与金融机构之间的博弈

对于联保小组而言，用所贷 D 单位资金进行项目投资的期望收益为：$Y = PD(r-1-i)-(1-P)[P_0D(1+i)+V]$，联保小组放弃贷款申请的期望收益为 0，因此联保小组选择向金融机构申请贷款的条件为：$Y \geq 0$。

对于金融机构而言，向联保小组发放 D 单位资金的期望收益为：$\pi = PDi-(1-P)[P_0D(1+i)-D]$，拒绝放贷且将资金进行安全投资的期望收益为 Dr_f，因而金融机构选择向联保小组放贷的条件为：$\pi \geq Dr_f$。

（三）基于博弈模型的联保小组投资决策数理分析

根据上述博弈模型可知，联保小组选择向金融机构申请贷款的边界条件为：

$$Y = PD(r-1-i)-(1-P)[P_0D(1+i)+V]=0 \tag{5-21}$$

另外，由假设条件可知，联保小组所有可选项目的期望产出为定值 R，即：

$$R = PDr \tag{5-22}$$

式（5-22）表示联保小组成功进行投资所获取的产出 Dr 与投资活动的成功概率 P 呈负相关关系。联立式（6-21）和式（6-22），可得方程组：

$$\begin{cases} Y = PD(r-1-i)-(1-P)[P_0D(1+i)+V]=0 \\ R = PDr \end{cases} \tag{5-23}$$

解方程组（5-23），可得：

$$\begin{cases} P^* = \dfrac{R - [P_0 D(1+i) + V]}{(1-P_0) D(1+i) - V} \\[4mm] r^* = \dfrac{(1-P_0) DR(1+i) - VR}{RD - D[P_0 D(1+i) + V]} \end{cases} \qquad (5-24)$$

表达式组合（5-24）的经济含义为：对于联保小组而言，存在一组临界值（P^*，r^*），只有当投资成功时的产出率 $r \geqslant r^*$ 时，联保小组才会选择向金融机构申请贷款，而此时项目投资的成功概率 $P \leqslant P^*$。

基于联保小组多个可选投资项目风险函数连续的假设条件，现假定项目投资的成功概率 P 服从 [0，1] 区间上的概率分布，f(P) 为其密度函数，F(P) 为其概率分布函数。考虑所有项目的平均成功概率 $\bar{P}$ 指标，结合上述分析与假设可知，$\bar{P}$ 是 [0，P^*] 区间上的概率平均值，则有：

$$\bar{P} = \frac{\displaystyle\int_0^{P^*} P f(P)\, dP}{\displaystyle\int_0^{P^*} f(P)\, dP} = \frac{\displaystyle\int_0^{P^*} P f(P)\, dP}{F(P^*)} \qquad (5-25)$$

考虑到 $P^* = \dfrac{R - [P_0 D(1+i) + V]}{(1-P_0) D(1+i) - V}$，结合式（5-25）可知联保小组所有项目的平均成功概率 $\bar{P}$ 是其未来再贷款价值 V 和再偿贷可能性 P_0 的多元函数。

首先，对 $\bar{P}$ 关于 V 求偏导，可得：

$$\frac{\partial \bar{P}}{\partial V} = \frac{f(P^*)}{F^2(P^*)} \cdot \frac{R - D(1+i)}{[(1-P_0) D(1+i) - V]^2} \left[P^* F(P^*) - \int_0^{P^*} P f(P)\, dP \right] \qquad (5-26)$$

又因 $\displaystyle\int_0^{P^*} P f(P)\, dP < \int_0^{P^*} P^* f(P)\, dP = P^* \int_0^{P^*} f(P)\, dP = P^* F(P^*)$，而 $R > D(1+i)$ 通常是联保小组选择向金融机构申请贷款开展项目投资的一个必要条件，因此有 $\dfrac{\partial \bar{P}}{\partial V} > 0$，即联保小组所有可选投资项目的平均成功概率 $\bar{P}$ 与其未来再贷款价值 V 正相关。

其次，对 $\bar{P}$ 关于 P_0 求导，同理可得：

$$\frac{\partial \overline{P}}{\partial P_0} = \frac{f(P^*)}{F^2(P^*)} \cdot \frac{D(1+i)[R-D(1+i)]}{[(1-P_0)D(1+i)-V]^2}\left[P^*F(P^*) - \int_0^{P^*} Pf(P)\,dP\right] \quad (5-27)$$

由于 $\int_0^{P^*} Pf(P)\,dP < P^*F(P^*)$，且 $R > D(1+i)$，可得 $\frac{\partial \overline{P}}{\partial P_0} > 0$，即联保小组

所有可选投资项目的平均成功概率 $\overline{P}$ 与其再偿贷可能性 P_0 正相关。

对于上述论证结果，究其原因：一方面，未来再贷款价值越高，联保小组因投资失败所受到的来自放贷机构的声誉惩罚也就越大，这会促使其谨慎开展投资活动，不会轻易将资金投在高风险、高收益的生产项目上；另一方面，考虑到联保小组再偿贷可能性的大小取决于当地信贷市场完全情况，若当地信贷市场较为完全，即使联保小组因投资失败无法按时履约，其债务也不会随之消失，而迫于多种原因在未来不得不偿还贷款，另外还会因未能按时履约受到放贷机构未来再贷款限制，联保小组为了能够按时还款而比较青睐成功概率高、风险低的优良项目。

（四）对联保组员合谋拒不还贷情形的说明

当联保组员合谋时，除了改变资金用途进行高风险投资外，也可能会合谋拒不还贷。联保组员合谋拒不还贷主要分为组员合谋贷前骗贷与贷后恶意拖欠两种形式。接下来，对于农户联保贷款集体违约风险的这两种表现形式，做出以下解释：

（1）联保组员贷前合谋骗贷情形。联保组员合谋骗取贷款后，拒不还款的期望收益为：

$$EU'' = Dr - V \quad (5-28)$$

需要指出的是，联保组员贷前合谋骗贷，主要是由借款农户法律意识与道德观念薄弱所致，联保小组原本就无意在贷款期满时履约还款，即再偿贷可能性 $P_0 = 0$。由式（5-28）可知，未来再贷款价值 V 的大小能够在一定程度上影响联保组员贷前合谋骗贷的这种经济犯罪行为。具体而言，未来再贷款价值 V 越大，联保小组违约期望收益就越小，其选择合谋骗贷的动力也就越小，而如果 V 足够大以致 $EU'' \leq 0$ 时，可完全杜绝联保组员贷前合谋骗贷行为；相反，如果未来再贷款价值 V 比较小，使得违约所得 EU'' 较大，联保

农户选择合谋骗贷的可能性也随之增大，从而引发联保贷款集体违约风险。

（2）联保组员贷后合谋恶意拖欠贷款的情形。结合前文博弈分析同理可知，联保农户在贷后是否会与其他组员合谋拖欠贷款，主要取决于未来再贷款价值 V 和再偿贷可能性 P_0 的大小，这时社会约束 S 因联保组员合谋而失灵。具体而言，当未来再贷款价值 V 与再偿贷可能性 P_0 足够大以致农户违约所得小于履约期望收益时，农户会选择按时履约还款；相反，如果未来再贷款价值 V 较小，当地信贷市场的完全程度较低（即 P_0 较小），那么即使联保农户有能力偿还贷款，也可能会选择与其他组员合谋拖欠贷款。

（五）博弈结论

根据上述合谋组员与放贷机构之间的博弈分析，我们得出以下结论：

（1）联保小组可选投资项目的平均成功概率与未来再贷款价值正相关。当未来再贷款价值较低时，有限的违约声誉惩罚并不能有效抑制合谋组员的高风险投资动机，而一旦投资失败，联保小组会因无力偿贷而引发集体违约现象。

（2）联保小组投资项目的平均成功概率与其再偿可能性正相关。当地信贷市场完全程度越低，违约者未来再偿还债务的可能性越小，合谋组员因较小的未来再偿贷压力而倾向于选择高风险和高收益项目进行投资，一旦投资失败，联保贷款集体违约现象将随之发生。

（3）联保组员贷前合谋骗贷行为是否发生，主要取决于未来再贷款价值的大小。未来再贷款价值越小，联保小组违约期望收益就越大，其选择合谋骗贷的动力越大，农户联保贷款集体违约风险随之提高。

（4）联保农户是否会在贷后与其他成员合谋恶意拖欠贷款，主要取决于未来再贷款价值和再偿贷可能性的大小。未来再贷款价值越小，当地信贷市场的完全程度越低（即再偿贷可能性越小），联保农户违约期望收益就越大。当农户策略性违约所得大于履约期望收益时，他会选择与其他成员合谋拖欠贷款，从而引发农户联保贷款集体违约现象。

第四节　基于集体违约风险防控的农户联保贷款创新

由上文分析可知，当联保组员发生集体违约时，联保贷款模式下社会担保取代物质担保的制度优势将不复存在，反而会给放贷机构造成更大损失。据此，本章拟对农户联保贷款模式进行改进，通过引入抵押品形成农户联保抵押创新贷款模式，以借助物质担保手段来弥补原模式下社会担保机制的不足之处。

一、引入抵押品的农户联保贷款模式——农户联保抵押贷款

（一）农户联保抵押贷款模式的含义

所谓农户联保抵押贷款，是指在传统的农户联保贷款模式中引入抵押品的一种创新贷款模式。在农户联保抵押贷款模式下，联保组员为彼此的债务承担连带责任，同时需按照各自借款额占比分别提供一定价值的抵押品，以凭借社会与物质双重担保来向金融机构申请贷款。

作为农户联保贷款的改进模式，农户联保抵押贷款仍需遵循原有的基本信贷原则，如多户联保、责任连带、分期还款等。另外，该创新贷款模式的基本操作流程可表述为：组建联保小组→授信颁证→签订联保协议→贷款申请→抵押评估→贷款审查→签订《借款合同》与《抵押合同》→抵押登记→贷款发放→贷后检查与管理→贷款偿还。

很明显，与传统农户联保贷款模式不同的是，在农户联保抵押贷款业务执行过程中，联保组员需要按照各自借款额在小组总借款额中的占比，分别提供一定价值的抵押品，而且联保小组的全部抵押品价值须达到其总借款额的一定比例，这与原贷款模式下小组互助基金和强制存款等条款的实施原则基本一致。此外，与个人抵押贷款模式相比，放贷机构对农户在联保抵押贷

款模式下的抵押品要求会相对较低，这是因为社会担保在一定程度上扮演了物质担保的角色，因此当借款农户难以提供足够价值的抵押品时，联保抵押贷款模式会是更好的选择。

（二）引入抵押品的基本原理

理论上讲，联保贷款模式借助其独特的社会担保手段，在一定程度上缓解了借款农户因抵押品缺失与信息不对称导致的融资难题。然而，当由于联保组员责任推卸、合谋或集体投资失败等造成社会担保失灵时，联保贷款模式不仅无法有效约束借款农户个人履约行为，而且会因联保小组集体违约给放贷机构带来更大损失。在传统农户联保贷款模式中引入抵押品，可在一定程度上弥补社会担保机制的这一不足之处，该创新贷款模式能够借助社会担保与物质担保双重手段，有效防控联保组员个人与集体违约风险。

事实上，农户联保贷款模式中抵押品的引入，是对联保小组互助基金与活期存款的一种有效替代。在传统农户联保贷款模式下，联保小组须按借款额一定比例设立小组互助基金、存入活期存款，一方面，它作为一项信贷风险控制技术，可通过加大违约经济惩罚有效防控联保组员违约行为，同时也是个别组员违约后的首选代偿手段，更是联保小组集体违约时的主要追偿途径；另一方面，它其实也变相提高了借款农户的贷款利率，这样显然不利于农户融资困境的缓解，农户联保贷款多方共赢的目标也将难以实现。需要指出的是，在 2004 年中国银监会出台的《联保指引》中，联保小组互助基金与活期存款两个条款分别被省略与淡化，在一定程度上改善了联保农户的融资条件，同时也削弱了放贷机构信贷风险的控制力度。基于上述原因，在传统农户联保贷款模式中引入抵押品以取代小组互助基金与活期存款，不仅有利于降低借款农户的融资成本，而且能够保持原本的信贷风险控制机制。

二、关于引入抵押品的现实可行性分析

农户联保抵押贷款模式是否可行，主要取决于借款农户抵押担保能力的大小。接下来，本节将针对近年来我国农村居民的抵押担保能力变化情况展开分析。

(一) 近年来我国农户传统抵押担保能力的变化情况

在我国农村地区，农户拥有的财产主要包括房屋、土地、耐用消费品、金融资产以及生产性固定资产等。其中，对于农户而言，房屋和土地无疑是其最重要的财产。然而长期以来，根据我国《土地管理法》《担保法》和《物权法》等法律的相关规定，我国农村土地属于集体所有，而且考虑到现实中土地与房屋对保障农村居民基本生存的社会意义，农户个人的土地使用权和房产不得进入抵押市场。另外，由于农户收入水平较低，加之存在信贷需求，农户对金融资产的缺失亦是必然。因此，对于我国农村居民而言，其拥有的传统上可用作抵押品的财产主要包括耐用消费品和生产性固定资产两类。

近年来，随着我国农村地区经济状况的不断改善，农户拥有的耐用消费品和生产性固定资产数量都在逐年增加，其传统抵押担保能力也随之提高，具体情况如下：

1. 近年来我国农户耐用消费品拥有数量的变化情况

在我国，农村居民拥有的耐用消费品种类有很多，譬如洗衣机、电冰箱、空调机、抽油烟机、摩托车、移动电话、彩色电视机、照相机等，这些耐用消费品均能够用作抵押品。图 5-2 为自 2000 年以来我国农村地区平均每百户家庭各类耐用消费品拥有数量的变化趋势。

如图 5-2 所示，近年来我国农村居民所拥有的传统上可用作抵押品的耐用消费品数量正逐年递增，其中，部分消费品增长得还很快。例如，在 2000~2012 年间，我国农村地区平均每百户家庭年底拥有移动电话的数量从 4.32 部/百户迅速增长到 197.8 部/百户，年平均增长率约为 373.23%，如今平均每户家庭基本上都拥有两部移动电话。

2. 近年来我国农户生产性固定资产拥有数量的变化情况

我国农村居民拥有的生产性固定资产种类主要包括汽车、大中型拖拉机、小型和手扶拖拉机、机动脱粒机、农用水泵等，这些生产性固定资产均能够用作抵押品。图 5-3 为自 2000 年以来我国农村地区平均每百户家庭各类生产性固定资产拥有数量的变化趋势。

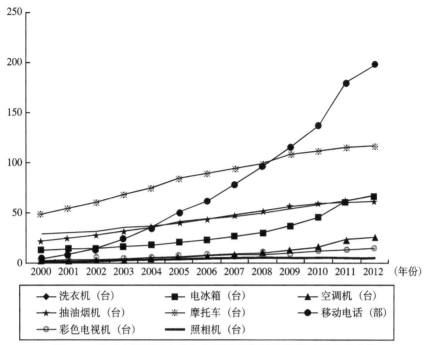

图5-2　我国农村居民家庭年底耐用消费品数量/百户的变化趋势
资料来源:《中国统计年鉴》2001~2013。

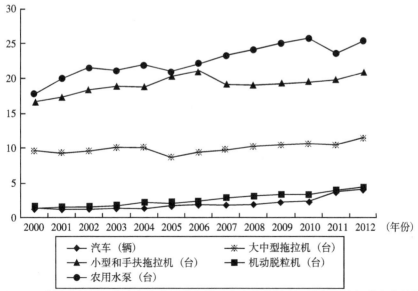

图5-3　我国农村居民家庭年底主要生产性固定资产数量（平均每百户）的变化趋势
资料来源:《中国统计年鉴》（2001~2013）。

如图 5-3 所示，近年来我国农村居民所拥有的可用作抵押品的主要生产性固定资产数量整体上呈现出缓慢增长趋势。例如，2000~2012 年，我国农村地区平均每百户家庭年底拥有农用水泵的数量从 17.73 台/百户增长到 25.46 台/百户，年平均增长率约为 3.63%。

（二）近年来我国农村信贷市场抵押品制度的创新情况

近年来，针对我国农户因抵押品缺失导致的融资困境，以政府为首的社会各界都在不断探索解决途径，其中包括创新农村信贷市场抵押品制度。创新抵押品制度，目的在于丰富农户所拥有的有效抵押品范畴，从而提高其抵押担保能力。当前，我国农村信贷市场稍有成效的抵押创新产品主要包括土地产权抵押和农产品订单质押等。

1. 我国农村土地产权抵押制度的改革

长期以来，由于我国土地公有的特殊国情和相关法律障碍，农村土地产权一直难以用作抵押担保。农户在发展规模农业和扩大生产的过程中，往往因抵押品缺失深陷融资困境，而其拥有的土地、房屋和林权等重要财产却普遍闲置，农户的财产权和收益权并没有得到有效体现。据此，当前我国一些农村地区先后开始推行农村土地产权抵押融资试点工作。

基于农村土地产权抵押融资制度的建立，在确权颁证的前提下，农户可以将农村土地流转经营权、承包经营权和宅基地使用权用作抵押向银行申请贷款。而在该创新抵押融资制度的实际推行过程中，不同地区也形成了各自不同的特色。例如，我国西北地区的宁夏回族自治区平罗县在开展"三权"抵押贷款业务的过程中，允许农户宅基地使用权在其本村集体经济组织内部成员之间通过转让和退回等方式进行流转，同时鼓励农户通过赠与、买卖、租赁、抵押等方式，有效推动农村居民房屋产权的依法流转，以逐步实现城乡房屋同证与同权。又如，我国吉林省积极探索"土地流转收益保证贷款"新模式，农户自愿将其拥有的一定比例土地承包经营权流转给具有农业经营能力的第三方，而第三方再将这部分土地转包给其他农户用以生产经营，并承诺共同偿还借款来向放贷机构申请贷款。事实表明，虽然我国《担保法》和《物权法》等相关现行法律对农村土地用作抵押贷款仍然存有不少限制，但各地区进行的种种探索已产生不同的积极效果，农村土地流转权、经营权和宅基地使用权能够用作抵押物来申请贷款，有助于推动农村土地资源市场化和资本化，缓解长期以来困扰农村地区经济发展的融资难题。

需要指出的是，在农村土地产权抵押融资制度的实际推行过程中，借款农户应该以其拥有的一定比例而非全部土地产权作为抵押，而选择将房屋用作抵押贷款的农户须具备两套以上房屋。这主要是因为：目前我国农村经济并不发达，农村社会保障体系也尚不完善，土地和房屋仍然是农户最后的退路与归宿，因此，为了防范农户失地、失房风险，维护社会稳定，借款农户必须保证在将土地、房屋用作抵押后仍保留部分土地产权以及适当居住场所。此外，政府应尽快修改与完善我国《担保法》《物权法》《土地管理法》等法律中的相关限制性规定，在稳定农村土地承包关系、坚持耕地保护制度等前提下，积极探索土地三权分置的有效形式，研究土地产权抵押的具体实施细则，以顺利推进农村土地产权抵押制度的改革工作。

2. 农产品订单质押的推行

所谓农产品订单质押贷款，是指农户以其与主要从事农产品经营的企业签订的农产品订单的收款权作质押担保，按照订单合同金额的一定比例向金融机构申请的贷款。农产品订单质押贷款的推行，主要是为了解决从事设施蔬菜生产、果品种植以及畜禽规模养殖等行业的家庭农场与种养大户等规模化发展的大额资金需求。

在农产品订单质押贷款业务开展过程中，放贷金融机构、借款农户以及合作企业需签订三方协议，通过《订单农业生产收购合同》《金融合作协议》《订单农业贷款四方协议》《贷款合同》《订单农业贷款反担保双方协议》等信用文件对相关条款进行约定。其中，贷款年限根据标的农产品的生产周期设定，贷款利率按照政策性贷款给予最大优惠，在政府设立担保基金以及合作企业提供信用担保的前提下，农村金融机构向订单农业范围内的种养大户、家庭农场等经营者提供产业发展所需资金。此外，为有效控制风险，借款农户与合作企业在放贷机构开设固定结算账户，通过在该账户进行贷款的发放与回收、各项补贴与补助资金的结算，以实现封闭运营，放贷机构可随时监管贷款的使用情况，合作企业购买农产品所支付的款项将直接扣除用作还贷。

三、创新贷款模式下集体违约风险的防控机制分析

在农户联保贷款模式中引入抵押品，是为了借助物质担保手段来有效防控社会担保失效下的集体违约风险。接下来，将延续前文中关于农户联保贷款集体违约风险生成机制的基本分析框架，对该创新贷款模式下集体违约风险的防控机制进行简要阐述。

（一）抵押品对于联保农户个人策略性违约行为的影响

根据前面对联保小组内部成员之间的博弈分析可知，即使联保农户有能力偿还贷款，他也仍有可能选择完全违约，而在传统联保贷款模式中引入抵押品，可在一定程度上抑制农户的这种策略性违约行为。这里，我们只对五位农户获得一般性成功的产出为 $\frac{5}{4}(1+i) \leqslant R_1$，$R_2$，$R_3$，$R_4$，$R_5 < \frac{5}{3}(1+i)$ 这一情况进行分析，其他产出情况的分析过程与此基本相似。考虑到五位农户借款额均为 1 个单位，设定各农户提供的抵押品价值均为 C。

我们从其中一人 M_1 违约的情形出发来讨论。当 M_1 违约时，由于收入水平的限制，只有其他四人 M_2、M_3、M_4 和 M_5 都不违约，联保小组的所有债务才可能被清偿；否则，M_2、M_3、M_4 和 M_5 中任一人违约都会导致其他三人不得不违约。以 M_2 为例，当 M_2、M_3、M_4 和 M_5 都不违约时，M_2 的期望收益为：

$$EU_2 = R_2 - \frac{5}{4}(1+i) + \frac{1}{4}P_0(1+i) \tag{5-29}$$

当 M_2 违约时，会导致 M_3、M_4 和 M_5 一同违约，根据第三节的分析同理可知 M_2、M_3、M_4 和 M_5 会选择完全违约，此时 M_2 的期望收益为：

$$EU_2'' = R_2 - P_0(1+i) - C - V_2 \tag{5-30}$$

M_2 履约与否的期望收益差为：

$$EU_2 - EU_2'' = C + V_2 - \frac{5}{4}(1-P_0)(1+i) \tag{5-31}$$

由式（5-30）可知，M_2 的选择取决于 C、V_2 和 P_0 的大小。若 M_2 提供的抵押品价值 C 足够大，对未来再贷款价值 V_1 的评价很高，或者当地信贷市场

完全情况较为理想（P_0 较大），使得 $EU_2 - EU_2'' \geqslant 0$ 成立，理性的 M_2 会选择履约还款；否则，即使 M_2 有能力偿还债务，也会选择完全违约。对于 M_3、M_4 和 M_5 而言亦是如此。

当 M_2、M_3、M_4 和 M_5 都不违约时，M_1 选择不违约的期望收益为：

$$EU_1 = R_1 - (1 + i) \tag{5-32}$$

当 M_2、M_3、M_4 和 M_5 都不违约时，M_1 选择违约的期望收益为：

$$EU_1'' = R_1 - P_0(1 + i) - C - S_1 \tag{5-33}$$

那么，M_1 履约与否的期望收益差为：

$$EU_1 - EU_1'' = C + S_1 - (1 - P_0)(1 + i) \tag{5-34}$$

由式（5-34）可知，M_1 的选择取决于 C、S_1 和 P_0 的大小。如果 M_1 提供的抵押品价值 C 足够大，社会约束对 M_1 产生的负效用（$-S_1$）较大，或者当地信贷市场完全情况较为理想（P_0 较大），使得 $EU_1 - EU_1'' \geqslant 0$ 成立，M_1 会选择履约还款；否则，M_1 会因"搭便车"动机而选择策略性违约。

由上述分析可知，在农户联保贷款模式中引入抵押品，加大了联保农户的违约惩罚，农户选择策略性违约的期望收益也随之减小，当农户违约所得小于履约期望收益时，联保农户将选择履约还款。因此，抵押品能够在一定程度上抑制联保农户个人策略性违约行为，进而对联保贷款集体违约风险起到防控作用。

（二）抵押品对于合谋组员投资决策的影响

当联保组员合谋时，抵押品可以有效约束其高风险投资行为。接下来，我们将在前面联保小组与放贷机构之间的博弈模型基础上，具体分析抵押品对于合谋组员投资决策的影响机制。设定联保小组提供的抵押品总价值为 M。

根据前面的博弈模型可知，联保小组选择向金融机构申请贷款的边界条件为：

$$Y = PD(r - 1 - i) - (1 - P)[P_0 D(1 + i) + (1 - P_0)M + V] = 0 \tag{5-35}$$

另外，由假设条件可知，联保小组所有可选项目的期望产出为定值 R，即：

$$R = PDr \tag{5-36}$$

联立式（5-35）和式（5-36），可得方程组：

$$\begin{cases} Y = PD(r-1-i) - (1-P)[P_0 D(1+i) + (1-P_0)M + V] = 0 \\ R = PDr \end{cases} \tag{5-37}$$

解方程组（5-37），可得：

$$\begin{cases} P^* = \dfrac{R - [P_0 D(1+i) + (1-P_0)M + V]}{(1-P_0)[D(1+i) - M] - V} \\ r^* = \dfrac{R(1-P_0)[D(1+i) - M] - VR}{RD - D[P_0 D(1+i) + (1-P_0)M + V]} \end{cases} \tag{5-38}$$

即只有当投资成功时的产出率 $r \geqslant r^*$ 时，联保小组才会选择向金融机构申请贷款，而此时项目投资的成功概率 $P \leqslant P^*$。对于 $[0, P^*]$ 区间上的概率平均值 $\bar{P}$，我们仍然有：

$$\bar{P} = \frac{\displaystyle\int_0^{P^*} Pf(P)\,dP}{\displaystyle\int_0^{P^*} f(P)\,dP} = \frac{\displaystyle\int_0^{P^*} Pf(P)\,dP}{F(P^*)} \tag{5-39}$$

考虑到 $P^* = \dfrac{R - [P_0 D(1+i) + (1-P_0)M + V]}{(1-P_0)[D(1+i) - M] - V}$，则联保小组所有可选项目的平均成功概率 $\bar{P}$ 不仅是其未来再贷款价值 V 和再偿贷可能性 P_0 的多元函数，而且还是抵押品价值 M 的函数。

通过论证可知，在农户联保贷款模式中引入抵押品 M 后，$\bar{P}$ 依旧与 V 和 P_0 均呈正相关关系。接下来，我们来分析抵押品 M 对联保小组投资项目的平均成功概率 $\bar{P}$ 的作用机制。对 $\bar{P}$ 关于 M 求偏导，可得：

$$\frac{\partial \bar{P}}{\partial M} = \frac{f(P^*)}{F^2(P^*)} \cdot \frac{(1-P_0)[R - D(1+i)]}{\{(1-P_0)[D(1+i) - M] - V\}^2} \left[P^* F(P^*) - \int_0^{P^*} Pf(P)\,dP \right] \tag{5-40}$$

由于 $\displaystyle\int_0^{P^*} Pf(P)\,dP < P^* F(P^*)$，且 $R > D(1+i)$，可得 $\dfrac{\partial \bar{P}}{\partial M} > 0$，即联保小组所有可选投资项目的平均成功概率 $\bar{P}$ 与其提供的抵押品价值 M 亦呈正相关。

对于上述论证结果，究其原因，联保组员提供的抵押品价值越大，其因投资失败所受到的经济惩罚越大，这会促使其谨慎开展投资活动，不会轻易将所贷资金投在高风险、高收益的生产项目上，从而提高联保小组投资活动的平均成功概率。据此，农户联保贷款模式中抵押品的引入，能够在一定程度上防控因合谋组员进行高风险投资失败所导致的集体违约风险。

（三）抵押品对于联保组员合谋拒不还贷行为的影响

在农户联保贷款模式中引入抵押品，能够通过加大违约经济惩罚，来抑制联保组员合谋拒不还贷行为的发生。接下来将分联保组员合谋贷前骗贷与贷后恶意拖欠两种情形，探讨抵押品的这种作用机制。

（1）联保组员贷前合谋骗贷情形。联保组员合谋骗取贷款后，拒不还款的期望收益为：

$$EU'' = Dr - M - V \tag{5-41}$$

由式（5-41）可知，农户联保贷款模式中抵押品 M 的引入，降低了联保组员违约期望收益 EU''，其违约动力也随之减小，从而可在一定程度上抑制联保组员贷前合谋骗贷行为的发生。

（2）联保组员贷后合谋恶意拖欠贷款的情形。结合前文博弈分析同理可知，联保农户在贷后是否会与其他组员合谋拖欠贷款，主要取决于抵押品价值 C、未来再贷款价值 V 以及再偿贷可能性 P_0 的大小。在农户联保贷款模式中引入抵押品 M，加大了联保农户违约经济惩罚，从而提高了农户违约所得小于履约期望收益的可能性，农户在贷后选择与其他组员合谋拖欠贷款的风险也随之下降。

第五节　农户联保贷款集体违约风险防控的对策建议

农户联保贷款集体违约风险能够实现有效防范，需要村镇银行与地方政府部门的共同努力。基于前文分析，下面将从多个角度探讨防控农户联保贷款集体违约风险的办法与措施。

一、村镇银行防控集体违约风险的操作性建议

作为农户联保贷款集体违约风险的唯一承担者，村镇银行应积极探索有效防范措施，否则，放贷机构将因联保农户集体违约行为遭受极大损失。对此，本书提出以下可操作性建议。

（一）合理设定组员人数，抑制农户合谋行为

事实表明，农户联保贷款模式对组员合谋行为缺乏约束力，当联保农户合谋进行高风险投资或者拒不还贷时，放贷机构将面临严重的联保贷款集体违约风险。对于村镇银行而言，可以通过合理设定联保小组成员人数有效抑制联保组员合谋行为。

在农户联保贷款业务开展过程中，一方面，如果联保小组的成员人数过少，各组员关于投资决策或还款行为的意见极易达成一致，导致联保组员合谋风险较大，所以村镇银行应适当增加联保组员人数，以提高组员合谋难度的方式来防范此类风险；另一方面，如果放贷机构要求的联保小组成员人数过高，将不利于联保小组顺利组建，甚至会引发部分组员"搭便车"的不良行为。因此，村镇银行对联保组员人数的设定不应过少也不宜过多，结合相关条例规定和实践情况，本书建议农户联保小组的成员规模以3~5户为宜，具体人数可根据贷前资格审核结果来确定，即：根据放贷机构对联保农户的贷前调查结果，如果农户历史信用良好、致富与还款能力较强，可适当调低联保组员人数，譬如3家农户即可组建成一个联保小组；而如果农户以往信贷行为表现较差或者缺乏良好的投资机会，反映出联保农户贷款违约风险较高，那么联保小组成员规模应设定为5户，以有效抑制联保农户的合谋行为。

（二）建立风险分担机制，提高信贷管理力度

在我国，农村金融机构在拟定农户联保贷款合约条款时，往往会要求联保小组对其组员的贷款承担全部代偿责任，放贷机构也因此放松对联保贷款的管理工作，这无疑是给社会担保机制失效下的集体违约现象的发生创造了机会。因此，村镇银行应建立合理的风险分担机制，以促使其有效提高农户联保贷款的管理力度。

在实际操作过程中，放贷机构可设定自身承担 α 比例的信贷风险，剩下 $(1-\alpha)$ 比例的联保农户违约风险由其所在联保小组承担。换言之，一旦联保小组某位成员未能按时履约，其他成员须替其偿还 $(1-\alpha)$ 比例的到期债务，而放贷机构保留 α 比例的经济损失。另外，需要指出的是，放贷机构需根据具体情况合理确定风险分担比例 α 的取值。一方面，如果 α 值过小，即放贷机构承担的联保农户违约风险较小，将不利于放贷机构提高对联保贷款进行有效管理的积极性；另一方面，如果 α 值过大，联保小组替内部违约成员承担的代偿责任也就较小，成员之间对彼此贷后情况进行监督的动力会随之下降，因而联保贷款横向监督机制将不能有效发挥作用。

放贷机构提高信贷管理力度，最重要的是需培养与提高信贷人员的专业能力与素养，这是因为放贷机构信贷人员是联保贷款业务的直接操作者，因而在一定程度上决定了该业务的成败。放贷机构可通过引进高等院校优秀贫困人才、加强信贷人员职业道德教育与业务操作培训、实施严格的绩效考核制度等方式，来督促信贷人员严格按照业务流程合规操作，做到贷前审查严格准确、贷后管理有效到位。

（三）经营环境恶化情形下，放宽农户还贷标准

事实上，联保小组内部成员基本上来自同村或邻村，因同地域农业产业结构较为单一，联保农户的投资生产活动高度趋同。一旦相关农业产品市场行情突现低迷或者暴发自然灾害与病情瘟疫，联保小组所有成员的还贷能力会同时大幅度下降。此时，如果放贷机构仍强制要求联保农户按时履约还款，极有可能引起其逆反心理而促成集体违约现象的发生。据此，当经营环境恶化时，放贷机构应适当放宽联保小组的还贷标准，以尽可能保证联保贷款被足额清偿。

具体来讲，放贷机构应清楚了解联保小组的投资生产项目，当行业不景气或暴发自然灾害、病情瘟疫时，放贷机构需密切关注各组员农业生产活动因此所受到的不利影响程度，并根据具体受损情况适当降低组员分期还款额度或延长还款期限，以避免联保农户因难以承受较高还款压力而滋生集体违约心理。此外，如果联保小组农业生产活动受经营环境恶化的不利影响较大，

以致无力还本付息，放贷机构可考虑及时接管该投资生产项目，从而将农户联保贷款集体违约损失降至最低。

（四）推行交叉联保，避免经营风险集中

如前文所述，同一联保小组成员因受同地域限制，其可选投资生产项目种类有限，因而导致联保农户从事的农业产业活动比较单一，以致联保贷款风险高度集中，一旦暴发自然灾害、病情瘟疫或市场行情突变，将使得整个联保贷款遭受严重损失。对此，村镇银行可推行农户交叉联保贷款业务，以有效解决由同地域与同行业导致的联保贷款系统性风险问题。

所谓农户交叉联保贷款，是指不同行业的农户自愿组建成联保小组，以对彼此承担连带责任的方式向金融机构申请的贷款。在农村地区，不同行业的不同产品受自然或市场因素的影响程度也不一样，金融机构推行交叉联保，可以借助联保农户投资致富能力的互补机制，有效防范联保小组信贷风险。例如，农作物种植业对气候变化比较敏感，而农副产品加工行业受当地气候变化的影响较小，从事这两类行业的农户可组建成联保小组，以规避因气候因素导致的联保贷款集体违约风险；又如，鸡、鸭、猪等养殖业极易因病情瘟疫的蔓延遭受惨重损失，而农作物种植业、农副产品加工业基本不受病情瘟疫影响，分别从事这些行业的农户可以联保在一起，以有效防范由病情瘟疫引起的联保贷款系统性风险；再如，考虑到大部分果树比较耐寒，而粮食作物的耐寒能力较为薄弱，从事不同种植业的农户可以联保，同理，不同行业的养殖户也可进行联保贷款。值得指出的是，推行农户交叉联保贷款，在避免自然灾害、病情瘟疫造成集体受损的同时，可有效防范因联保农户相似农业产品市场行情突变导致的集体违约风险。

然而事实上，由于受同地域客观环境与主观习俗等的影响，农户可从事的产业活动比较单一，因此，农户交叉联保贷款在实际推行过程中会遇到一些阻碍。对此，村镇银行可采取适当的激励机制，譬如降低贷款利率、提高贷款额度或延长还款期限等，以有效提高借款农户进行交叉联保的积极性。

二、政府支持集体违约风险防控的政策性建议

为协助村镇银行有效防范联保贷款集体违约风险，地方政府部门可从以下几个方面着手，为农户联保贷款业务的顺利开展创造良好的外部环境。

（一）加强道德与法制教育，营造良好信用环境

当前，我国农村地区信用环境比较脆弱，农户诚信和法律意识普遍薄弱，这是农户联保贷款集体违约现象发生的根本原因之一。据此，地方政府部门应加强农村地区的道德与法制教育，培养借款农户诚实守信的行为习惯，为当地营造良好的信用环境。

具体而言，地方政府相关部门可以从以下几个方面展开工作：首先，在农村地区开展道德宣传活动，譬如借助电台、报纸、电视台等新闻媒介大力引导，定期举办相关讲座，选取典型案例进行示范教育，推行适当的奖励惩罚机制，褒奖道德模范，对行为不检者给予通报批评，以督促当地农户诚实守信、遵纪守法；其次，推进法制宣传教育工作，如制作并传阅相关法律知识要点，使农户充分认识贷款合约的法律效力，抑制联保农户恶意骗贷、随意改变资金用途以及逃避与推卸代偿责任等违约行为，同时有助于杜绝农户被借用、骗用身份证套取银行贷款等现象的发生；最后，提高相关法律的执行力度，面对借款农户故意拖欠、恶意骗贷等无赖行为可强制要求其履约还款，并对其进行批评教育，情节严重时可依法追究相关民事责任。

当农户道德水平有所提高时，农村信用环境得到改善，少数农户的违约行为受到多数履约者惩罚的可能性会随之提高，违约农户也会更加顾忌他人的排挤与嘲讽，因而社会约束将发挥其威慑作用，有效抑制借款农户策略性违约行为。另外，受制于贷款合约法律效力、个人道德以及社会压力的约束，违约农户再偿还贷款的可能性也会有所提高，这将在一定程度上影响借款农户的高风险投资决策以及策略性违约行为，进而降低农户联保贷款集体违约风险。

（二）推进征信体系建设，实现个人信用信息共享

在信贷业务的实际开展过程中，借款农户个人历史信用信息是银行贷款

决策的主要依据之一。如果农户以往的信用记录达不到银行的放贷标准，将极有可能被拒之门外；而若农户以往的信用记录良好，即使他无法提供具有足够价值的抵押品，银行也可能会接受其贷款申请。然而在现实中，我国农村地区普遍尚未建立完善的信用管理体系，借款农户的历史信用数据严重缺失，从而加大了银行对借款农户的信用等级评价的难度。另外，由于关系照顾评级、信用数据虚报以及复审程序不到位等现象难以有效控制，银行对借款农户信用评估的准确度往往较低，这无疑是给联保农户个人策略性违约以及小组合谋行为的发生创造了机会。因此，我国农村地区应加快推进征信体系建设，实现借款农户个人信用信息的公开与透明化。

推进农村征信体系建设，主要是为了促进借款农户个人累积信用记录，信用征信机构需采集分散在各金融机构等相关方面的借款农户信息，并对其进行加工、储存以及形成信用信息数据库。在实际操作过程中，金融机构分别将各自借款客户的信贷行为如实录入到征信系统中，然后将客户个人信用数据在彼此间联网运行以实现共享，金融机构通过查询该数据库即可了解农户的信用状况，从而有效进行信贷决策。一旦农户在某银行欠钱未还，不仅会受到该银行未来再贷款限制，在其他金融机构也将难以再借到钱。

当我国农村地区建立起完备的征信体系，农户个人信用信息实现共享，金融机构对农户联保小组信用等级的评估准确度也会随之提高，有助于甄别并拒绝信用水平不达标的联保小组，从而有效防范联保贷款集体违约风险。

（三）完善农村产权交易市场，促进农户联保抵押贷款业务推广

近年来，我国农户抵押担保能力不断提高，使得农户联保抵押创新贷款模式具有一定的现实可行性。然而，由于我国农村地区产权交易市场并不完善，农户抵押物的准确估值与及时变现均难以实现，这在一定程度上阻碍了农户联保抵押贷款模式的推广。对此，政府应积极发展当地农村产权交易市场，以支持村镇银行顺利开展农户联保抵押贷款业务。

农村产权交易市场主要在信息发布、咨询、价格发现、交易撮合、交易鉴证以及纠纷调处等方面为农户产权交易活动提供服务平台。为发展与完善农村产权交易市场，政府应加强指导与监管，在市场上设立土地、房管、工

商代理登记、产权交易中介、资产评估、会计等机构，建立产权流转、风险防范以及纠纷调处等相关制度，严格规范农户产权交易行为。此外，针对近年来我国农村土地产权抵押制度的深入改革，地方政府应尤其关注农户土地产权交易活动的进行，严格执行土地使用权、房屋和林权等产权的确权、登记、颁证与仲裁等流程。

有了农村产权交易市场良好的外部条件，村镇银行在联保农户集体违约后能够及时将抵押物按合理价格进行变现，从而提高农户联保抵押贷款模式的现实可行性。

（四）加快农村金融生态系统建设，提高相关政策支持力度

为有效防控农户联保贷款集体违约风险，地方政府应加快当地农村金融生态系统建设，以为放贷机构寻求外部支援。如前文所述，由于受同地域客观环境与主观习俗等影响，同一联保小组成员从事的农业产业活动往往高度趋同，使得联保农户经营风险较为集中。对此，地方政府可借助财政贴息等手段大力推动当地农业保险行业发展，积极推行农户联保贷款保险制度，通过将农户联保贷款与保险有机结合有效应对自然灾害、病情瘟疫等农业风险。此外，政府需引导建立农村小额贷款担保公司等金融中介机构，用以充当金融机构开展联保贷款业务的润滑剂。

同时，为促使放贷机构积极应对农户联保贷款集体违约现象，地方政府应给予相关政策支持。例如，政府可尝试建立贷款风险补偿机制，抽取部分财力来成立农户联保贷款损失基金，当村镇银行因联保农户集体违约而遭受严重亏损时，政府可动用该基金帮助其渡过难关。另外，也可考虑给予放贷机构一定的财政补贴，用以减轻其经营压力。

有了健全的农村金融生态系统以及政府政策的大力支持，放贷机构可有效控制由联保农户集体违约行为造成的经济损失，有助于破解制约联保贷款模式顺利推行的不利因素，从而提高村镇银行开展农户联保贷款业务的积极性。

第六章
村镇银行信用风险内部控制创新

第一节　村镇银行内部控制现状

一、村镇银行内部控制的理论依据

（一）内部控制理论概述

内部控制是指企业在经营过程中为了保证财务报告的真实可靠性、经营效率和经营效果，经营行为符合相关法律法规和公司内部章程，由公司经营管理层及其他相关人员共同设计并执行的政策程序，是依靠企业内部相互制约相互联系而形成的一套具有控制效果的措施，其基本要素主要包括控制环境、风险评估过程、信息与沟通、控制活动、控制监督。

内部控制的产生与发展可以分为五个阶段：

第一阶段，20 世纪 40 年代以前，内部牵制阶段。内部牵制是通过一种组织上的责任分工或者业务上的交叉检查控制，形成一个相互牵制的机制。要求某位员工的业务必须与其他员工的业务相互弥补，从而起到相互牵制监督的效果。长期以来，人们对内部牵制这一概念并无根本异议，在现代内部控制理论中，内部牵制一直占据着相当重要的位置。

第二阶段，20 世纪 40~70 年代，内部控制制度阶段。20 世纪 40 年代后，在内部牵制的基础上，结合古典管理理论产生了内部控制制度。内部控制制度将内部控制分为了内部管理控制和会计控制两大类。在1949年美国审计委员会发布的《内部控制、协调系统诸要素及其对管理部门和注册会计师的必要性》中第一次对内部控制作出了明确定义，指出内部控制是企业制定的一系列组织计划和配套的方法措施，其目的在于保护企业资产，同时确保企业会计资料的可靠性与准确性，提升企业的经营效率，继而推动管理部门的各项政策规定能顺利得到贯彻与实施。

第三阶段，20世纪80~90年代，内部控制结构阶段。20世纪80年代美国AICPA协会在其发布的《审计准则公告第55号》中从企业整体角度出发提出"内部控制结构"，不再人为将内部管理控制与会计控制分裂出来，该公告指出内部控制结构主要分控制环境、会计系统及控制程序三部分，首次将控制环境划入内部控制的范畴中。控制环境指企业所有成员对于内部控制的态度情绪以及行为。

第四阶段，20世纪90年代，内部控制整合框架理论。进入20世纪90年代后，经济形势日趋复杂，美国COSO委员会为此在1992年提出了以风险管理为导向的《内部控制整体框架》报告，并在1994年对其进行增补，这是内部控制的又一里程碑。此报告明确提出内部控制的根本目的在于防范企业风险，是为实现此目标提供合理保证而设计的过程，目标包括提供可靠的财务报告，保证遵循法律法规以及提高企业的经营效率，在内部控制的整体框架中，主要包括"控制环境""风险评估""控制活动""信息与沟通"以及"监督体系"五大要素，此报告对于我国会计理论实务以及管理等都有极其重要的借鉴意义。

第五阶段，21世纪初，企业风险管理整合框架。随着安然等公司会计丑闻的爆发，原有的内控准则已经不能应对企业存在的问题，COSO委员会2004年在原报告的基础上增加了"风险组合观"，并在原有五要素之上增加了"目标制定""事项识别"和"风险反应"三要素。风险管理框架是对内部控制框架的补充延伸，相较之前更加完善。

（二）我国与村镇银行相关的内部控制法律法规

村镇银行属于新型农村金融机构之一，其设立及相关经营活动需遵守中国银监会颁布的相关文件。近年来，中国银行业监督管理委员会就村镇银行等新型农村金融机构的设立与运营管理发布了多个文件，对村镇银行内部控制做出了相关要求。

2006 年 12 月，中国银行业监督管理委员会发布《关于调整放宽农村地区银行业金融机构准入政策更好支持社会主义新农村建设的若干意见》（银监发〔2006〕90 号）及一系列文件，放宽了农村银行业金融机构准入条件，鼓励设立农村新型金融机构，促进村镇银行健康有序发展。

中国银行业监督管理委员会发布《村镇银行管理暂行规定》（银监发〔2007〕5 号），规定：对村镇银行的机构设置、公司治理结构、董事及高级管理人员的任职资格等内容做出规定，并强调内部控制应严格满足审慎监管要求；村镇银行开展业务，依法接受银行业监督管理机构监督管理；银行业监督管理机构根据村镇银行业务发展和当地客户的金融服务需求，结合非现场监管及现场检查结果，依法审批村镇银行的业务范围和新增业务种类，依据国家有关法律、行政法规，制定村镇银行的审慎经营规则，并对村镇银行风险管理、内部控制、资本充足率、资产质量、资产损失准备充足率、风险集中、关联交易等方面实施持续、动态监管，按照《商业银行监管内部评级指引》的有关规定，制定针对村镇银行的评级办法，并根据监管评级结果，实施差别监管。

2007 年 5 月，中国银行业监督管理委员会发布《关于加强村镇银行监管的意见》，要求村镇银行要以《商业银行内部控制指引》为参考，并学习借鉴持股银行的内部控制制度，建立起与自身特点规模相匹配相适应的内部控制制度。村镇银行的重中之重在于风险管理，其内部控制制度要覆盖全行全部业务、岗位以及人员，要明确主要业务的经营流程规范，要充分实现内控机构的价值与作用，并定期对内控制度进行检测与评估，提升内控质量与水平。村镇银行要建立与自身管理相适应，与"三农"特点和小微企业相匹配的信贷管理制度，防止信贷集中风险，坚决按照规定限额放贷，并遵守贷款投放的其他相关要求。

《村镇银行管理暂行规定》中明确指出村镇银行应当建立一套完整健全的内部控制以及审计机制，以此提高风险识别能力，提升抗风险能力，要对内控执行情况定期检查、评价，对薄弱环节及时纠正完善，确保村镇银行依法合规经营。

在《关于村镇银行、贷款公司、农村资金互助社、小额贷款公司有关政策的通知》中指出四类农村金融机构要制定完善有效的规章制度，积极提升公司治理水平完善公司治理结构，加强自身内部控制的风险管理，在此基础上，结合自身以及当地实际情况，努力为"三农"经济提供低成本、便捷实惠的金融服务。

除了应按照中国银监会颁布的上述法律法规完善内控制度外，村镇银行作为银行业金融机构还应按照《商业银行法》《银行业监督管理办法》等法律法规的要求来完善自己。

从上述法律法规中可以看出监管机构对于村镇银行内部控制十分重视，政策法规中屡屡强调村镇银行应建立健全内部控制制度，但也可看出监管机构并没有对村镇银行的内部控制制度做出详细规定，更多的是让其参照发起行的内控制度，并结合自身所处环境自行设计，这使得国内各地区村镇银行内控制度发展不均衡，大多存在不完善不规范的现象，为信用风险的产生埋下隐患。

二、我国村镇银行的内部控制实施现状

（一）内部控制环境分析

内部控制环境为内控体系的运行提供土壤和养分，影响了其他要素作用的发挥，包括组织架构、人力资源政策、社会责任和企业文化等。我国村镇银行的内部控制环境仍存在一些问题。

在组织架构方面，尽管大部分村镇银行已经建立了"三会一层"架构，但很多机构法人运作不规范。由于我国村镇银行的组建遵循主发起行制度，现有的村镇银行基本都是发起行绝对控股，所占股份至少达到51%，部分甚

至是 100%，这种情况下，村镇银行的管理层基本上由主发起行任命，实际上形成了内部人控制，不利于公司治理以及管理者之间的相互制衡，也容易忽视中小投资者的利益诉求，造成信息披露不足、投票形式化等问题。虽然有些村镇银行设有风险管理岗位，但没有起到切实有效的作用，还有部分村镇银行对此并不重视。另外，还有部分机构在内部管理与制度上存在一些问题，使得岗位监督存在漏洞，造成不良双升。

在人力资源方面，村镇银行的管理层大多直接从主发起行调拨而来，没有经过针对农村地区金融的专业化培训，对相关事务了解不全面，在摸索中经营，缺乏对风险的防范意识，普遍存在重业务轻管理的现象。且村镇银行的部分员工学历相对较低，风险防控意识弱，一些信贷人员对政策法规、信贷流程不熟悉，容易出现人为错误。董事长由发起行直接任命，董事会、监事会例会没有达到章程规定次数的现象较为普遍。

（二）风险评估分析

村镇银行面临的最主要的业务风险来自信用风险，现代商业银行倡导建立以风险为导向的内部控制体系，不少商业银行引进了一些先进的风险管理工具，包括世界银行流程再造与推广、风险过滤法、五级分类标准、信用风险内部评级制度等。监管机构要求村镇银行参照其主发起行或者其他商业银行的内控制度进行自我完善，然而村镇银行面对的客户主要是农户和涉农小微企业，由于征信系统的不完善以及农民的流动性加大等特点，并没有形成一个完善的信用风险内部评级体系，也没有形成一个通用的信用风险等级划分标准，而商业银行的信用评级体系也不能简单照搬。

金融机构和农户之间存在着较大的信息不对称，农户的资信能力更多基于地缘和人缘关系，是通过口碑效应形成的，随着农民外出打工流动性的加强，口碑评价的作用逐渐减弱，信用评价难度大；涉农小微企业往往会计核算不规范，信贷资料短缺，使得村镇银行在对其进行信用评价上存在很大困难。

由于村镇银行处于起步阶段，对于管理层来说，容易出现因盲目追求业务发展而重营销轻管理的理念偏差；对于员工来说，原本村镇银行的内控制度就不完善，再加上部分工作人员初入银行系统，未完全建立合规意识和风险意识，村镇银行虽然在信贷上要求做到"三查"，但由于人手不足和追逐利益，往往重贷轻管，留下风险隐患。

（三）控制活动现状

虽然各村镇银行的自身管理规范中都有提到对其业务控制的相关规定，但在实际实施过程中存在不少问题。例如，有些村镇银行的信贷管理制度，明确规定了授信调查、审查、审批、管理的标准化流程，并且对其中每个环节职责内容和责任主体都有明确规定，建立起了授信尽职评价细则，落实了风险管理的责任，但在实施过程中，由于村镇银行本身人手不足，调查不充分，审批分析不准确，贷款后疏于贷款跟踪，以及村镇银行人员间相互熟悉，易出现因朋友关系导致风险意识降低造成不合规的现象，此类问题共同导致了村镇银行内部控制的尴尬局面。

内部控制不能有效实施的例子比比皆是，长兴联合村镇银行在发放贷款时缺乏对贷款资金用途的深入调查，对担保人的担保能力了解不充分，同时也存在贷时审查不充分的情况。安塞村镇银行在 2013 年初为砖窑湾镇贾居村 37 户村民发放大棚菜贷款 177 万元，这笔贷款是在镇政府统一安排下由镇政府出面发放的，安塞村镇银行并没有进行贷款"三查"工作，最后由于镇政府和村民认识上的分歧使得贷款全部进入逾期，全行不良贷款大幅增加，加剧了该行经营困难。上述现象在全国范围内的村镇银行中都有出现，并非个例。

（四）信息与沟通情况分析

银行业金融机构普遍应用 IT 系统处理和传递信息。IT 系统能够帮助企业更好地识别并控制风险，促进部门间分工协作。虽然村镇银行的业务取得一定成效，但支持业务运转的信息化建设仍然比较滞后，村镇银行应加强 IT 系统的投入。村镇银行由于存在规模小、制度意识不足和缺少相适应的管理细则等缺陷，大多采用其发起行的信息化制度，或直接移植其他村镇银行的信息管理制度，但普遍存在与自身发展不相适应的现象。

目前村镇银行的 IT 系统设立有四种模式：一是分行模式，即村镇银行使用发起已有的 IT 系统，这种方式成本低，不需要机房和主机设备投入，但村镇银行作为一级法人在管理体制上和发起行的分支行并不相同，这样一来很难被监管机构认可，而且实施也愈加困难；二是复制模式，即复制发起行已有的 IT 系统使用，并可选择在发起行机房进行维护或自建机房，目前不少村镇银行采用此方式，但长远来看这种方式负担很重，因为复制的发起行系统配置要求高、系统复杂，且要向厂商支付软件许可费等，系统上线后还需支付维保服务费，若增加新业务还需支付相应的开发费用；三是自建模式，即村镇银行结合自身可承受成本购买简单的非主流核心系统，并自建机房进行运营维护，该方式一次性投入较少，但无法保证后期维护和升级，会制约村镇银行的发展；四是外包模式，即从咨询、实施到维护全部交给专业公司负责，分段逐步投入，采用"按需付费，不用不付费"的收费模式，有利于村镇银行有效控制成本。

（五）内部监督分析

村镇银行的内部监督体系主要包括董事会监督、内部审计的监督以及银行内部各部分各条线的互相监督和自身监督。董事会主要对高级管理层的经营工作进行监督，内部审计部门主要对银行各项业务是否合规进行监督，风险管理部门制定风险管理、信贷管理制度并负责全面的风险管理、审核及评价工作。

现阶段，由于村镇银行规模较小，组织架构并不完善，一些较为健全的村镇银行在管理层之下设立了内审部、风险管理部、业务管理部等，但大多数村镇银行并没有建立风险或内审部门，有些也只是流于形式，在重业务轻管理的思想下并没有起到实质性的作用。

内部监督的失效直接影响到内部控制的有效性，2012 年中银富登村镇银行某行长诈骗逃逸金额巨大，也是村镇银行范围内首例因内部控制失效而造成的重大案件，引起了广泛关注，该行长利用村镇银行为民间借贷提供担保，并以高息借款等方式筹集资金，还涉嫌伪造理财产品进行合同诈骗。如果有良好的内部监督机制作为内部控制的第二道防线，则完全可避免此类问题的产生。

三、村镇银行面临的信息不对称与内部控制

非对称信息是信息经济学的既定条件之一，也是信息经济学的主要核心内容，在市场经济活动中，每个人所掌握的信息量的大小是有差异的，掌握信息量大的一方比信息量小的一方处于相对有利的地位，与商业银行相比，村镇银行由于其所处的特殊农村金融环境，面临的信息不对称更加明显。这种由信息不对称滋生的逆向选择和道德风险是随时可能发生的，由此增大了信用风险产生的概率。

企业是由一系列契约缔结而成的，但现实中的契约是不完全的，在有限理性和信息不对称的限制下，契约签订前后双方的预期都有可能和实际不相同。完善的内部控制可以从各方面缓解企业的信息不对称问题。因此，要想加强村镇银行的内部控制建设，解决由信息不对称引发的信用风险，首先应明确村镇银行面临的内部控制信息不对称问题有哪些。

（一）村镇银行内部人之间的信息不对称

（1）高层领导者的素质直接影响到内部控制制度的制定和贯彻实施。内部控制五要素之一的控制环境中，企业董事会、监事会、经营层等管理人员的道德素养和业务技能直接决定了内部控制其他要素能否发挥有效作用。

就董事长而言，村镇银行大多由主发起行绝对控股，其董事长也往往由发起行直接任命，存在着签订契约后由隐藏行为和隐藏信息引发的道德风险。一是董事长不按契约规定疏于工作，或为了一己私利做出损害股东的行为，部分村镇银行的董事长由发起行人员兼任，普遍存在不常驻镇银行的现象，缺乏村镇银行工作的参与度；二是在经营活动过程中受主发起行控制，董事长和经营层过多强调村镇银行的业务扩张，重发展轻管理，利用自己掌握的信息优势做出不合理的修改内部控制制度以方便业务发展的事情。

就监事会和内审部门而言，在契约签订之前存在逆向选择风险，由于股东对监事应聘人选个人能力及其在监管方面的责任和意识并无法全面了解，应聘者为了获得这一管理职位，往往隐藏自己不符合该职位的信息，造成人力资源匹配的不合理；在签订契约后，由于信息不对称存在道德风险，监事

会在部分村镇银行往往沦为被架空的机构，原因既包括村镇银行规模小职工少，熟人文化使得监事会人员碍于情面对不合规行为睁一只眼闭一只眼，又包括上级领导不重视内部控制使得监事会成员没有实权。

（2）基层员工的信息不对称造成内部控制难以有效开展，村镇银行基层员工的信息不对称主要来自道德风险。由于村镇银行处于发展的初级阶段，为了迅速扩大规模，占领农村市场，经营层往往最重视员工的业绩。而员工为了业绩达标，不惜隐藏贷款者的真实信息以帮助其通过审核，这存在着很大的信用风险隐患。由于农业风险的不确定性和农户担保物的缺失，一旦信用风险发生，将会给村镇银行带来很大的损失。信贷员向上级审贷人员隐瞒贷款者真实信息就属于隐藏信息的道德风险。另外，村镇银行地处偏远山区这一特殊情况，使得村镇银行基层员工的素养和技能普遍较低，缺乏合规工作的意识和风险防范意识，往往出现不按照规章制度办事的情况，会引发隐藏行动造成的道德风险。

由于村镇银行内部人之间信息非对称情况的客观存在，道德风险和逆向选择风险增加，由此而引发的信用风险概率也大大增加。对于这一问题，可通过设立合理的内部控制制度，如完善组织架构、建立激励机制等方式来解决。

（二）村镇银行和贷款者之间的信息不对称

村镇银行和贷款者之间的信息不对称问题更为凸显。

由于村镇银行面临的客户主要是农户和涉农小微企业，农户普遍具有以下特点：数量庞大、居住分散、经营规模小、贷款额度小、缺乏担保品和担保人；涉农小微企业则缺乏完善的财务信息和资产信息。农户和涉农小微企业普遍都存在信用记录缺失的问题，加之农村地区信息传递慢，交通条件差。这一系列因素都使得村镇银行的信息不对称程度远远大于城市商业银行，农村信贷市场上存在着严重的逆向选择和道德风险，信用风险极高。

1. 逆向选择风险

在贷款前，每个农户和涉农小微企业都能够随时掌握村镇银行的相关信息，如信贷政策、制度和信贷监管等，但村镇银行客户的上述特点使得银行不可能掌握每个客户的信息，甚至绝大部分的客户信息都具有隐藏性，这使得村镇银行处于不利地位。

村镇银行在贷款前与贷款者进行沟通时，目的是获得贷款者的真实信息，包括定量的和定性的，以此判断客户的信用风险高低，决定是否发放贷款。但客户与村镇银行进行沟通时只有一个目的就是获取贷款。因此，贷款者会凭借自己的信息优势地位，根据村镇银行公布的信贷政策和条件对自己的真实信息进行加工润色，对负面信息进行隐蔽操作。由于贷款者向村镇银行提供的信息具有很强目的性，使得村镇银行时常处于虚假信息之中，如果辨识不准确，极有可能出现质量低的客户驱逐质量高的客户的"逆向选择"风险，从而使信贷风险加剧。

2. 道德风险

在签订贷款合约之后，贷款人有可能利用隐藏信息或隐藏行为，将贷款用于村镇银行不希望进行的活动，以期望获得自身利益的最大化，这些活动收益虽高但风险较大，很有可能变为损失。但这些现象具有隐蔽性，很难被村镇银行发现，极有可能会给银行带来信用风险。

由于村镇银行和贷款者之间信息不对称引起的逆向选择和道德风险较为严重，因此村镇银行应通过完善内部控制制度对其进行有效防范，包括建立面向贷款者的激励机制和信任机制，有效地进行信息甄别和信息传递等，切实做好信用风险的防范。

第二节　村镇银行信用风险内部控制存在的问题及原因分析

虽然我国村镇银行的内控制度已经逐渐得到重视，并不断完善，但由于村镇银行起步晚，发展不均衡，信用风险内部控制方面仍然存在着很多问题。因为信用风险是村镇银行面临的主要风险，其核心是做好贷款业务的管理，贷款业务是村镇银行目前主要利润来源，信贷资产的质量直接关系到村镇银行的生存与发展。我国幅员辽阔，各地区经济发展不均衡，村镇银行的规模也都各有不同。本章主要对村镇银行信用风险内部控制存在的普遍问题及原因进行分析。

一、村镇银行信用风险内部控制存在的主要问题

（一）组织架构不完善

根据《公司法》要求，村镇银行要设立"三会一层"组织架构，完善的"三会一层"组织架构由股东大会、董事会、监事会和经营层构成。下设信贷部门、财会部门、营业部门、内审部门和风险管理部门等。

图 6-1 是较为一般化的组织架构图。由于受地区差异、发起行差异等因素影响，全国范围内的村镇银行组织架构不尽相同，在评选出的百强村镇银行中，大部分村镇银行未设立关联交易控制、风险管理等专业委员会，削弱了对信用风险的有效监管。还有部分村镇银行的董事会或高层管理人员直接由发起行指派，主发起行对村镇银行形成实际控制。大部分村镇银行的内控制度基本依靠主发起行制定或简单沿用主发起行规章制度，容易脱离实体环境，对信用风险的控制缺乏针对性。

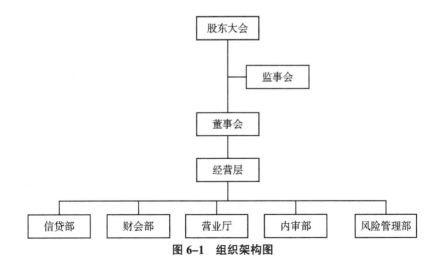

图 6-1　组织架构图

例如，长兴联合村镇银行尽管成立了"三会一层"架构，但其董事长由

213

发起行的员工兼任，不是专职人员，也不能常驻村镇银行办公，且董事会未下设相关的风险委员会，信用风险管理难以到位。农安北银村镇银行也面临相同的窘境，其派出董事身居城市，大多身兼数职，并不了解农安村的实际情况，董事会会期少，很难把握全行经营和内部控制运转效果。另外，农安北银村镇银行在成立初期设立了独立的审计部门，但在实际执行的过程中既要营销存款、贷款，又要做各种风险合规部的基础工作和综合管理部的后勤保障工作，弱化了审计部门的职责。同时，其审计部门与其他部门的分工不明确，审计人员数量也没有达到上级监管部门的要求。

（二）对村镇银行员工的培训机制还不健全

从目前大多数村镇银行的人员结构来看，董事会成员和高层管理人员一般由发起行输送，而基层员工大多在当地招聘，经培训后上岗。

从业人员的学历普遍较低。我国村镇银行由于起步晚且地处乡镇，尤其是中西部欠发达地区，农村金融环境欠佳，交通不便，生活条件不如城市优越，对高素质人才和经验丰富人才缺乏吸引力。以农安北银村镇银行为例，除了中高层，普通员工有 2/3 是应届毕业生，剩余的 1/3 学历较低。

员工缺乏贷款专业知识和风险把控能力。由于贷款"三查"在整个贷款过程中都十分重要，"三个办法、一个指引"等政策对贷款起着指导性作用，但由于员工缺乏专业能力和风险把控能力，缺乏合规操作的严谨性，没有形成良好的风险观念，往往为不良贷款的产生埋下隐患。

村镇银行缺乏科学系统的人才培养体系。由于高管层往往从发起行调拨，不熟悉当地金融环境，普通员工又缺乏一定的业务技能和风险意识，所以需要一套科学完善的培养体系来进行人才队伍建设，但现实中村镇银行往往忽略了该方面，进行的一些培训也都是零零散散不成体系的。这样不仅不利于员工职业技能和风险意识的提高，也不利于对员工归属感的培养。以青海某村镇银行为例，成立三年来人员流失率高达 50% 以上。

（三）信用风险管理体系不健全

信用风险管理体系重点关注是否建立贷款评估体系，村镇银行需要建立一套信用风险内部评级体系识别评估贷款风险，分析风险发生的可能性及影响，在放贷前及时判断贷款的可收回性，分析贷款项目是潜在机会还是潜在风险，对其进行分类管理，并关注重大风险，与此同时，判断现有的内部控制体系对风险的适用程度，看是否需要追加新的程序；关注是否建立风险预警和反应机制，是否能及时发现风险，并根据风险发生的可能性和影响因素的不同迅速采取不同措施。

由于村镇银行规模较小，抵抗风险的能力本就偏弱，再加上农村地区信用状况十分复杂，信息不对称现象严重，因此容易产生信用风险。当前村镇银行的风险管理体系主要依赖于对主发起行的复制与模仿，但由于村镇银行处于经济欠发达地区，与其主发起行面临的金融环境有较大差异，经营业务也不同，因此复制的信用风险管理体系往往缺乏针对性。有些村镇银行尚未对业务流程中的关键风险环节进行区分，风险监管指标建设落后，风险管理手段单一，尚未建立完善的风险管理体系。有些村镇银行存在发放虚假担保贷款等现象，结算业务中存在开户资料不齐全等问题和缺陷。多数村镇银行内控管理薄弱，贷款管理不完善，未能做好贷款"三查"工作，普遍存在贷前调查不充分、贷中把关不严格、贷后管理不规范、信贷档案归档不完整等现象。在日常工作中，村镇银行工作人员往往通过社会评价和走访来了解客户信用状况，所获取的信息零星、不系统，对风险等级的评判较多依赖于工作人员的主观判断。

现有的信用风险管理体系并不能有效降低因道德风险和逆向选择而引发的信用风险。

（四）内部控制岗位设置不合理，不相容岗位分离不完全

在内部控制中，不相容职务分离十分重要，舞弊现象的产生往往和不相容职务分离的失效相关，并容易进一步引发信用风险。村镇银行规模较小，从业人员较少，易出现一人在不同的循环中承担不同职责的情况，此时，若两个人在两个业务循环中担任的职务正好是上、下位对调，则极易发生舞弊现象。另外，由于从业人员少，不相容职务本身设置存在漏洞，出现一个人在同一循环中控制两个重要环节的现象，也增大了信用风险产生的可能性。

就目前来看，村镇银行较为普遍的问题是贷审不分离、没有设立独立岗位对贷款进行审查，加大了小额信贷出现风险的可能性。没有形成内审评价体系和内审的工作机制，并且存在风险部人员兼任后督或内审岗位的现象。部分村镇银行的内部控制制度建立者还兼任执行甚至监督，这使得控制活动难以有效进行，监督制度执行不力。由于组织架构的不完善，部分村镇银行并未设立风险管理部门和内审部门，或是只设其一，这使得内控监管不到位，无法及时发现信贷过程中的不合理行为。

（五）信息系统建设相对薄弱

信息系统建设的薄弱表现在以下几个方面：

第一，征信系统建立相对困难，缺乏信息共享机制。征信信息对于村镇银行信贷业务的影响十分巨大，但已接入征信系统的村镇银行比例并不大，主要受机构级别、业务量和其自身规模的影响，这在实际工作中造成贷款信息查询和异议处理等诸多不便。由于村民的真实信用比较难以评估且借贷情况难以掌握，涉农小微企业的财务信息不健全，因此村镇银行缺乏获取、检索企业和个人信用信息的渠道。同时，村镇银行之间由于客户群体的重合度低，难以建立全国范围内的信息共享机制。信息不对称、贷前调查难的问题客观存在。村镇银行的信贷信息缺失情况，不仅对自身业务开展造成困难，也影响整个社会的信用体系建设，使征信系统信息的完整性、真实性和权威性大打折扣。

第二，其他业务与人民银行系统的接入也存在风险。根据规定，村镇银行可以根据业务和运营需要，自主选择人民银行系统接入。在 15 个人民银行相关业务系统中，村镇银行接入较多的有大小额支付、同城清算、公民身份联网核查、反洗钱监管交互平台、人民币银行结算账户管理和电子对账 6 个系统，且由于受人才和技术限制基本采用代理行方式接入，这在一定程度上影响了村镇银行自身的经营效率。对于业务需求或业务量较小的人民银行系统，如电子商业汇票、网上支付跨行清算、支票影像交换、理财及资金信托统计监测、国库信息处理等，村镇银行多数选择不接入或通过手工代理方式接入，这在一定程度上存在一些风险隐患。另外，村镇银行对部分人民银行业务系统虽有需求，但并不熟悉接入必须具备的流程和软硬件，使得系统接口开发工作速度缓慢。

第三，灾备系统不完善。在数据备份方面，一些村镇银行只有简单的备份措施，存在一定系统性风险，且村镇银行作为刚起步的小型金融机构，对相关法规缺乏了解，信息化建设缺乏指导性意见。

值得一提的是，在信息披露方面，村镇银行两极分化现象严重。在2015年百强村镇银行中，有相当一部分村镇银行甚至并未建立自己的网站。

（六）绩效考核评级和问责制度不合理

在员工绩效考核方面，部分村镇银行的考核方式不利于对信用风险的控制，由于村镇银行规模小，在成立发展之初往往过分强调业绩考核和业务扩张，没有相关问责机制。

随着利率市场化的进一步推进，银行业金融机构纷纷采用绩效同存贷款任务挂钩的方法来激励员工，这导致员工为了达到绩效要求无视可能发生的风险，为客户违规发放贷款，而其他人员为了整体绩效也往往采取默认或不制止行为。发生风险后，在相关制度的执行、监督、考核及问责方面还存在疏漏和薄弱环节。部分村镇银行的规章制度中并没有显示若贷款出现问题，在哪个环节，由谁承担，损失比例如何分配等，相关问题均没有量化的考量办法。

二、村镇银行信用风险内部控制存在问题的原因分析

村镇银行内部控制出现缺陷是由多方面原因造成的，可以从国家层面、监管机构层面和村镇银行自身层面去分析。

（一）与村镇银行相关的金融政策法规不完善

虽然国家现在大力鼓励村镇银行的发展，降低准入门槛并提出了一些有利于村镇银行的措施，但在相关法律法规和政策指导方面仍有很多不完善的地方。

首先，上位法内容缺失。村镇银行属于银行业金融机构，与小额贷款公司、农村互助社等有很大区别，与此同时，与商业银行也存在一定差别，其经营规模、业务对象等有着自身独特的地方。但作为上位法的《商业银行法》《银行业监督管理办法》中并没有对此做出明确说明。

其次，没有专门的管理条例。目前村镇银行设立、运行与管理主要依据

《村镇银行管理暂行条例》，属于规范性文件，立法成本低、制定程序简便，但其易变的特点导致其权威性不够，为了保证村镇银行未来更好地发展，应制定相应的管理条例。

再次，现有规范性文件中，虽有提及村镇银行应重视内部控制的建设，但并没有过多对其做详细规定，只是让其参照发起行的内部控制，构建适合自身的体系。

最后，涉农贷款的担保法律机制不健全。农户可提供的担保品较为单一，因此，各个村镇银行只能通过不断探索新的抵押担保方式，在法律允许的范围内尽可能地扩大抵押物范围。国家也在不断完善担保法律法规，2013年中国银监会与国家林业局联合印发《关于林权抵押贷款的实施意见》，拓宽了林业经营者抵押物的范围。但法律的制定需要一定过程，时间的滞后性使得村镇银行往往面临着较大的信用风险。

这些配套法律的不健全，使得村镇银行在进行内部控制制度设计时会受到一定影响。

（二）没有适合村镇银行的独特监管体系

村镇银行与一般商业银行不同，其产生具有很强的政策导向，因此对一般商业银行的监管并不完全适用于村镇银行。应结合村镇银行自身特点，建立符合其需要、有助于其发展的监管机制。比如在内部控制制度方面，由于村镇银行面临着特殊的金融环境，村镇银行内部控制是否合理完善，不能根据对商业银行的要求来评判，监管部门应当制定适合村镇银行的监管标准。

（三）村镇银行自身存在缺陷

从高管层到基层，专业技能和素养偏低。由于村镇银行成立时间短，公司治理层面比较弱，决策层大多由发起行指派，对当地环境不太熟悉，缺乏农村地区金融从业经验，因此，难以提出专业有效有针对性的内部控制制度设计。基层工作人员学历普遍较低，缺乏风险意识和合规操作意识，无法使内控制度得到有效施行。

过多追求业绩增长，易弱化内部控制。村镇银行毕竟是以盈利为目的的企业，因此其具有追逐风险的特性。由于村镇银行规模较小，知名度不高，在设立之初为了增加业绩，往往会快速拓展业务，追求规模扩大，易出现过于重视利润而忽视信用风险的现象，弱化内部控制，对于不合理行为默许纵容，为以后信用风险的产生埋下隐患。

激励机制设置不合理。村镇银行的激励机制可分为四个方面，对内包括高管层、监视会和内审部门、基层员工，对外是针对贷款者。村镇银行应当对四类人员分别采取不同的激励方式，迫使四类人员分别从自身收益最大化的角度出发选择与村镇银行发展目标相一致的行为，从而达到激励相容的局面，而不是简单地只把业绩作为绩效考核的指标。

归根结底是因为在内部控制制度的设立上，并没有与村镇银行自身相结合，缺乏一套行之有效的内部控制制度，使得其能够对每一个工作人员产生激励与约束，并形成相互之间的制衡。

第三节　村镇银行信用风险内部评级体系构建

我国银行业普遍采用以风险管理为导向的内部控制制度，信用风险的识别与评估管理是整个信用风险内部控制的核心部分。通过建立有效的信用评级体系可以很好地解决贷款前信息不对称造成的逆向选择风险。《巴塞尔新资本协议Ⅲ》要求银行根据自身实际情况，构建模型分析客户违约的影响因素，测算客户的违约概率，并对客户的信用等级进行划分，中国银监会拟定2018年底全国银行业金融机构必须全面达到《巴塞尔新资本协议Ⅲ》的监管规定。但对于村镇银行来说，全面风险管理的量化尤其是其核心内容"内部评级法"的实施都还在摸索当中，这在一定程度上影响了村镇银行的健康发展。

由于农村地区数据获取不易，农户和涉农小微企业缺乏必要的定量数据，传统的统计计量模型对村镇银行的业务适用度不高，而传统的专家评分法又太具有主观性，虽然后期发展为模板化的专家评分框架，但仍不可避免地具有过多主观色彩。由于村镇银行的主要业务是零售信贷业务，具有笔数多、单笔金额小的特点，决定了需要对其采取智能化、概率化的管理模式。因此，现在比较适合村镇银行业务特点的内部评级方式就是评分卡模型，这是介于统计计量和专家评分之间的一种方法，将定性与定量相结合，弥补了村镇银行具有部分数据但数据质量不高的缺陷。

一、模型假设及符号说明

（一）模型假设

（1）结合农村地区实际情况，选取 15 项影响信贷风险的主要因素。

（2）各个影响因素的系数与取值之间是线性关系。

（3）各影响因素量化值符合实际情况。

（4）评分标准的临界值是 A、B 两组平均值的加权平均数。

（二）符号说明

Y_i：样本数据的信用评分值。

C_i：对应的影响因素的评分系数。

X_{ij}：各影响因素实际数据的属性量化值。

$\overline{Y^m}$、$\overline{Y^n}$：样本数据信用评分值的算术平均值。

Y_e：是否贷款的临界值。

二、农户信用风险影响因素的选择

根据《担保法》和《物权法》规定，农村房屋、集体所有的土地、宅基地使用权不得作为抵押物进行担保，但除此之外，农民可用于担保的财产很少，生产资料往往由于其价值问题难以作为担保物。大多数农户都是初次接触贷款，信用账户为空白，村镇银行无法通过其以往借贷情况来判断其信用。因此，村镇银行除了抵押物之外，还应探索其他可对贷款人信用进行评估的方式。商业银行一般采用 5C（品质、能力、资本、抵押和条件）作为标准，与村镇银行有一定类似度的美国社区银行一般根据借款人的性格、家族历史、个人可支配收入等进行判断。我国村镇银行可参考其评判标准，在进行信用评估时，除了考虑农户的固定资产外，还应看其基本情况、人品、在邻里间的口碑等，各地村镇银行可根据自己的业务情况设计信用评分表。

通过大量调查与文献阅读，本模型从贷款者基本信息、相邻口碑、行业情况和其他信息等 15 个方面进行量化分析，对贷款信用风险进行评估，选取上述 15 个因素作为影响村镇银行信贷风险的主要因素，并对每个因素划分不同等级，如表 6-1 所示。

表 6-1　信用评分表

客户姓名：　　　　　　　　得分：

影响因素		具体情况	标准分	得分	影响因素		具体情况	标准分	得分
基本信息	年龄 X_1	≤30 岁	1		相邻口碑	对待老人 X_7	非常孝顺	4	
		31~40 岁	2				比较孝顺	3	
		41~50 岁	3				不好说	2	
		51~60 岁	2				较差	1	
		>60 岁	1			夫妻关系 X_8	良好	3	
	性别 X_2	男	1				一般	2	
		女	1.5				较差	1	
	婚姻状况 X_3	未婚	1			乐于助人 X_9	良好	3	
		已婚无子女	3				一般	2	
		已婚有子女	4				较差	1	
		离异	2		行业 X_{10}	职业	一般职位	1~2	
	文化程度 X_4	高等教育	4				高职位	3~4	
		中等教育	3			多种经营	一类	1~2	
		初等教育	2				二类	3~4	
		不会写字	1				三类	5~6	
	身体状况 X_5	良好	3			种植/养殖	一类	1~2	
		一般	2				二类	3~4	
		较差	1				三类	5~6	
	人均收入 X_6	>5 万元	5		行业情况	从事年限 X_{11}	十年以上	3	
		3 万~5 万元	4				五年以上	2	
		1.5 万~3 万元	3				一年以上	1	
		0.5 万~1.5 万元	2			行业前景 X_{12}	发展稳定有前景	3	
		<0.5 万元	1				发展不稳定有前景	2	
							无法预测	1	

续表

	影响因素	具体情况	标准分	得分		影响因素	具体情况	标准分	得分
其他信息	保险情况 X_{13}	购买其他保险	3		债务情况 X_{15}	有债务	按时还款	2	
		有农村医疗保险	2				出现逾期	1	
		无保险	1				拒绝还款	0	
	担保情况 X_{14}	有担保	2			无债务	家庭情况好	2	
		无担保	1				家庭情况差	1	

基本信息包括年龄、性别、婚姻状况、文化程度、身体状况和人均收入。这些是影响贷款者能否按时还款的基本因素。

相邻口碑包括对待老人、夫妻关系和乐于助人。由于农村地区社会比较封闭,邻里之间重视口碑效应,相邻之间的闲言碎语对农民行为有着很强约束力,而且邻里之间相互了解程度较深,上述三项是对贷款者品德的考量,有责任感的贷款者也会更重视自己的信誉,按时还款。

行业情况包括农民所从事的职业或农业类别、行业前景以及从事年限等,是从行业角度来判断是否会发生非人力可抗拒的系统性风险。

其他信息包括保险情况、担保情况和债务情况。这些方面的好坏也会对农户的偿债能力造成影响。

三、建立模型

$C_1 \sim C_{15}$ 分别为 $X_1 \sim X_{15}$ 的系数,代表了每个因素的影响系数,即权重。

上述 15 项影响因素的得分综合为:

$$Y = C_1 X_1 + C_2 X_2 + C_3 X_3 + C_4 X_4 + C_5 X_5 + C_6 X_6 + C_7 X_7 + C_8 X_8 + C_9 X_9 + C_{10} X_{10}$$
$$+ C_{11} X_{11} + C_{12} X_{12} + C_{13} X_{13} + C_{14} X_{14} + C_{15} X_{15}$$

该得分即为该笔贷款的信用评分。

(1)根据样本数据求出每个因素 X_i 的影响系数 C_i。根据村镇银行以往的数据,从农户贷款的违约贷款和非违约贷款中分别抽取 m 个和 n 个样本,记为 M 组、N 组。

则 M 组的评分值为:

$$Y_1 = C_1 X_{11} + C_2 X_{12} + C_3 X_{13} + \cdots + C_{15} X_{115}$$

$$Y_2 = C_1 X_{21} + C_2 X_{22} + C_3 X_{23} + \cdots + C_{15} X_{215}$$

$$Y_3 = C_1 X_{31} + C_2 X_{32} + C_3 X_{33} + \cdots + C_{15} X_{315}$$

……

$$Y_m = C_1 X_{m1} + C_2 X_{m2} + C_3 X_{m3} + \cdots + C_{15} X_{m15}$$

N 组的评分值为：

$$Y_1 = C_1 X_{11} + C_2 X_{12} + C_3 X_{13} + \cdots + C_{15} X_{115}$$

$$Y_2 = C_1 X_{21} + C_2 X_{22} + C_3 X_{23} + \cdots + C_{15} X_{215}$$

$$Y_3 = C_1 X_{31} + C_2 X_{32} + C_3 X_{33} + \cdots + C_{15} X_{315}$$

……

$$Y_n = C_1 X_{n1} + C_2 X_{n2} + C_3 X_{n3} + \cdots + C_{15} X_{n15}$$

$\overline{Y^m} = \dfrac{1}{m} \sum\limits_{i=1}^{m} Y_i$，$\overline{Y^n} = \dfrac{1}{n} \sum\limits_{i=1}^{n} Y_i$，$\overline{Y^m}$ 和 $\overline{Y^n}$ 分别为 M 组、N 组的平均值，为了使 M 组和 N 组有明显差别，需使它们平均值之间的差距越大越好，组内离差的平方和越小越好，即使得 L（C_1，C_2，C_3，…，C_{15}）$= \dfrac{(\overline{Y^m} - \overline{Y^n})^2}{\sum\limits_{i=1}^{15}(Y_i - \overline{Y^m})^2 + \sum\limits_{i=1}^{15}(Y_i - \overline{Y^n})^2}$ 越大越好，从而建立的评分系数 C_1，C_2，C_3，…，C_{15} 即为 L（C_1，C_2，C_3，…，C_{15}）的极大值点。由微分方程可知评分系数（C_1，C_2，C_3，C_4，C_5，C_6，C_7，C_8，C_9，C_{10}，C_{11}，C_{12}，C_{13}，C_{14}，C_{15}）为方程组 $\dfrac{\partial L(C_1, C_2, C_3, C_4, C_5, C_6, C_7, C_8, C_9, C_{10}, C_{11}, C_{12}, C_{13}, C_{14}, C_{15})}{\partial C_i} = 0$（$i = 1$，2，3，…，15）的解。

求出 C 之后即得到评分函数。

（2）划分信用等级。从违约贷款和非违约贷款中抽出两组实际数据，每组 20 个，代入求出的函数中，求得每组的平均数，最终可求得违约和不违约的临界值：

$$Y_e = \frac{\overline{Y^1} + \overline{Y^2}}{2}$$

接下来要对信用等级进行进一步划分，一般来讲，我国企业信用评估的信用等级采用国际通行的"四等十级制"评定等级，具体等级分为：AAA、AA、A、BBB、BB、B、CCC、CC、C、D。可仿照此等级进行划分。

将 Y_0 设为 BBB 级和 BB 级的临界点，再分别通过调整每个 X 的分值进行其他等级的划分。例如：AAA 级表示农户偿债能力较好，当 15 项影响因素中有 12 项达到最高等级时，求出的 Y 值即为 AAA 级和 AA 级的临界点。以此类推，村镇银行可根据自身信用风险承受度来确定各个等级的划分。一般 AAA 级至 BBB 级为信用风险在可承受范围内的，收益正常，风险很小，一般不会受到影响的贷款者。而从 BB 级往后，则信用风险程度不断加大，D 级代表没有任何还款能力的贷款者。

四、评级推翻与更新

如果评级人员对模型的评级结果持有不同态度，可以进行否决，但无论何种形式的评级推翻，都必须有充分的理论依据，无论是向上推翻还是向下推翻，评级人员都应本着审慎的态度，及时提出申请，风险管理部门应严格审核申请，合理确定评级推翻的幅度。

评级更新包含定期评级更新和动态评级更新。由于环境等因素的变化，客户的情况也会发生重大变化，因此要求评级部门定期对客户的信用等级进行更新，一般以一年为期。另外，在客户评级更新后的有效期内，客户情况发生重大变化的，应当及时对其进行新的评级。

采用该模型判断信用风险的大小，既以数据为基础，又考虑到定性的影响因素，并将其转化为定量因素，简单易操作，实用性强，有利于村镇银行很好地进行信用风险的识别与评估。另外，评分卡模型有利于全行上下共同实施，评分卡主要由信贷人员使用，直观易操作，而模型信用值的计算则主要由总行评级人员操作，分工合作。

然而，由于我国幅员辽阔，各地区金融环境差别也较大，对于变量的选择要根据各个村镇银行面临的实际情况进行，不能一概而论。另外，模型只考虑影响违约的主要因素，对于次要因素做了忽略，但随着时间的推移和情况的变化，可能因素的重要程度会做出改变，这要求各村镇银行根据实际情况定期对各个影响因素的重要性进行检测。

第四节　村镇银行信用风险内部控制创新建议

一、加强内部控制环境建设

（一）制定合理的内部控制制度，加强内部监督

完善村镇银行的内部控制制度建设，应从与信用风险息息相关的组织结构控制、岗位责任控制、授权审批控制、内部稽核控制、职工素质控制等方面着手。在制度设计中，应明确贷款业务各个环节中的责任划分，确保责任到人，无缝衔接，严格落实问责制。

村镇银行应结合自身特点，完善各部门和业务线条的内部控制制度，把系统、标准的方法用在信用风险的管理之中，最好分离出一条风险管理线，来确保风险管理的独立性。同时，各个部门应做好自我检查和监督工作，严格按照各部门的规章制度自我约束、互相监护、互相检查。要明确"三会一层"中各个岗位的职责，并完善董事、监事的选拔标准、培训制度、问责制度、履职档案的建立等。

在制度设计中尤其需要注意不相容岗位的职责分离，例如信贷线条要做到"贷审分离"，形成内部制约机制；营业线条坚持双人审核，执行印、押、证的分离管理等，防止内部人员作案。要强调内审部门的重要性，保证内审部门的独立性，不受制于其他任何部门，直接向董事会或审计委员会负责，使该部门起到实实在在的作用而非虚设。增强内审部门员工的履职意识，树立科学的内审观念，提高内部审计的效率，强化其责任意识，确保内审工作的客观公正。

（二）健全村镇银行组织架构

首先，村镇银行应完善"三会一层"的架构，充分发挥其作用，建立健全相应的专业委员会，如风险管理委员会、审计委员会等，并设立内审部门，形成有效的监督制衡机制。风控部门领导需指派有经验的人员担任，这样既有利于老员工运用自身经验严把风险关口，又有利于新员工向老员工学习经验。

其次，董事会要密切关注新的监管规则和动向，并强化内部控制的作用，经营层在工作过程中要严格执行董事会的计划，做到充分沟通、为决策层提供有效信息，监事会要严格监督董事、经营层等有无违反法律或公司章程的行为。"三会一层"要充分发挥自己的职能，提高营运效率，防范信用风险。从源头上提高风险管理和内部控制意识。

（三）建立科学的人才培养体系，树立风险管理文化

由于村镇银行员工普遍学历不高，董事会、高层管理人员又对当地环境不太了解，因此村镇银行有必要建立一套科学的人才培养体系，建立长期培训机制，树立风险管理文化。

对于高管层，领导干部的素质高低、决策正确与否，直接影响到村镇银行的发展成败。因此，既要提高其高层次金融理论水平和经营管理知识，又要提供其到国内外各地各行学习的机会，开阔视野，提高水平。对于高学历缺乏实际经验的管理人员和经验丰富但学历不高的管理人员，应当分别进行针对性培训。尤其要注重对高管层风险意识的培养。

对于风控人员，要提高其职业素养，严格把控审计、风控人员的进出机制，选拔有责任心、有能力、有经验的员工担任此项工作。

对于信息技术人员，应加大培养力度。信息技术人员关系到村镇银行信息化的建设，是不可或缺的人才，村镇银行应尽快建立培训基地和网络，有计划引进高科技人才，开发新产品，维护系统稳定。

对于基层员工，既要加强专业能力的培训，又要培养其风险意识。定期开展合规教育，把合规教育课程定期化、常态化。包括日常工作中的各类风险易生环节应该如何把控，各类风险案件的学习等。不定期开展内控突击检查，对全体部门全体员工进行"地毯式"检查，发现问题及时记录，使合规

意识深人员工内心。

村镇银行要打造一支业务素质过硬的人才队伍，不断提高自身业务水平。将风险管理由教科书上的理论转化为所有员工共同遵循的准则，使得无论是高层管理人员还是基层员工都能够理解内部控制和风险管理的重要性，并通过培训使每个成员都能够明白自己所在岗位控制风险的方法，从而有效防范风险。

在这个过程中，发起行应主动对其控股村镇银行进行指导，派经验丰富的人员到村镇银行进行现场指导培训，并适当帮助村镇银行建立人才培养体系，输送人才。

二、健全信用风险管理为导向的内部控制体系

（一）建立切实可行的贷前审查机制

从某种意义上说，市场的不确定性会引发信用风险，而不确定性程度则取决于主体对市场状态的无知程度，因此，充分了解市场信息，抓住先机，完善贷前审查机制，尽可能地消除信息不对称滋生的逆向选择问题，才能使企业蒙受最小损失，获取最大利润。

（1）充分利用本土资源，将经验与理论相结合。每个农村地区都相当于一个封闭的小型社会，有其独特的金融生态环境，虽然随着社会变迁农村环境发生了很大变化，但仍然可以被称为一个熟人社会。且农村地区的信贷业务多为小额借贷，量多款少，给信贷人员搜集、了解农户资料带来了一定难度，不熟悉当地情况的信贷员很难在缺少担保物的情况下对借款者的资信情况做出判断，需要吸纳当地人员参与信贷评估工作。

我国村镇银行可借鉴该种方式，从当地招收工作人员，进行系统培训，可以将从外地招收的高学历人才同熟知当地人文环境的员工相搭配，相互学习并取长补短，切实做好贷前调查工作并降低调查成本。

（2）建立符合村镇银行特色的信用风险内部评级体系。信用风险内部评级体系是内部控制的核心也是前提，只有做好信用风险的识别与评估，才能采取针对性的措施有效防范信用风险，以内部评级法为核心的信用风险管理

体系建设已成为各商业银行的重点工作。村镇银行虽然起步较晚，但由于其面临复杂的信用环境，要求其加快建设适合自身的信用风险内部评级体系，从而保证内部控制的有效实施。

（3）制造并传递信号，降低逆向选择与道德风险。由于农村地区消息闭塞，农户文化水平相对偏低，缺少对违约后果的认识。部分农户有恶意违约的现象，一旦此种现象出现，容易发生连锁反应，引发"羊群效应"。逆向选择和道德风险将导致信贷市场的失灵和低效率。因此，村镇银行应采取措施，在贷款前就制造并向农户传递积极信号。由于信息在贷款者和村镇银行之间是循环传递的，每次传递都是一次前馈与反馈的循环。

（4）建立信贷小组，相互监督，降低成员违约概率。为了降低信息不对称性，格莱珉村镇银行采用"小组—中心—银行工作人员"的信贷制度，农户自由组成小组并选取小组长，几个小组组成一个中心，每个银行工作人员负责几个中心的管理。当小组某一成员提出贷款申请时，银行工作人员会先向小组长了解贷款申请人具体情况，由于组内成员相互熟悉，所以了解到的情况都比较真实。每个中心会定期召开会议，格莱珉村镇银行会派出工作人员出席会议，集中解决贷款使用过程中产生的一些问题，并组织各小组之间相互讨论，交流自己的还款方式和计划。

在集体中，个人的选择需在所有者都同意的情况下才能实施，任何一个人都不能将自己的利益强加在其他人之上，个人效用的最大化必须服从集体效用最大化。因此，可通过对集体进行奖励的方式，在还款过程中，对每个小组的还贷情况进行记录，依据每个小组还贷的情况好坏来确定接下来该小组的信贷额度。若小组成员都能够按时还款，则小组信贷额度可以逐步累加，反之，小组信贷额度会减少甚至被停止贷款。这样就可以达到小组间相互监督的目的。

我国村镇银行也可以借鉴该方式，将信贷小组管理模式同吸纳本土员工的方式相结合，双重保证降低信用风险。

（二）贷中采取多种管理措施，降低信用风险发生可能性

1. 实施多样化的信贷偿付机制，规避信用风险

村镇银行可通过设计不同的激励机制来规避风险。对于初次贷款或信用评级不是很高的农户，可采用整贷零还或分期还款等偿付方式。当贷款归还完毕后，农户可提供贷款使用的证明，所有贷款都用于规定用途的农户可获得一定奖励，由此来降低道德风险。印度尼西亚人民银行要求贷款人预留10％的保证金，并采取分批收回本金的方式，对按期还款者还会给予一定的退息优惠奖励。这种方式既具有还款激励功能，又具有早期预警功能，在贷款人首次出现还款困难的时候就可以提早发现并采取措施将损失减少到最小。

我国农村经济特点决定了借款人还款来源具有较大不确定性。因此，也可效仿该种模式，根据贷款用途，制定适合农业经济特点的分期还款方式，既服务于"三农"，又能有效防范风险。

2. 采用差别化利率定价方式，有效激励还款

在利率定价上，一价式利率定价不利于贷款的公平效率，会影响农户贷款和还款的积极性。村镇银行可制定略高于商业银行的利率。农业弱质性使得村镇银行面临的贷款违约风险比商业银行更大更复杂，农村地区的信用调查也更加困难，需要耗费较大的人力物力，因此需制定较高的利率来覆盖风险，且在小额贷款的范围内，略高于商业银行的贷款利率也是一般农户可以接受的。格莱珉村镇银行正是采取该种做法，制定了大大高于商业银行的浮动贷款利率，以覆盖利率风险。我国村镇银行要从自身所处环境出发，可根据农户信用情况、贷款用途、贷款期限长短等，预先设立一个利率标准，实行阶梯式利率。

另外，还应根据还款人的情况，实行适当的利率优惠政策，对于长期以来信用较好的客户，可适当降低利率，这不仅能激发农户的还款积极性，还能有效地锁定老客户，增强银行与农户间的信任度。

3. 注重过程管理，加大后期监控

贷款质量会随着环境等影响而不断变化，并非在贷前判断之后就可以高枕无忧，尤其是农业贷款，受自然灾害、经济变化、国家政策等的影响较大。

因此，村镇银行在开展小额信贷业务的时候，要严格按照国家相关法律法规的要求，密切关注贷款动向，例如，信贷业务员要定期下乡访问客户，实时了解贷款人经营情况和收入来源状况，并进行记录。

村镇银行还应实时监控自身的不良贷款率、资本充足率、坏账提取准备等，结合当地情况对指标进行量化统计，做到动态调整、定期分析、科学考核。

（三）做好贷后监管与服务工作

建立科学的风险预警系统。在建立风险预警系统时，要考虑到多种可能发生风险的情况，及时排查风险点。对于出现风险预警的地区，信贷业务员应及时赶赴现场了解情况，并帮助农户提出相应的解决方案，

要不断收集数据，及时更新风险分析报告，判断风险等级是否发生变化。为贷款人建立信用账户并及时更新其信用信息，以便为以后的贷款工作打好基础。

做好贷款的清收措施。因为无论一个信用风险管理体系多么健全，内控制度多么完善，也不能保证风险完全消失，因此，村镇银行应制定相关的贷款清收政策。如上门家访约谈，对于临时出现还款困难的农户根据其实际情况尝试进行贷款重组等，对于恶意不还的农户通过法律渠道解决。

村镇银行向农户发放"三农"贷款，是一个双赢的过程，在这个过程中农户可以摆脱贫困，村镇银行也可以实现自己的盈利。因此，村镇银行应当利用自身的优势帮助农户，如定期向其提供技术指导、市场信息等，帮其寻找销路，提供信息咨询服务。这也可在一定程度上降低信用风险发生的概率。

三、加大对信息系统建设力度

（一）建立适合自身特点的 IT 系统

村镇银行应当结合自身规模特点建立与以风险为导向的内部控制相适应的 IT 系统。在经济社会发展的新常态下，阿里巴巴、腾讯等互联网企业以网络支付为突破口，采用开放式操作系统和分布式部署的架构，在五年时间内快速打通线上线下支付渠道，对以传统 IT 架构的银行业造成了极大冲击，但与此同时，也应看到新形势下带来的机遇，其云计算和云服务的理念，为村

镇银行的发展提供了参考。

对于规模较大的村镇银行，可以引入互联网云计算架构自建信息系统，抢占互联网金融先机。对于规模较小，没有自建和维护能力的村镇银行，可通过共享式云计算服务机构、农信银中心等，来实现信息科技服务需求。通过共享式云计算服务，村镇银行有望在"互联网+"的大背景下，降低获取信息和服务的成本。在享受便利的同时，村镇银行还需要健全完善的内控制度来确保其安全。

（二）加强灾备系统建设

灾备系统能够有效防范风险，当金融机构发生灾难性事件时，灾备系统可以保证业务的连续性，维持核心系统的稳定运行，切实保障储户安全。

随着市场竞争的不断加剧，信息系统面临各种各样的风险，其中既包括天灾也包括人祸，如长时间停机、客户信息泄露、黑客攻击等。因此，为了响应监管机构的要求，同时满足公众的安全需求，自建信息系统的村镇银行应强化 IT 治理架构，做好风险防控，应用共享式云计算服务的村镇银行应结合自身实际情况，选择合适的信息系统服务提供商。同时，村镇银行应做好信息系统出现问题的紧急预案和文件加密与备份工作。村镇银行可依托发起行或采用同其他行合作联盟的方式来进行灾备体系的建设。

（三）加强信息披露，提高自身知名度

由于村镇银行是新型金融机构，较之大型商业银行发起晚、知名度低，很多农户将村镇银行同小型担保公司混为一谈，或认为其是私人银行，信任度较低，持观望态度。加之，由于部分村镇银行并没有自己的门户网站，更显得很不规范。

村镇银行应加快自身信息化建设，第一要务是建立自己的门户网站，起到向外界信息披露和宣传的作用，既可树立良好品牌，增强农民对村镇银行的认同感，又能够通过网站让大众了解村镇银行开办的业务，一举多得。

四、建立与信用风险相关的激励考评制度

村镇银行在建立员工绩效和薪酬考评体系时，应注意将激励与约束相结

合，寻求业务发展与风险防控的平衡，若仅仅把存贷业务作为薪酬考评的标准，会造成因盲目扩张而忽视对信用风险的防范的问题。

在设置薪酬体系时，管理层、董事的绩效和收入要同全行的经营水平、不良贷款率、风险防范水平等相挂钩，严防高层因职业道德缺失而引发的风险。

对于内审部门和风险管理部门等人员，应给予其较高的工资，以提高其努力程度。因为作为监督部门，其本身就需要做到自我监督，才可能做好对他人的监督，故提高其收入也就是提高了其不作为的成本，做到"高薪养廉"，才能更好地发挥监督部门的职责。

各级员工的绩效考评不仅要关注到个人，还应以团队为单位进行考评。明确各个岗位所承担的风险，将风险通过具体指标量化，制定科学的任务指标，例如存款不仅要关注客户数还要关注优质客户数等，也要考虑员工行为对银行整体风险水平的影响。应设立零风险奖励，对一段时期内没有出现信用风险的个人和团体进行奖励，以团体为单位可以起到相互监督作用。

另外，还可以从差异化的支付期限入手，在制定薪酬考评体系时，对风险进行充分估计，以此设定薪酬比例中现金和股权所占比重，还可引入追索扣回制度和部分薪酬推迟支付制度，提高员工对风险的重视程度。

总之，激励考评制度不能仅仅与业绩相挂钩，而要结合风险管理，引导员工重视风险防控，真正做到风险防控和每个员工息息相关。

第七章
村镇银行信用风险的协同管理研究

第一节 协同学与协同管理概述

20世纪70年代,哈肯教授在从事激光理论研究时提出了协同的概念,哈肯教授在研究中发现,从无序到有序的过程恰好就是激光形成的过程,是在一种非平衡的无序状态下向有序状态过渡的结果,通过大量的实验和观察,哈肯教授发现,这一原理适用于自然界其他包含大量子系统的系统,所有子系统都遵循一定的数学公式,协同使子系统形成自组织,并达到有序状态。基于此,哈肯教授提出了"协同"的概念,并结合随机理论、突变理论、概率论、分岔理论以及系统动力学的相关知识加以完善和发展,形成了一套系统的协同学理论。

协同学是一门研究协同的科学,在基本结构上,它沿用了一般系统理论,通过把所有研究对象看作由子系统或是部分构成的系统,研究各种不同系统通过信息、能量、物质的交换,以及内部子系统间矛盾和协调的相互作用,所呈现出新的有序状态的规律和特点的交叉学科。

协同学强调,不同属性的系统之间也并非相互孤立,而是相互合作、相互影响的,生活中见到的不同环节、不同部门之间的协调恰好说明了这个道理,它们正是以互相配合和制约的方式进行协作。

随着时间的推移，协同学的内涵不断丰富，概括起来为，系统中有大量的子系统，子系统间协同会产生序参量，子系统的行为受序参量支配，进而实现系统整体上有序。而目前协同学主要有两层含义：第一层含义是宏观有序结构由子系统间的协同决定；第二层含义是子系统的有序结构由序参量的协同决定。

一、协同学的基本概念

协同学重点讨论开放系统从无序到有序的状态，强调的是系统内部的关联关系和内部各要素的配合作用。它的部分基本概念如下：

（一）子系统

系统是协同学的研究对象，子系统是系统的下一个层次，子系统与系统是相对而言的，二者具有密切的联系。

首先，系统内部包含大量的子系统，系统由子系统组成，系统的构成即是内部子系统相互联系和组织状态的反映；其次，子系统的变化决定了系统的结构，使系统形成时间、空间、时空结构，并且一旦系统具备一定结构，也即表现出了一种功能，系统就形成了一定的特征。

（二）序参量

序参量是系统从无序到有序发生质的相变的标志，是用来衡量一个系统整体宏观有序程度的概念，序参量在相变前为零，随着系统有序程度的增加，在临界点，序参量会急剧增大。可以说，序参量集中体现了子系统对协同运动的介入程度，是全部子系统对协同运动贡献的综合，它表示了系统的类型和系统的有序结构。

具体来看，首先，序参量作为宏观变量，描述的是系统宏观有序的程度，描述的是系统的整体行为；其次，序参量由子系统之间的协同合作产生，并且序参量一经产生就具备对子系统行为进行支配、对系统整体演化进程进行主导的作用，这一含义即像哈肯教授利用信息观点描述的一样，序参量支配子系统运动并向外界反映系统的有序状态。

另外，在子系统的相互作用中，常会产生多个序参量，而且，序参量之间也存在合作或竞争的关系，序参量之间的这种相互作用关系也使系统不断演化，因此，如果一个系统中存在多个相互竞争、合作的序参量，整个系统也会持续演化。子系统和序参量的关系如图 7-1 所示。

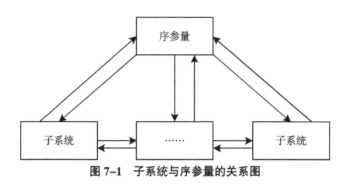

图 7-1　子系统与序参量的关系图

（三）快变量和慢变量

系统中各子系统独立运动，同时也与其他子系统相互作用进行协同运动，在这一过程中会有很多控制参量产生，根据这些参量的特点可以把它们大致划分为快变量、慢变量。

系统中包含大量子系统，子系统的相互作用形成了系统的有序结构，想识别主导系统演化进程的序参量就需要剔除不必要的参数，依据这一逻辑，哈肯教授对参数进行区分，他发现不同参数在系统由无序向有序转化过程中的变化速度是有差别的，因此，依据参数快慢不同的变化速度，哈肯教授称变化得快、受到阻力较大的变量为快变量，称在临界点处，近乎不衰退的、产生无阻尼现象的变量为慢变量。

值得注意的是，系统中慢变量的数量很少，一般只有一个或极少几个，但慢变量却是决定系统演变进程和最终结果的变量，即主导系统演变进程的序参量实际上是慢变量，随着慢变量不断变化，系统最终会出现子系统间的协同作用，系统出现新的结构。

（四）有序与无序

子系统存在自身无规则、自发的独立运动，并且与其他子系统相关联，与其他子系统间存在协同运动。子系统之间的关联关系在系统处于临界点前变得很弱，此时，子系统自身的无规则、自发独立运动将取代关联关系占据决定地位，在这种关联关系不足以约束子系统自发独立运动的情况下，系统呈现出一种无序的状态；在控制参量持续变化的条件下，子系统的关联关系随着系统接近临界点而不断加强，此时，子系统之间的关联关系占据决定地位，在这种子系统的无规则、自发独立运动相对变弱的情况下，关联关系决定了系统中出现子系统间的协同作用，系统呈现出一种有序的状态，出现宏观结构。

系统有序与无序的转化在于子系统之间的关联关系和子系统独立运动关系的强弱对比，而这种对比集中反映在序参量这一概念上。

二、协同学的基本原理

(一) 不稳定性原理

不稳定性原理即意味着系统原来的状态失去稳定性，不能继续维持下去，转而向新的稳定状态转变的一种模式。对于系统来说，稳定性相当于一种保守的状态，不稳定性则代表一种改变的状态，总体看，这两种状态都是有意义的，但协同学更强调不稳定性的建设作用，认为它实际上是系统新旧平衡转换的媒介，是系统有序演化的开始，可以说不稳定性原理与系统的有序演化都是相关的。

协同学中的不稳定性原理可以表示为图 7-2，系统会在处于非稳定的情况下发生结构的变化，逐渐形成不稳定的状态，在外参量的作用下，系统实现从旧结构向新结构的转化。

(二) 支配原理

在系统演化的过程中，少数几个序参量决定了系统的有序结构，这表现为一方对另一方进行同化，同化方称为支配方，被同化方则称为被支配方，当同化过程结束后，支配方的属性将取代被支配方的某些属性，被支配方部分属性消失，这就是所谓的支配原理。

支配原理实际上指出了在系统演化中，不同的序参量、子系统对系统演化的作用程度是不同的，并且在不同阶段，占主导地位的序参量也是不同的，

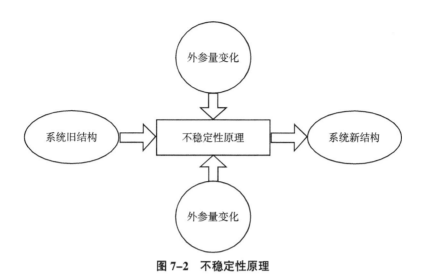

图 7-2　不稳定性原理

因此系统不同阶段所呈现的结构也是不同的。

（三）自组织原理

系统中存在有组织和自组织两种组织形式，有组织是指系统被动地响应外界强迫作用的现象；自组织是指没有外界特定强迫的情况下，系统内部结构和外部环境通过不断地互相作用向有序方向持续演化，系统内各子系统相互作用，使得系统的演化看起来是"自发"进行的一种现象。

从无序到有序的转化，或者从有序到新的有序的转化，这些状态的改变，必需的外部保障是环境提供物质流和能量流，但是，在相变前后，系统的外部环境并没有发生质的改变，即是说，在一定的环境条件下，系统如何组织起来、形成怎样的结构，以及怎样实现对这种结构的维持、发展，这些信息并不是从外部环境中获取的，而是系统通过自身内部组织起来的，同时系统利用多种形式的信息反馈不断强化、控制着这种组织结果，这种组织就是自组织。

自组织原理说明了在外部物质和能量输入的条件下，子系统之间的大量协同作用会使系统实现从稳定状态到不稳定状态的演化，进而形成新的稳定状态，呈现出新的有序结构，这种系统的演化伴随着变量之间的相互作用和系统的发展，表现为一种协同运动，即系统的自组织现象。

自组织原理是协同学的核心理论。

三、协同管理概述

从对协同学基本概念、基本原理的介绍中，不难发现协同学是一门系统的理论，它通过结合随机理论、突变理论、概率论、分岔理论以及系统动力学的相关知识，来研究子系统遵循的一定的数学公式，子系统间通过协同形成自组织，具有有序状态的规律和特点，而理论只有与实践相结合，运用到实践中，才会发挥其价值，由此，出现了协同管理理论，即将协同学引入管理领域。

在《公司战略》一书中，安索夫率先将协同思想引入管理领域，相较于协同学，协同管理理论倾向于具体问题的研究，侧重实践性和实用性，强调将协同学作为理论工具，遵循实例—概念—验证—原则的研究方法，将协同学的基本原理、研究理念置于特定的环境中，针对具体问题进行分析并提出相关解决对策，强调通过协同产生"1+1>2"的效果，产生协同效应。可以说，在实践领域，协同学往往以协同管理理论的方式存在。

从以上分析中，可以概括协同管理理论的内涵为：协同管理理论就是以系统为研究对象，以协同学为理论基础，运用自组织原理，通过竞争—合作—协调的运行机制来实现多个主体为了一个共同目标，资源共享、共同努力、协同一致的过程，最终达到"1+1>2"的效果，形成系统利益的最大化。

可以从以下方面对协同管理进行理解：

（1）协同学是协同管理的理论基础，是协同管理的分析工具；

（2）协同管理仍以系统为研究对象，遵循协同学的基本概念和基本原理；

（3）协同管理与传统管理方法的区别在于其竞争—合作—协调的运行机制；

（4）协同活动不是各部分独立活动的简单组合，而是一系列相互关联的活动；

（5）由于各子系统相互之间存在差异，所以为实现协同管理就需要建立协同管理机制；

（6）协同管理利用各子系统的差异优势，形成"1+1>2"的协同效应，利于实现整体效用最大化。

随着村镇银行的逐渐发展，村镇银行信用风险管理问题得到越来越多的关注，很多管理方法相继提出。而协同管理理论，基于其管理视角的多样性，也应在研究村镇银行信用风险管理问题时受到重视，逐步运用到村镇银行信用风险管理中去，通过对村镇银行信用风险的协同管理达到对村镇银行信用风险有效管理的目的。

第二节　从协同视角看村镇银行信用风险管理

一、当前我国村镇银行信用风险管理中的非协同性表现

（一）在村镇银行信用风险管理中缺乏协同意识

村镇银行信用风险的产生、发展、扩大涉及银行内多环节，也涉及银行外多部门，因此，村镇银行信用风险的管理也应由内部多环节、外部多部门进行协同合作，这需要各方树立协同意识，共同管理信用风险。目前，在我国村镇银行信用风险协同管理上各方均表现为缺乏协同意识，具体表现如下：

首先，村镇银行内部各环节、银行外各部门从观念上没有树立协同意识，表现为各环节相对独立，各部门简单并列，没有形成整体网状合作关系，各部门各行其是、各自经营、互不兼顾。

其次，很多村镇银行内部认为信用风险管理只是风险管理部的任务；甚至一些村镇银行单纯提高吸储能力，认为只要吸储达到一定规模，就可以有效管理信用风险。

另外，村镇银行外各部门更看重自身利益，甚至认为协同管理不会给自身带来收益。因为很多部门掌握有他们认为独一无二的数据和信息，随着协同的加深，以及日后协同合作下协同信息化的推进，他们认为这些信息势必需要共享，信息随之失去价值。因此，他们拒绝协同，主张先对本部门进行

建设，只注重提高自身竞争力和提升自身经济效益。

实际上，因为村镇银行信用风险的多环节、多部门性，某一环节独立，或者某一部门单打独斗都是无法有效对其进行管理的，村镇银行信用风险管理真正需要的是在所有主体树立协同意识的基础上，形成一个整体协同机制，才能实现对村镇银行信用风险的有效管理。

(二) 村镇银行内部工作环节间的非协同性

村镇银行内部各个工作环节间的非协同性分为放贷业务中的非协同性表现和村镇银行内部各部门之间的非协同性表现。

1. 放贷业务中的非协同性表现

村镇银行发放贷款业务中非协同性的表现主要有一人多职现象的存在，以及贷款业务中贷、评、管相互脱节的现象。

首先是一人多职现象的存在。通常来说，一般商业银行在信用风险控制方面实行审贷分离的制度，客户经理与信贷经理相分离，客户经理与风险经理相分离，这样对控制银行信用风险有一定积极作用。然而，由于村镇银行成立时间短、规模小、人力不足，银行中一人多职的现象普遍存在，在信用风险管理中也常做不到一般商业银行规定的职位分离，在人员安排上风险控制机制不够完善。

其次是贷、评、管相互脱节的现象。村镇银行在信贷管理机制中贷、评、管脱节现象严重，村镇银行通常成立由信贷员组成的信贷风险管理委员会，由委员会负责评级、审查和发放贷款的工作，而信贷员在其中负责某项贷款的具体跟踪、服务及回收，但由于村镇银行目前并没有针对信贷员的业务成立专门评估委员会，导致信贷员负责的贷款出现问题时，没有专业评估是否因信贷员的失误而盲目追究信贷员的责任，以及信贷员负责贷款业务业绩的好坏与收入并没有很强的相关性等现象的出现，这些现象的出现，严重打击了信贷工作的积极性，"贷、评"工作脱节；在信贷员工作的"管"中同样出现脱节问题，村镇银行没有建立专门的贷款管理部门，导致信贷员所掌握的贷款审查材料无处移交，对于借款人借款的使用、归还以及风险变化情况没有部门配合信贷员共同管理，导致信贷员个人决策失误时有发生。

2. 内部各部门之间的非协同性表现

当前我国村镇银行的部门设置比较相似，对于银行面临的信用、操作、市场等风险问题，通常设立风险管理部予以统一管理。这样，在村镇银行信用风险管理中，风险管理部显得尤为重要，很多村镇银行由此在信用风险管理中过分倚仗风险管理部，并且忽略了在信用风险管理中，银行其他部门对风险管理部的配合作用。

实际上，村镇银行信用风险管理不仅是风险管理部一个部门的任务，而且需要整个银行内部各部门的配合。例如，村镇银行因为规模小，本身人力有限，由于农户和农村小微企业的经营状况需实地调查、放贷后需要跟踪管理等，很有可能需要银行内其他部门人员的协助；又如，我国大部分村镇银行还是照搬一般商业银行的信用风险管控技术，缺乏结合自身实际的改进，这需要村镇银行中信息科技部的配合，通过信息科技部对管控技术、信息化、电子化配套设施进行改进以帮助提升风险管理部的工作效率。所以，信用风险对于村镇银行内部来说，不是风险管理部一个部门的任务。

另外，我国目前还有很多村镇银行组织架构不完善，没有设立董事会、监事会等部门，内部人控制现象严重，对于风险管理部的工作甚至缺乏合理、正确的领导。

无论是村镇银行放贷业务中的非协同性表现，还是村镇银行内部部门间的非协同性表现，都体现了在信用风险管理上我国村镇银行内部工作环节间的非协同性。

（三）村镇银行与其他涉农金融部门间的非协同性

村镇银行信用风险管理与其他涉农金融部门之间的非协同性表现为缺乏信息共享，以及各部门间的绝对独立。

从信息共享看，村镇银行与相关涉农金融部门间缺乏信息共享平台，缺乏必要信息的共享。部门间信息传递不及时、不畅通，信息的闭塞和利用效率低导致风险管理成本上升，风险管理效果差。具体来说，村镇银行应与相关涉农金融部门建立部门间信息共享系统，包括借款人信用信息、宏观形势下某行业发展情况、某类产品的市场供求变动等信息互补、共享和交流。通过建立信息共享平台，相关部门在平台上发布自身掌握的、有利用价值的信息，如评级部门发布信用信息，保险公司发布行业信息等。这样一来，不仅信息流通速度变快、利用率提高，同时为信用风险的管理节省了成本，信用风险问题得到有效管理。

从与其他涉农金融部门的合作来看，村镇银行在对于信用风险的管理中常常孤军奋战。保险公司、管理体制成熟的大银行等相关金融部门和村镇银行之间的互动、协同差，实际上，通过对村镇银行信用风险的叙述可以看出，村镇银行信用风险的管理与外部各部门存在密切联系。例如，村镇银行为减轻信用风险带来的损失，可以鼓励借款人购买农业保险，此时需要保险公司开发相应的农业保险产品；又如，村镇银行发展时间短，风险管理方法和内部组织体系设置还存在一定不成熟的现象，为提升自身信用风险管理水平，村镇银行可以与管理体制成熟的大银行合作，向大银行学习，提升自身信用风险管理水平。

因缺乏信息共享平台和互动合作缺失所体现的，村镇银行与其他涉农金融部门间在信用风险管理上的非协同，加大了我国村镇银行信用风险管理的难度。

（四）村镇银行与地方政府部门间的非协同性

村镇银行信用风险协同管理中还存在与地方政府部门间的非协同表现，包括忽视地方政府部门在借款人信用信息获取上的作用，忽视政府对资金、技术资源职能上的调动能力。

首先，忽视地方政府部门在借款人信用信息获取上的作用。由于历史和经济体制的原因，农村借款人过去较少从正规金融部门取得贷款，而是与非正规金融部门交易较多，农村借款人的金融活动信息记录缺失。其次，由于农户及农村小微企业所处环境和经营行业的特殊性，即使是长期的金融活动往来也很难把握到一些隐性信息。另外，由于农村小微企业的财务状况远不像上市公司那样公开透明，所以，只对农户、农村小微企业进行表面调查就判定其信用状况远远不够。村镇银行应与地方政府、村委会、村干部保持密切联系，向他们深入了解该地区借款农户的隐性信息和信用状况；与当地工商、税务部门保持密切联系，了解农村小微企业是否仍持有营业执照、是否还正常经营、是否按时交税等信息。这些关于借款人更进一步信用信息的获取，都需要村镇银行与地方政府部门协同合作获得。然而我国大部分村镇银行在获取借款人信用信息上常忽略地方政府部门这一重要作用，由此造成对借款人信用评估不准确，产生信用风险。

另外，忽视地方政府对资金、技术资源职能上的调动能力。从政府的职能来看，政府掌握当地财政分配的权力，并且有调动技术、知识等相关资源的能力。如政府可以通过税收优惠的方式对村镇银行实现职能上的资金支持，在一定程度上缓解村镇银行因财力不足所造成的信用风险管理中的诸多问题。地方政府还可以组织针对借款人的培训，一是进行生产、经营技术、方法的传播，提升他们的生产、经营水平；二是开展贷款还款知识培训，提高借款人的还款意识。因此，村镇银行与当地政府协同进行信用风险管理十分必要，但这也被大部分村镇银行所忽略。

（五）村镇银行与客户间的非协同性

客户资源是村镇银行最根本的财富来源，因此，村镇银行信用风险管理也必须与客户进行协同配合。但我国村镇银行信用风险管理中普遍存在与客户非协同的表现，具体包括：对客户群体未做细分、未采取针对性的信用风险管理方法，对客户经理的培训及管理不够重视。

1. 对客户群体未做细分，未采取针对性的信用风险管理方法

当前我国大部分村镇银行对客户一概而论，未进行群体细分，对不同类型的客户采取一样的信用风险管理方法，执行同样的管理规定，这样的做法是欠合理的。通常情况下，村镇银行实行本地化经营，应对其服务对象进行细分，包括乡镇居民、农民、乡镇个体工商户、乡镇企业等，而不同类别的客户由于其自身特点不同，在信用风险管理问题上也要相应采取不同的方法。对于乡镇居民来说，他们的主要需求是用于日常生活的小额资金，包括住房贷款、教育贷款、消费贷款等，在对这些借款人放贷时村镇银行一般不需考虑农业的特质性；广大农民的需求主要是用于生产生活的资金，村镇银行在发放贷款时要花费更多的努力，综合考察农户所经营农产品的市场潜力，深

入农村了解农户个人信用状况等；乡镇个体工商户所需资金少且经营风险低，村镇银行可以在其抵押物上予以放宽考虑；乡镇企业的信用风险调查自然要与工商、税务部门紧密联系；等等。

另外，根据不同的客户群体，村镇银行还可以结合借款人收益状况、信用状况、贷款期限、贷款用途等制定针对不同客户的浮动利率制，这样可以帮助村镇银行有效管理信用风险。

2. 对客户经理的培训及管理不够重视

客户经理肩负推销银行金融产品，收集、反馈市场信息和客户需求的多重责任，客户经理识别并获得优质的客户资源，对村镇银行信用风险管理有很大作用。但当前我国大部分村镇银行都忽视客户经理的作用，对客户经理的培训及管理不够重视，具体表现如下：

对客户经理的培训不够重视。没有培训客户经理树立明确的客户意识，导致客户经理对深入客户、了解客户的工作做得非常有限；对客户经理整体素质、业务能力缺乏提升培训。

对客户经理的管理不够重视。村镇银行内与客户经理相对应的职能设置不完善，客户经理后台中没有设置相应的风险经理和产品经理，导致客户经理的工作缺乏相应职能支持。

实际上，客户经理可以在村镇银行和客户中间架起一座桥梁，有助于村镇银行更好地落实信贷责任，有助于通过客户经理一环把客户多种资料收集齐全，避免环节过多信息失真导致的信用风险问题，但客户经理这一重要作用往往被忽视。

对客户群体管理的不完善，对客户经理培训和管理机制的建设不够重视，都导致村镇银行与客户之间的衔接不够紧密，忽视了客户对于银行的重要意义，也忽视了在村镇银行信用风险管理中，客户与银行协同的重要性、必要性。

二、加强村镇银行信用风险协同管理的意义

协同管理结合村镇银行内部各环节、村镇银行外部各部门对村镇银行信用风险进行管理，对健全农村信用体系、准确评价客户信用状况、提高村镇

银行信用风险管理能力、推动村镇银行业务创新和提高金融体系的风险防御能力有着重要意义。

（一）有助于健全农村信用体系建设

村镇银行信用风险的协同管理可调动多方参与，对农村信用体系的全面建设有积极意义。

首先，针对农村地区征信制度不健全的情况，协同管理通过调动人民银行的参与，采用人民银行联合当地政府的方法，组织工作小组，在农村地区开展征信体系的健全建设工作。通过联合信用中介部门、当地公安部门，以户籍为依据，对农户逐户进行排查，建立农户电子化的信用信息档案；通过与当地工商、税务部门联系，根据对农村小微企业的考察，可以建立农村小微企业信用评估体系，建立企业信用档案。

其次，当地政府在参与信用管理过程中可以组建专门的个人和企业信用登记部门，将从公安、工商、税务等部门得到的相关信用信息录入信用记录系统，予以登记；政府、村委会还能够通过组织借款人学习借贷知识，增强当地借款人的信用意识。

可见，在协同管理方法下，通过人民银行、信用中介部门、公安、工商、税务部门和地方政府、村委会的介入，农村信用体系得以全面建设和完善。

（二）有助于准确评价客户的信用状况

出于农业、农村和农民的特点考虑，对农村地区借款人信用状况进行评价应将"软信息"和"硬信息"相结合，因此，以往村镇银行根据对借款人基本信息的了解得出对借款人的信用评价并不准确。协同管理恰好可以利用多方参与的优势，多渠道收集信息，以改善村镇银行对借款人信息收集不全面的局面。

首先，协同管理对农户信息收集困难问题的解决有一定帮助。信用风险协同管理下，地方政府、村委会加入到村镇银行信用风险管理中来，通过向村委会、村干部深入了解，村镇银行可以得到更多关于农户的隐性信息，了解农户的信誉口碑、经营状况、生产能力、盈利能力、申请贷款是否用于生产性支出等，有助于村镇银行对农户信用状况的准确评价。

其次，协同管理对农村小微企业信息收集困难问题的解决有一定帮助。信用风险协同管理下，工商、税务部门参与到对农村小微企业信用调查中，村镇银行通过与当地工商、税务部门保持紧密联系，查看企业营业执照和基本信息、了解企业是否正常纳税；在对企业财务信息的调查上，考察企业的财务报表，可以引入专门审计部门作为第三方了解企业真实财务状况。

另外，通过协同管理，相关部门间在宏观形势下某行业发展情况、某类产品的市场供求变动、借款人信用状况等信息上实现共享。如保险公司发布行业信息、评级部门发布信用信息，这样的信息互补、互通和交流，有利于村镇银行在宏观和微观层面同时对借款人的贷款回收予以把握，有助于准确评价客户的信用状况。

协同管理通过调动多方参与和部门间信息共享，进行村镇银行信用风险管理，有助于村镇银行更全面地掌握借款人的信用信息，对借款人的信用状况做出更准确的评价。

（三）有助于提高村镇银行信用风险管理能力

根据村镇银行自身的特点可以发现，在信用风险管理上，村镇银行包括信用风险管理技术、方法在内的管理资源缺失问题非常突出，这阻碍村镇银行有效进行信用风险管理。而协同管理方法通过调动村镇银行与相关部门协同合作，采用资源互补的方式，提升村镇银行信用风险管理能力。

村镇银行进行信用风险管理需要多方面的资源配合，要提高村镇银行信用风险管理能力，必须尽力完善村镇银行在信用风险管理中缺少的资源，如先进的风险管理方法和技术、相应的保险产品、政府职能上的资金支持等。传统理论下，村镇银行应通过自身努力，发展自身所需要的资源，靠银行自身弥补这些短板，克服在信用风险管理中的薄弱环节。而在协同管理下，村镇银行不仅依靠自身力量，还通过与大银行、保险公司和政府等相关部门的协同合作，实现资源互补，弥补自身信用风险管理中的短板。例如，协同管理下村镇银行与大银行协作，向大银行学习，就是一个典型的资源互补的例子。

村镇银行由于成立时间短、发展规模小，在信用风险管理方面经验不足、体制不够成熟，而国内大银行在这方面有相对成熟的经验与方法，协同管理下，村镇银行可以与大银行进行合作，借鉴大银行的风险管理方法、员工培训机制，结合实际，为自身所用。具体做法如：在与大银行的协作中，村镇银行可以充分学习大银行的信用风险管理模式、信用风险管理方法，结合自身实际特点加以适当改造，逐步改变村镇银行以个人主观为主导的信用风险度量方式，学习采用计量模型进行风险管理，改善对信用风险的管理效果；通过学习和借鉴，完善自身信贷流程，提升对信用风险的预测能力和应变能力；村镇银行可以组织员工培训，传递大银行的信用风险管理理念，传授大银行信用风险管理经验，开展针对村镇银行自身信用风险管理的专业知识培训，提升员工技能和责任感。

资源互补，首先，增加了村镇银行在信用风险管理中可使用的资源数量；其次，在通过外力弥补自身缺陷的情况下，村镇银行节省了本已有限的人力、物力、财力，可以集中精力做好银行信用风险的管控。这些都有助于村镇银行提高信用风险管理能力。

（四）有助于推动村镇银行的业务创新

村镇银行信用风险协同管理，在相关部门间合作、信息共享的条件下，为村镇银行业务创新提供了机会。

首先，通过协同管理，村镇银行可以开展贷款模式创新，如开展关系型贷款。关系型贷款是指贷款人依据与潜在借款人通过交往关系获取的借款人口碑、个人能力等软信息来判断借款人的信用情况，它可以利用我国农村居民长期共同生活形成的一个个乡村关系网络、关系网络里软信息透明的特点，在我国农村金融环境落后、信用体系建设不健全的情况下，通过多渠道对借款人关系网络的深入，加强信息收集，可以很好地解决信息不透明的问题，管理村镇银行信用风险。

其次，通过协同管理，村镇银行可以在担保模式上进行创新，包括采取联合担保的机制和开发新型抵押物，创新抵押模式。

从联合担保机制看，村镇银行可以在企业与农户联系密切的领域开发"农户＋企业""农户＋行业协会＋企业"的担保机制，通过利用农户和企业长期合作，企业对其了解较深这一特点，让企业提供农户贷款担保，有利于管理村镇银行信用风险。

从开发新型抵押物、创新抵押模式看，村镇银行可以与政府合作，考虑将借款人提供的土地承包权、房屋和宅基地使用权、林权、农机具、养殖圈舍等生产设施、农村小微企业的厂房等作为有效的贷款抵押物，通过有效抵押物范围的扩大，管理村镇银行信用风险。

在协同管理下，通过村镇银行信息收集渠道、企业、政府部门的加入，村镇银行得以开展贷款模式创新、担保模式创新，有利于推动村镇银行的业务创新。

（五）有助于提高金融体系的整体风险防御能力

就对银行业的示范作用看。信用风险在我国银行业中普遍存在，信用风险的管理也是包括体制成熟、经验丰富的大银行在内所一直探讨的问题，协同管理在村镇银行信用风险管理中的有效运用，可以为其他银行业金融部门提供信用风险管理的示范，为信用风险问题的管理提供新思路、新方法，改善金融体系中信用风险严重的问题，降低金融体系的信用风险，一定程度上提高金融体系的风险防御能力。

就对整体金融体系的示范作用看。受我国"一行三会"金融管理体制的影响，我国金融部门之间经营相对封闭的情况较为严重，部门间沟通较少，更谈不上密切合作。金融部门独立运行下，各部门仅依靠自身对风险进行判断，风险判断能力相当有限，尤其在当前全球金融风险复杂、多变的情况下，独立运行的金融部门很难快速剔除众多干扰因素，识别金融风险，金融部门面临的金融风险严重。

村镇银行信用风险管理的协同合作实际上就是利用多方力量、借助多方资源对信用风险进行识别、管理，村镇银行有效地采取协同管理方法对信用风险进行管理将会对金融部门的合作起到示范作用，有利于金融部门间采取协同合作的方式进行金融风险的共同防御。金融部门从加强信息交流开始，协同合作，逐步摒弃部门间简单的层级罗列、平行关系，形成一个相互协调的系统，以整体系统的方式应对金融风险，并不断提高合作的深度和广度，在不断变化的金融环境中，抱团作战，提高金融体系整体对于风险的识别能力和防范能力。

在提高金融体系的整体风险防御能力这一问题上，村镇银行信用风险的协同管理实际上起到了示范作用，采用协同管理方法有效管理村镇银行信用风险将会促使其他银行、更多金融部门效仿，建立协同合作关系，有助于提高金融体系的整体风险防御能力。

第三节　村镇银行信用风险协同管理机制设计

一、村镇银行信用风险协同管理的结构与机制

（一）村镇银行信用风险管理中的协同活动

村镇银行信用风险协同管理以村镇银行信用风险为中心，充分利用信用风险管理中涉及的不同环节、不同部门之间信息、资源、功能等多样性的优势，对村镇银行信用风险管理中的不足予以补充，营造信用风险管理协同合作的统一整体，从而实现对村镇银行信用风险的有效管理。对村镇银行信用风险协同管理有如下两点认识：

（1）利用村镇银行信用风险管理涉及的多环节、多部门间存在的不同，使用差异化优势促进协同管理。村镇银行信用风险协同管理是认识到在村镇银行信用风险管理中，不同环节、部门之间在业务范围、经营能力、运行体制之间存在差异，这种差异通过各主体间缺乏协同意识、缺乏相关协同平台和协同组织表现出来，各环节、部门间表现出了明显的界限性。村镇银行信用风险协同管理的目的并不是使不同环节、部门间的差异消失，业务、能力、体制趋同，而是利用这种差异优势，达到不同信息交流、资源互补，增加总体可用资源量的效果。因此，村镇银行信用风险协同管理是在各主体间差异共存、资源互补的条件下，实现管理的多方协同，利用差异化的优势，达到有效进行村镇银行风险管理的目的。

（2）通过协同活动改善村镇银行信用风险管理中各环节、部门间界限明显的状况。当前我国村镇银行信用风险管理现状是环节、部门间界限明显，各自独立，表现为缺乏协同意识、缺乏相关协同平台和协同组织。其中，缺乏协同平台包括缺少信息共享、资源沟通的途径。缺乏协同组织包括环节间贷、评、管相脱节，客户管理机制不健全等村镇银行信贷业务环节的不协同；信息不共享、信用风险管理方法和经验不交流等村镇银行与涉农金融部门之间的不协同；忽视政府资金、技术调动能力的村镇银行与政府间不协同。由此通过一系列的协同活动，最终使信用风险管理涉及的环节、部门间树立协同意识、信息资源共享、建立协同平台、实现组织协同，实现村镇银行信用风险协同管理。

基于以上认识，可以构建村镇银行信用风险协同管理的基本思路，如图7-3所示。

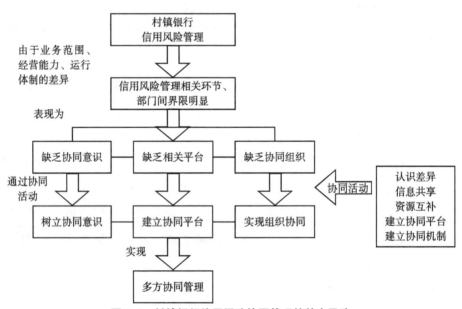

图7-3　村镇银行信用风险协同管理的基本思路

由图7-3可以发现，在缺乏协同到实现协同需要经历一系列协同活动，村镇银行信用风险管理通过这些协同活动，包括认识差异、信息共享、资源互补、建立协同平台和协同机制，实现了各环节、各部门从缺乏协同意识到树立协同意识、从缺乏相关平台到建立协同平台、从缺乏组织协同到建立协同组织的转变，形成了信用风险多方协同管理，对这一系列协同活动可以进行步骤细分。

首先，观察是认识差异的过程，认识到村镇银行信用风险管理中涉及的环节、部门间存在差异；其次，通过认识差异选择出对村镇银行信用风险协同管理有用的信息、资源；再次，将这些信息、资源组织起来，建立起协同平台和运行机制，使有用的信息实现共享、资源互补；最后，形成村镇银行信用风险协同管理的效果。图 7-4 是协同活动的具体步骤。

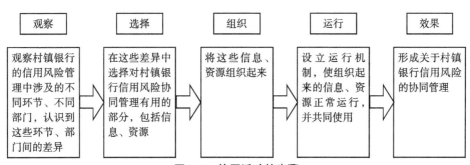

图 7-4　协同活动的步骤

（二）村镇银行信用风险协同管理的构成

村镇银行信用风险协同管理根据管理对象不同，可分为资源协同和组织协同两种类型，且两者都建立在协同活动、协同平台、协同组织之上。村镇银行信用风险协同管理结构如图 7-5 所示。

根据分类可以理解为，通过资源协同、组织协同使村镇银行达到信用风险管理的协同，那么为实现资源协同、组织协同，就需要分别设计村镇银行信用风险资源协同管理机制、村镇银行信用风险组织协同管理机制，通过两种机制的运行，分别实现村镇银行信用风险资源协同管理、组织协同管理，最终达到村镇银行信用风险协同管理。

（三）村镇银行信用风险管理的协同性分析

村镇银行信用风险管理系统的协同性，描述的是系统成员和子系统、子系统的整体协调性，主要表现在资源配置、组织管理、系统内部，以及系统

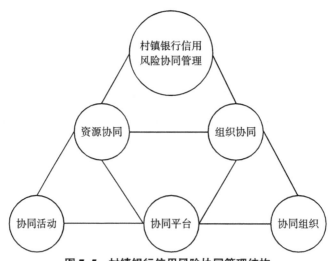

图7-5 村镇银行信用风险协同管理结构

整体与外部的适应程度等方面，数学表达式可写为：

$$H = h\left(h_1(\{r_i\}, \ c), \ h_2(o), \ h_3(e), \ h_4(a)\right) \tag{7-1}$$

（1）$h_1(\{r_i\}, \ c)$——资源协同性。$\{r_i\}$表示信息、人、财、物等要素，c表示系统构成，即子系统与要素的合理匹配。通过在信息，资金，生产技术，信用风险管理技术、方法和经验等方面的共享，实现信息、人、财、物等资源要素的协同。

（2）$h_2(o)$——组织协同性。表示组织关系，组织协同是指通过组织手段来达到各环节、各部门之间的相互配合和协调，形成有序的组织结构，使组织在横向——银行内部各环节间业务相配合、协调；纵向——不同部门有机结合，保持密切合作，形成组织协同。

（3）$h_3(e)$——系统内部的协同性。表示系统的内部变量，指内部各环节协同，具体表现为环节、部门间职责、权力明确、衔接得当、管控严格，成员工作态度严谨、信用风险管理意识强等，它促使系统内部形成一种协同合作的氛围，使整个系统呈现出有机组织的状态。

（4）$h_4(a)$——与外部适应程度。a表示系统与系统外部环境的适应度、协同性，强调系统自身发展与外部环境相适应的程度，包括政策环境、宏观市场环境等。

（5）h（·）——整体协同性函数。整体协同性函数是指资源、组织、系统内部环境、系统外部环境整体综合协同，表现为：资源合理配置、利用；组织结构健全、组织机制合理；内部形成各子系统协同合作的氛围；具备适应外部环境变化的能力。

（6）H——村镇银行信用风险管理系统。在由资源协同、组织协同、系统内部协同、系统与外部适应程度组成的整体协同函数下，形成了具有协同效应的 H，它表示村镇银行信用风险管理系统，含义是在村镇银行信用风险管理中，只有各种关系协同才能达到系统的协同。

在 H 中，资源更像是系统中所需要的要素配备，组织则是运送传输部分，资源、组织协同可以表现出由协同机制推动的具体几个方面的协同。内部协同强调的氛围更像一种无形的力量，通过资源、组织、内部协同，系统自然形成了一种可以适应外界变化的能力，由此村镇银行信用风险管理系统形成了协同管理。

而 H 作为村镇银行信用风险管理系统，在资源协同、组织协同、系统内部协同、系统与外部适应度协同的情况下，整体产生了协同效应。协同效应高的系统一般组织性强、适应能力强，因此，协同效应保障了村镇银行信用风险管理系统整体协调运行，减少冲突，系统的应变能力得以增强，系统的竞争力得以提升，村镇银行信用风险管理系统实现了协同管理，对村镇银行信用风险的有效管理起到积极作用。

（四）村镇银行信用风险资源协同管理机制设计

资源协同包括信息、人、财、物等协同，资源协同管理机制表现为建立一个资源协同平台，为这些资源突破环节、部门的限制和障碍进行共享提供途径，为实现村镇银行信用风险的协同管理而服务。资源协同平台实际上是为村镇银行信用风险管理所涉及的各方提供一种环境，平台上，各主体信息共享、资源互补，表面上看似经营范围、运行体制不同的各个主体得以联系在一起，实现资源协同。具体看，资源协同平台的协同内容如图 7-6 所示，包括信息，资金，生产、经营技术、信用风险管理技术，方法和经验。

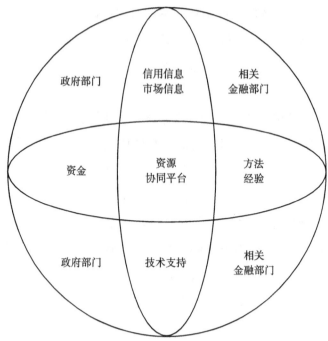

图 7-6　村镇银行信用风险资源协同管理机制

在信息协同方面，主要指来自政府部门、相关金融部门间信用信息、市场信息的汇总、分析、更新等在资源协同平台上的共享，以便参与协同管理的各主体及时掌握准确、最新的信息，结合自身需求加以合理利用。

在资金协同方面，对于政府部门对村镇银行的资金支持要说明的是，政府不是直接对村镇银行进行财力支持，而是通过其职能间接支持，以达到对村镇银行提供资金支持的目的。具体来看，政府可以通过资源协同平台，采取加大对村镇银行补贴力度、税收优惠等措施，保障村镇银行用于信用风险管理方面的资金充足。

在技术协同方面，政府部门通过资源协同平台得知村镇银行的需求，进而为村镇银行借款人提供相关生产、经营技术培训，尽量减少借款人因生产、经营技术缺乏导致的收益损失，在一定程度上协助村镇银行管理信用风险；发展时间长、体制较成熟的相关金融部门，通过资源协同平台，与村镇银行在信用风险管理技术上进行分享，为村镇银行信用风险的管理提供借鉴。

在方法和经验协同方面，相关金融部门如大银行，通过资源协同平台，在信用风险管理方面将其管理方法和经验与村镇银行进行交流，增强村镇银行信用风险管理能力。

通过资源协同平台这一途径，村镇银行信用风险管理的相关主体得以密切合作，建立了资源协同管理机制，实现了村镇银行信用风险资源协同，对完善村镇银行信用风险协同管理有重要意义。

（五）村镇银行信用风险组织协同管理机制设计

组织协同是指在资源协同的基础上，通过组织手段来达到各环节、各部门之间的相互配合和协调，形成有序的组织结构。可以通过建立健全相关机制和结构的方法，建立村镇银行信用风险组织协同管理机制，从而使组织在横向——银行内部各环节间业务相配合、协调；纵向——不同部门有机结合，保持密切合作，形成组织协同。具体来看，如图 7-7 所示，通过建立健全相关机制和结构的方法构建村镇银行信用风险组织协同管理机制表现在三个方面。

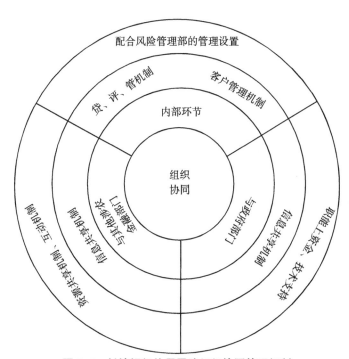

图 7-7 村镇银行信用风险组织协同管理机制

（1）内部环节间，通过改变村镇银行信贷业务中贷、评、管相脱离的现状，建立贷、评、管协同配合的机制；建立客户管理机制，重视对客户细分、对客户经理的培养和管理；在风险管理部之外建立与之相适应的管理体制和机构，完善风险管理部的职责等，共同构建村镇银行信用风险组织协同管理机制，实现内部环节组织协同。

（2）与其他涉农金融部门之间，村镇银行通过与之建立信息共享机制、资源共享机制，在信用、市场信息、风险管理经验与方法上加强互动，构建村镇银行信用风险组织协同管理机制，形成村镇银行与其他涉农金融部门的组织协同。

（3）与相关政府部门之间，通过信息共享机制，村镇银行可以从政府部门获取信用信息；通过政府补贴、税收优惠等形式，村镇银行可以获取政府职能上的资金支持；通过参与学习政府组织传播的生产、经营技术，使村镇银行借款人获取政府技术支持，构建村镇银行信用风险组织协同管理机制，达到村镇银行与政府部门的组织协同。

二、村镇银行信用风险管理系统的自组织分析

（一）村镇银行信用风险管理系统的自组织条件分析

根据哈肯的观点，一切开放的系统都会在一定条件下呈现出非平衡的有序结构，都可以应用协同学，本书把村镇银行信用风险管理看作一个系统，这个系统不仅可以应用协同学，并且由于村镇银行信用风险管理需要多主体的参与，更加适合采用协同管理的方式。

村镇银行的信用风险协同管理实际上依赖村镇银行信用风险管理系统的自组织性。自组织是由系统内在动力形成的结构，强调通过自组织实现系统的协同效应，而当系统具备开放性、系统内部存在涨落和非线性相互作用时，系统就会形成自组织。

村镇银行信用风险管理系统满足自组织形成的条件，分析如下：

1. 村镇银行信用风险管理系统的开放性

封闭的系统是无法自发组织、自发向有序方向演化的，与封闭系统相对

应，系统的开放性是指系统在没有外界特定强迫的情况下，自发不断地和外部进行信息、能量和物质的交换，系统内众多子系统逐渐从混沌趋向有序。

村镇银行信用风险管理系统涉及多个环节、多个部门，即相当于整个管理系统中包含多个子系统。由于金融环境多变，村镇银行所服务的行业——农业具有不稳定性，不同类别农产品的市场供求常处于变化中，农村借款人的信用不确定性大等，村镇银行面临的信用风险变得复杂、多变。在这种情况下，通过信用风险管理系统内部结构与外部政策、行业、市场环境的持续相互作用，村镇银行信用风险管理系统与外界不停地交流信息、物质等，系统的结构和功能在自发进行改变，随着系统内部子系统之间相互作用及整体的协同效应，系统自发向有序方向演化。

由此可见，村镇银行信用风险管理系统不仅是一个具有开放性质的系统，而且在不断发展中，开放性会逐渐增强。

2. 村镇银行信用风险管理系统存在涨落

涨落实际是一种非平衡、非稳定的表现。

在系统中，参与管理的各个子系统都是存在差异的，在业务范围、经营理念、经营能力、资源获取、组织结构和运行体系等方面存在不同程度上的差别，由于这种差别的存在，在村镇银行信用风险管理系统运行中，一定会出现各种形式的矛盾和冲突，而当冲突到达某个临界点时，就会影响到整个村镇银行信用风险管理系统的运行，改变系统现有的状态，甚至产生相变，这证明村镇银行信用风险管理系统存在涨落。

3. 村镇银行信用风险管理系统内部存在非线性的相互作用

村镇银行信用风险管理系统包含众多子系统，各子系统间通过信息共享、资源互补进行协同合作，保持密切联系，实现村镇银行信用风险的协同管理，提升了系统整体竞争力。这种协同产生的效果不是各子系统独立工作下工作效果的简单叠加，而是成倍地增加，达到了"1 + 1 > 2"的效果，是一种非线性关系。

在村镇银行信用风险管理系统的演化中，村镇银行信用风险管理系统内部各要素通过相互作用、关联，形成协同效应，这种协同效应实则是在非线性作用下，使村镇银行信用风险管理系统出现整体行为，小涨落得到放大，系统出现稳定—非稳定—新的稳定的阶段性演化。

因此，村镇银行信用风险管理系统内部存在非线性的相互作用。

（二）村镇银行信用风险管理系统的自组织演化分析

任何一个系统都会经过发展、成熟、衰退的一系列演化过程，演化是系统运动的基本特征，本书把村镇银行信用风险管理系统结构、功能、状态随时间推移而变化的现象称为村镇银行信用风险管理系统的演化。

村镇银行信用风险管理系统的自组织演化是指在村镇银行信用风险管理系统演化发展中，在远离平衡点的非线性范围内，通过系统与外界不断自发进行信息、能量、物质的交换，形成的系统从无序状态演化成新的有序状态，新的稳定结构的产生、转化的关键就在于系统内部的非线性作用。为清晰地了解这种自组织演化过程，可以进行如下分析。

设村镇银行信用风险管理系统内部有两个存在利益相关关系的子系统 A、B，t 时刻这两个子系统的规模是 $n_1(t)$ 和 $n_2(t)$，首先假设系统中要素是一定的，把系统中资源、信息等相关要素定义为被各利益相关的子系统充分利用，达到自然状态。系统中存在的单个影响因素在发展中受到其他子系统竞争与协同的影响，这种竞争与协同可能带来的正效应和负效应用 k_1 和 k_2 两个影响系数表示。$k_1 \cdot k_2 < 1$，表示两个子系统对村镇银行信用风险管理系统涨落带来效应的综合影响，k_1 表示子系统 B 发展的好坏对 A 涨落产生的影响系数，k_2 表示子系统 A 发展的好坏对 B 涨落产生的影响系数。由此得出村镇银行信用风险管理系统相互影响的两子系统间演化模型为：

$$\begin{cases} \dfrac{dn_1}{dt} = P(n_1, \ n_2)n_1 \\[2mm] \dfrac{dn_2}{dt} = Q(n_1, \ n_2)n_2 \end{cases} \tag{7-2}$$

其中，

$$\begin{cases} P(n_1, \ n_2) = k'_{10} + k_{11}n_1 + k_{12}n_2 \\ Q(n_1, \ n_2) = k'_{20} + k_{21}n_1 + k_{22}n_2 \end{cases} \tag{7-3}$$

其中，k'_{10}，k'_{20} 分别表示村镇银行信用风险管理系统外部因素对子系统A、B的综合影响系数，$P(n_1, n_2)$、$Q(n_1, n_2)$ 分别表示A、B的演化趋势函数，表示A、B在系统演化中规模的变化，对村镇银行信用风险管理系统子系统间自组织演化可以进行如下定性分析：

由式（7-3）可知，如果 $\dfrac{\partial P}{\partial n_2} < 0$，$\dfrac{\partial Q}{\partial n_1} < 0$ 即表示两个子系统在系统演化中资源、信息等相关要素没有充分利用，定义为此时村镇银行信用风险管理系统子系统间出现了竞争的演化关系，竞争使子系统在获取信息、能量、物质方面开始不均衡，一旦有子系统率先进行改变，就会出现涨落，随着涨落的放大，系统发生质变，形成新的有序状态。

当 $\dfrac{\partial P}{\partial n_2} > 0$，$\dfrac{\partial Q}{\partial n_1} > 0$ 即表示村镇银行信用风险管理系统子系统演化发展状况为协同关系，与竞争关系相反，协同反映的是不同子系统间合作的状态，表示此时村镇银行信用风险管理系统子系统间相互合作和吸引，涨落的放大实际上是协同作用的结果，协同使得村镇银行信用风险管理系统处于稳定状态。

当 $\dfrac{\partial P}{\partial n_2} < 0$，$\dfrac{\partial Q}{\partial n_1} > 0$ 或者 $\dfrac{\partial P}{\partial n_2} > 0$，$\dfrac{\partial Q}{\partial n_1} < 0$ 时，则表明村镇银行信用风险管理系统子系统A、B间既存在竞争，也存在协同，且竞争和协同在不断相互转化，两者在村镇银行信用风险管理系统中的主导地位不断变换。

由此可以得出，一方面，村镇银行信用风险协同管理系统的子系统间存在竞争演化关系，并最终协同，形成新的有序、稳定的结构；另一方面，村镇银行信用风险管理系统在自组织过程中具有不稳定性，这需要在客观上采取一些措施对村镇银行信用风险管理进行调节，以达到系统自组织控制，实现有序状态。

客观上对村镇银行信用风险管理进行调节的措施如下：采取加强农村信用体系建设的措施，通过健全我国农村地区征信制度，有效管理与收集农村地区借款人信用信息，使村镇银行信用风险管理系统趋向有序；采取加强农业保险体系建设的措施，健全村镇银行风险转移和分担机制，使村镇银行信用风险管理系统趋向有序；通过与大银行合作，使村镇银行与大银行在信用风险度量技术、管理经验上不断交流，达到提升村镇银行风险测量技术和风险管理水平的目的。这些措施均可以对村镇银行信用风险管理进行调节，实现村镇银行信用风险管理系统的有序。

三、村镇银行信用风险管理系统的序参量分析

自组织的过程实际上就是变量间进行相互作用的过程，序参量的提出使这一过程得以简化描述。

序参量来源于系统中子系统间的竞争协同，一旦产生，它的变化还会对子系统运动进行支配，对系统整体演化进程进行主导。系统运动过程的实质就是通过竞争协同产生序参量，序参量又反过来支配系统。

村镇银行信用风险管理系统中的序参量，是村镇银行信用风险管理系统的主要影响因素，它由村镇银行信用管理系统各子系统竞争协同产生。它的变化又会引发村镇银行信用风险管理系统中各子系统的变化，是村镇银行信用风险管理系统发生质变最突出的标志。根据村镇银行信用风险协同管理机制的特点，目前认为村镇银行信用风险管理系统中序参量主要是管理收益、运行机制和相关从业人员素质三个因素。

（一）管理收益

村镇银行信用风险的管理收益可以理解为因信用风险管理而使各环节、各部门组成的子系统在效率、稳定、公平以及竞争等方面达到的合意的水平或程度。具体来看，这种管理收益表现为信用风险管理使各子系统收入水平提高。

村镇银行各环节的协同管理，提高了村镇银行整体竞争力，村镇银行收入能力提高；相关部门如保险部门拓展了新业务；村镇银行更好地服务农村地区，地方政府税源得以稳定；等等。比照没有进行信用风险协同管理，风险严重的情况，这种收入水平的提高完全得益于子系统间的协同合作。

同时，管理收益一旦产生，它的变化对村镇银行信用风险管理系统各子系统的行为起支配作用，管理收益的大小影响着子系统是否继续协同、子系统协同是否紧密等。

可以看出，村镇银行信用风险管理系统中子系统的协同产生了管理收益，同时，管理收益的变化又决定了系统中各子系统的行为，主导系统整体演化进程。所以，管理收益可以看作村镇银行信用风险管理系统的序参量。

（二）运行机制

村镇银行信用风险管理系统由众多环节、部门构成的子系统组成，由于多个子系统的存在，信用风险管理系统运行下，必然产生子系统之间的运行机制。

同时，运行机制一旦产生，它的变化将支配子系统的行为，主导系统整体演化进程。

成熟的运行机制会使管理系统在根本上为越来越多的子系统所认可，各子系统在运行机制下，逐渐磨合、逐渐调整、互相适应，最终整合成一个有机整体，信用风险管理系统趋向有序，形成稳定的协同；由于各子系统经营范围、管理理念、运行体制、组织结构、价值取向等不同，在运行机制不成熟的情况下，协同关系也难以为继，各系统在协同的外衣下貌合神离，逐渐产生对抗，无序现象严重。

可见，村镇银行信用风险管理系统中子系统的协同产生了运行机制，而运行机制发展的成熟与否又会支配各子系统的行为，主导系统整体演化进程。所以，运行机制可以看作村镇银行信用风险管理系统的序参量。

（三）相关从业人员的素质

子系统中相关从业人员的素质包括从业人员知识水平、业务技能、学习能力、协同意识、职业道德等。村镇银行信用风险管理系统中子系统的协同对相关从业人员素质有具体的要求，因此，相关从业人员素质这一变量产生。

而村镇银行信用风险管理系统的运行需要高素质的从业人员参与其中，从业人员素质过低将会对整个系统的正常运行产生消极的影响，所以，相关从业人员素质的高低直接影响村镇银行信用风险管理系统的运行。

村镇银行信用风险管理系统中子系统的协同产生对相关从业人员素质的要求，而相关从业人员素质的高低又起着支配子系统行为，主导系统整体演化进程的作用。所以，相关从业人员的素质可以看作村镇银行信用风险管理系统的序参量。

由于序参量一旦产生就起着支配系统演化进程的作用，并决定着系统演化的结果，因此，想达到对村镇银行信用风险管理系统的有效调节，就要对序参量施力，作用于系统序参量管理收益、运行机制和相关从业人员素质。这一作用机理实际上可以表述为，通过建立村镇银行资源、组织协同管理机制，作用于序参量，通过序参量的变化实现系统演化的改变，最终实现村镇银行信用风险协同管理，如图 7-8 所示。

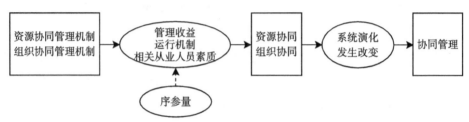

图 7-8　村镇银行信用风险协同管理作用机理

四、村镇银行信用风险协同管理机制的运行原则

（一）需求导向原则

需求导向原则是指以客户，即借款人的需求为导向，所有的流程、资源、技术都以满足客户需求为目的的原则。村镇银行信用风险协同管理机制必须以客户的需求为导向运行，具体包括以下两方面：

首先，大多数金融部门都是面向客户、服务客户、由客户为其创造收益的，村镇银行也不例外。客户资源是村镇银行最根本的财富来源，甚至决定着村镇银行的兴衰。因此，村镇银行信用风险协同管理机制也要以满足客户需求为主要目的的运行。

其次，村镇银行信用风险的协同管理在多个方面都体现了服务客户这一思想。村镇银行信用风险协同管理可以提高村镇银行信用风险管理能力，使村镇银行更稳定地经营下去，为农村地区借款人提供服务；信用风险得到管理也有利于防止村镇银行因为对信用风险的过度恐慌，造成对信贷发放控制过于严格，导致真正需求资金的借款人无法得到贷款的现象出现；协同管理下，村镇银行信贷业务相关措施的完善、其他业务的逐渐完善，也有利于更好地满足当地借款人的需求，为当地借款人提供服务。可见，由于村镇银行协同管理具有为客户服务的思想，村镇银行信用风险协同管理机制的运行要以银行客户需求导向为原则。

无论从村镇银行的财富来源看，还是从村镇银行信用风险协同管理的意义看，村镇银行信用风险协同管理机制都需要以满足客户需求为原则运行，实行需求导向原则。

（二）整体系统原则

整体系统原则是指在思考问题时，需要有系统的思维，通过系统的理论、方法，以整体观念制定对策、解决问题的原则。

整体系统原则强调全局视角，强调从全局出发来思考问题，对于村镇银行信用风险协同管理来说，对信用风险问题的管理就是要做到从风险管理中各环节、部门的运作不足出发，从整体上着眼关于信用风险有效管理对策的思考，而不是单纯从村镇银行内部或者从村镇银行外部寻找风险管理的对策。而且，只有从村镇银行内部各个工作环节、外部部门同时寻找村镇银行信用风险管理的办法，才能实现信用风险的协同管理、有效管理。据此，为实现村镇银行信用风险协同管理，保证村镇银行信用风险管理的有效性，村镇银行信用风险协同管理机制就需要以整体系统为原则运行。

（三）共赢原则

共赢原则是指各参与方在协作中实现利益共享，实现整体利益最大化的原则。当然，在整体利益最大化的过程中，不排除有参与方做出利益的暂时让步及牺牲，但从长远来看，这些参与方的利益会随着协作的发展得到补偿，最终会得到协作的收益。

一项管理，只有对参与者有利，才能激发参与者的参与动力，促使参与者进行协作，对参与者没有利益，或只对某个、某些参与者有利，这种协作是难以为继的。村镇银行信用风险协同管理涉及多环节、多部门之间协作协同，只有各环节、各部门在协作中得到收益，村镇银行信用风险协同管理才能持续维持下去。因此，村镇银行信用风险协同管理机制的运行一定要以共赢为原则。

一项管理只有使参与者从中获利，才能激发其参与动力，并减少管理推行的阻力，所以，村镇银行信用风险协同管理要重视各环节、各部门，村镇银行信用风险协同管理机制运行要注意遵循共赢原则。

第四节　村镇银行信用风险协同管理的政策建议

一、加强农村信用体系建设

征信制度通过节约相关金融部门的交易费用和提高失信人的机会成本来实现信用环境的改善，而我国农村地区由于居民居住分散，征信成本高，导致征信制度建设动力不足，征信制度不健全。为加强农村信用体系建设，就需要在农村地区健全覆盖大部分居民的个人征信制度和覆盖全部小微企业的企业征信制度。

首先，在个人征信制度建设方面，应结合农户特点灵活选择农户信用评定指标，可以选择包括如农户名声、口碑等软信息在内的农户的品德，收入情况，贷款用途以及所在村镇的信用环境等指标；依据这些指标在对农户信用信息收集时，借助地方政府、村委会的力量，通过村委会、村干部的加入，得到更多关于农户信用的隐性信息，了解农户的信誉口碑、经营状况、生产能力、盈利能力、申请贷款是否用于生产性支出等信息，对农户信用信息进行全面收集。

其次，在企业征信制度建设方面，对农村小微企业信用评定则可以侧重如企业职工关于企业目前经营状况的评价，企业的财务报表信息，企业在工商、税务部门的登记情况等信息；在收集农村小微企业这些信用信息时，加入企业职工、第三方审计部门、工商、税务部门，对企业职工进行走访获取企业日常经营的详细信息，借助审计部门的帮助考察企业的财务报表，深入了解企业真实财务状况，通过查看企业营业执照了解企业是否仍正常经营，了解企业是否正常纳税等，全面收集农村小微企业的信用信息。

同时，也要注重发挥信用评级部门、律师事务所、会计师事务所等中介部门的作用，发掘和培育专业的征信部门涉足农村地区的征信制度建设，加强农村地区信用主体信用信息的调查、收集、整理、保存工作。在农村地区征信工作发展渐趋成熟时，还可以实现地区间信用信息共享、在全国范围内建立信用信息共享系统，进一步缩小因信用信息不对称、信息不能共享导致的部分主体信用违约的空间。

二、加强农业保险体系建设，健全风险转移和分担机制

农业保险通过对投保生产者进行补偿，保障生产者的生活并恢复其生产、恢复其偿还贷款的能力，归还村镇银行贷款，对村镇银行信用风险转移和分担有很大的积极作用。

但由于自然灾害具有种类多、发生不定期、危害面积大等特点，农业保险成本高、风险高、赔付高，还因其面向农户，保费低，因此，目前我国农业保险还属于政府提供保险供给的政策性保险，保险普及率低；少有的推行农业保险的商业保险公司，也由于开发动力不足，导致农业保险险种单一。为实现村镇银行信用风险协同管理，提高村镇银行信用风险管理水平，应加强我国农业保险体系建设，健全村镇银行信用风险转移和分担机制。

首先，从商业保险公司来看。出于对农业保险产品收益小、成本高特点的考虑，政府应给予商业保险公司一定的资金支持，如适当的财政补贴和税收优惠，通过国家支持、政府补贴的形式鼓励商业保险公司利用其专业的保险经验，开发、推出更多的农业保险险种，覆盖更多的农作物和养殖农产品，进一步适合市场、农户需要；鼓励商业保险公司大力推广农业保险产品，利用商业保险公司在保险行业的占有率，提高农业保险的覆盖率。

其次，从政策性农业保险公司来看。实际上，农业保险要实行政策性保险和商业保险相结合的办法，对一些高成本、高风险的商业保险不愿涉足的农业保险险种，由政策性保险公司开发具有政策优惠性质的险种，来弥补商

业保险公司由于性质所限导致销售的农业保险险种不全的缺点，进一步丰富我国农业保险险种。

最后，政府部门和各类保险公司要加强对农业保险的宣传强度，加大对农业保险的宣传力度，通过积极地推广让更多的农户了解农业保险相关知识，提高保险意识，培养购买农业保险的习惯，扩大农业保险覆盖率。

通过逐步完善我国农业保险体系，不断丰富我国农业保险险种，提高我国农业保险在农村地区的覆盖范围，可以极大地保障农户利益，降低农户因自然灾害或意外导致收益受损的程度，降低农户违约风险，同时也有效管理了村镇银行信用风险。

三、合作开展贷款模式创新

关系型贷款是指贷款人依据与潜在借款人通过交往关系获取的信息来发放贷款，关系型贷款更侧重借款人品格、口碑、声誉、个人能力、家族和家庭等软信息，通过这些软信息判断借款人的还款能力和信用情况，从而决定贷款发放与否。关系型贷款在信用信息不好调查、无详细记录的情况下，可以很好地解决信息不透明的问题。

我国农村金融环境落后，信用体系建设不健全，村镇银行贷款业务的信用风险很大，但我国农村由于居民长期共同生活形成了以村落、街坊、邻居、家族、家庭为圈子的乡村关系网络，在这个网络里，软信息是透明的，因此，村镇银行管理信用风险时，应充分利用乡村网络关系开展关系型贷款。

第一，着眼优质借款人的关系网络。村镇银行可以与部分还款能力强、信用状况好的优质借款人建立关系型贷款，通过与优质客户的长期合作，保持密切联系，以此介入优质借款人的关系网，收集和了解其他相关借款人的软信息。

第二，着眼于弱势借款群体。由于优质借款人的关系圈子有限，且其关系网络中优质客户一般占绝大比例，所以，针对弱势借款人群体，为介入他们的关系网络，村镇银行要培养专业的、有亲和力的、沟通能力强的银行信贷人员，让他们深入农村、深入借款人。通过向村干部、村里有威望的人多方打听和实地调查，介入弱势借款人关系网，了解和收集更多关于弱势借款人的软信息。

第三，着眼于村镇银行工作人员的选拔。在村镇银行的工作人员招聘中，要充分考虑当地人对本地信息了解较多且基于已形成的关系网络使其具有了解更多信息的能力的优势，尽量多接收来自当地的大学生等作为村镇银行职工，包括上文所提及的信贷员一职，当地大学生由于具有关系基础会更能胜任。当然，在使用当地人员作为职工的同时，一定要设立严格的约束制度，惩罚和激励共存，防止出现内、外部人员勾结引发银行信用风险的现象。

关系型贷款就是从目前村镇银行在农村的信息收集困境出发，多渠道、多方式使村镇银行深入一个个乡村关系网络中，通过对借款人圈子的深入了解加强信息的收集，管理村镇银行信用风险问题。

四、推动担保模式创新

村镇银行在担保模式上的创新包括采取联合担保的机制和开发新型抵押物，创新抵押模式。

从联合担保机制看。所谓联合担保，是指村镇银行在企业与农户联系密切的行业、领域，开发"农户＋企业"的担保机制，利用企业对原材料的需要，村镇银行将贷款发放给相关农户，企业用收购农产品的资金作为担保，在农户违约时归还给银行。利用农户和企业长期合作，企业对其了解较深这一特点，让企业提供农户贷款担保，有利于管理村镇银行信用风险。在此模式中，还可以增加行业协会这一担保主体，形成"农户＋行业协会＋企业"的担保机制，通过行业协会的专业性，进一步完善联合担保机制的运行。

从开发新型抵押物、创新抵押模式看。有效抵押物的缺乏使村镇银行信用风险加大，因此，村镇银行有必要与政府合作，开发新型抵押物形式，创新抵押模式。

首先，考虑价值较大的抵押物，在借款人资金需求量大的情况下，开发由借款人提供土地承包权作为抵押物的村镇银行贷款，将房屋和宅基地的使用权纳入抵押范围。

其次，考虑其他抵押物形式，包括在不转移对森林资源占有权的情况下实行林权抵押贷款，用林木、森林以及林地使用权作为抵押；在不转移对水域占有权的情况下，实行养殖水面使用权的抵押；农业大棚、农机具、养殖圈舍等生产设施的抵押；牲畜、果园抵押；等等。对于农村小微企业，厂房、生产设施、原材料和产品也可以作为有效的贷款抵押物。通过有效抵押物范围的扩大，管理村镇银行信用风险。

通过采取联合担保机制、开发新型抵押物、创新抵押模式的方式，村镇银行可以实现在担保模式上创新，以及担保人和有效抵押物的增加，有利于管理村镇银行信用风险。

五、与大银行合作，提升风险测量技术和风险管理水平

村镇银行可以通过与大银行合作的方式学习大银行较为成熟的信用风险管理方法，学习大银行较为成熟的员工信用风险管理培训机制，提升村镇银行信用风险测量技术和信用风险管理水平。

村镇银行可以通过多种方式与大银行建立合作关系，如对于金额较大的贷款项目，村镇银行可以采用与大银行联合发放的方式进行合作，在合作中学习大银行对于信用风险的管理方法。具体可以从以下两个方面进行借鉴与学习：

首先，通过与大银行合作，建立符合村镇银行实际的信用风险预警系统；提高村镇银行信用风险管理模型化的技术，在信用风险管理中大量运用数理模型和金融工程技术，对信用风险实行定量分析；在贷款环节中，逐步改善村镇银行信贷员主观思想占主导地位的情况，从仅考察借款者信用状况和还款能力的定性分析向量化分析转变。

其次，充分学习大银行成熟的员工信用风险管理培训机制，从信用风险管理技能即业务水平、信用风险管理意识两个方面系统地对员工进行培训，使村镇银行员工在贷款业务办理中通过专业技能识别信用风险，以强烈的责任感严格遵守贷款业务各流程，意识到信用风险对于村镇银行发展的危害，树立信用风险管理意识。

六、政府要为村镇银行的信用风险协同管理提供支持

在资金方面，首先，村镇银行贷款业务的信用风险主要集中于支农惠农项目上，因此，政府应加大对村镇银行支农惠农项目的补贴力度，可以采用贴息贷款、建立专项资金补助等方式对村镇银行支农惠农项目的信用风险予以资金补偿；其次，对村镇银行实行税收优惠政策，采取如暂免征收村镇银行企业所得税、降低村镇银行营业税等措施；最后，通过中央政府、地方政府共同出资，建立村镇银行贷款信用风险补偿基金，补偿基金用于对购买农业保险的借款人进行补贴，提高借款人购买农业保险的积极性，管理村镇银行信用风险。

在技术、方法方面，政府要积极组织对村镇银行借款人生产技术、经营方法的培训。政府可以组织村镇银行借款人参与种植技术、养殖技术、农村小微企业经营管理方法的培训，通过有针对性地为借款人提供所需技术和方法，尽量避免村镇银行借款人因生产技术、经营方法的缺失导致的生产、经营失败，收益受损，还款能力受损。

在诚信建设方面，政府要积极加强包括农户个人和农村小微企业在内的两大主体诚信建设力度。一是进行个人诚信建设，建立农户电子化的个人信用信息档案，通过诚信宣传和教育，建立与信用社会相适应的个人行为规范，使农户在与村镇银行的信贷活动中，做到讲信用、守信用；二是推动农村小微企业的诚信建设，建立农村小微企业的信用档案，引导企业诚信经营。

第八章
格莱珉银行和孟加拉国的小额信贷

第一节 引言

孟加拉国小额信贷的历史在全球是众所周知的，它始于 20 世纪 80 年代。在此之前，人们从当地的高利贷者那里获得小额或相对较大额的贷款。在某种程度上，这种做法至今并没有完全消失。1976 年，穆罕默德·尤努斯（Muhammad Yunus）教授创办了格莱珉银行（Grameen Bank，GB），在孟加拉国推出了第一笔小额信贷。格莱珉银行是作为传统金融机构创建的，目的是向农村地区那些没有实际抵押担保的、无助和绝望的贫困人口提供金融支持。格莱珉银行通过消除对抵押品的需要，扭转了传统银行的业务惯例，并建立了一个基于互信、问责、参与和创新的银行业务系统。格莱珉银行为孟加拉国农村地区最贫困的人提供信贷，不需要提供任何担保。在格莱珉银行，信贷是消除贫困的一种具有成本效益的武器，它是促进穷人的社会经济条件全面发展的催化剂，这些穷人一直被排除在银行业务之外，理由是他们很穷，因此无法获得银行贷款。"格莱珉银行"创始人尤努斯认为，如果能够在适当和合理的条件下向穷人提供金融资源，"这些数以百万计的小规模人口加起来就能创造最大的发展奇迹。"

截至 2018 年 12 月，格莱珉银行拥有 908 万会员，其中 97% 是女性；拥有 2568 个分支机构，在 81677 个村庄提供金融服务，覆盖孟加拉国 93% 以上的村庄。包括世界银行、国际食品研究政策研究所（IFPRI）和孟加拉国发展研究所（BIDS）在内的外部机构进行的许多独立研究，都记录了格莱珉银行对贫困和以前贫困的借款人的积极影响。

第二节　格莱珉银行的发展历史

格莱珉银行（Grameen Bank）（Grameen 在孟加拉语中是"乡村"的意思）的诞生源于一位年轻的经济学家穆罕默德·尤努斯，他 1969 年在美国范德比尔特大学（Vanderbilt University）获得经济学博士学位，随后在美国田纳西州立大学任教。1972 年，尤努斯在孟加拉国独立后不久就回到国内，在吉大港大学（University of Chittagong）经济系任教并担任系主任。当他看到人们在 1974 年的饥荒中挨饿时，他对抽象理论感到沮丧。在寻找帮助穷人的方法过程中，他遇到了一位想借到不足 1 美元的竹器编织者，教授从自己的口袋里借给了这位编织女工 0.64 美元，帮助她渡过难关。然后，在 1976 年之后，吉大港大学农村经济学项目负责人尤努斯教授在吉大港大学附近的乔布拉村（Jobra Village）启动了一项行动研究项目，由吉大港大学设计一个信用交付系统，来探究为农村贫困人口提供金融服务的可能性。1976 年，尤努斯在乔布拉村对 42 名最穷的农户进行每人贷款 27 美元的小额信贷实验。在 1976~1979 年，这项行动研究显示了它与乔布拉村和一些邻近村庄的优势。他发现穷人和低收入群体都面临着与信贷可获得性相关的重大问题，他们缺乏可用作抵押的资产，缺乏财务记录和有限的信用记录，这使得他们实际上难以从正规金融机构获得信贷。由于缺乏资金，穷人的生产力低下，通常从事的是个体经营的经济活动。因此，为穷人提供信贷有助于解决穷人的经济问题。一般认为，小额信贷方案是为穷人提供获得信贷的机会，从而减少贫困和实现发展目标的一种实际和有吸引力的手段。

1983 年，根据孟加拉国银行通过的一项特别法律，格莱珉银行转型为一家正规银行。格莱珉银行项目开始运作，其目标如下：

（1）向贫困男女提供银行服务；

（2）减轻偏远地区放贷人对穷人的剥削；

（3）为孟加拉国农村地区的失业人员创造自我就业机会；

（4）将弱势群体（主要是最贫困家庭的妇女）置于组织形式的范围内，他们可以自己理解和自我管理；

（5）扭转"低收入，低储蓄，低投入"这个古老的恶性循环，进入"低收入，注信，投资，多收入，多储蓄，多投资，多收入"的良性循环。

根据孟加拉国政府 1983 年 10 月 2 日的一项法令，该项目被授权并设立为独立银行。银行家罗恩·格里兹温斯基（Ron Grzywinski）和芝加哥的一家社区发展银行——肖尔银行（Shore Bank）的玛丽·霍顿（Mary Houghton），帮助穆罕默德·尤努斯教授在福特基金会的资助下，正式组建了格莱珉银行。受到 1998 年孟加拉国洪水后经济中断的影响，格莱珉银行的还款率一度很低，但随后几年又恢复了正常。截至 2005 年初，该银行贷款超过 47 亿美元，截至 2008 年底，向贫困人口提供贷款 76 亿美元。

该银行的资金来源多种多样，主要出资者也在不断变化。在最初几年，捐助机构常常以低利率提供大部分资金。到 20 世纪 90 年代中期，该银行开始从孟加拉国中央银行获得大部分资金。最近，格莱珉银行开始将发行债券作为重要的融资来源，这些债券受到隐性补贴，因为它们由孟加拉国政府提供担保，但它们仍以高于银行利率的价格出售。2013 年，孟加拉国议会通过了《格莱珉银行法案》，取代了 1983 年的《格莱珉银行条例》，授权政府为格莱珉银行的运作制定规则。

格莱珉银行还涉足社会商业和创业领域。2009 年，格莱珉银行创意实验室与尤努斯中心合作举办了全球社交商务峰会，这次会议已成为全球社会企业促进讨论、行动和合作的主要平台，以便为困扰世界的一些最紧迫的问题制定有效的解决方案。

一、格莱珉银行的创始人

穆罕默德·尤努斯于 1940 年 6 月 28 日出生在吉大港哈塔扎里的巴苏瓦村，当时这里是东孟加拉邦的商业中心。他是 14 个孩子中的第三个，其中 5 个在婴儿期夭折。他的父亲是一位成功的金匠，总是鼓励他的孩子们接受高等教育。然而，对尤努斯产生最大影响的还是他的母亲苏菲亚·哈通（Sufia Khatun），她总是帮助任何敲门的穷人或亲戚，这激励他致力于消除贫困。他的童年都是在村里度过的，1947 年他全家搬到吉大港市，他的父亲在那里经营珠宝生意。

1974 年，在吉大港大学任教的尤努斯带领他的学生到一个贫穷的村庄进行实地考察。他们采访了一位制作竹凳的女士，并了解到她必须借用相当于 15 便士的价格来买制作竹凳的原料和工具。她在偿还中间商的报酬后，所得利润空间很小，只剩下 1 分钱的利润。

由于意识到他所教授的经济学存在严重错误，尤努斯亲自动手，并从自己的口袋里拿出了相当于 17 美元到 42 美元的编织篮钱。他发现，用这么少的钱不仅可以帮助他们生存，而且还可以激发他们的个人主动性和使他们摆脱贫困所必需的企业精神。在银行和政府的建议下，尤努斯继续发放"小额贷款"，并于 1983 年成立了格莱珉银行，这是建立在信任和团结原则基础上的一种"乡村银行"。格莱珉银行的方法应用于 58 个国家的项目中，包括美国、加拿大、法国、荷兰和挪威。

尤努斯做出的杰出贡献，使他获得了 60 多项荣誉，如 1978 年孟加拉总统奖、1985 年孟加拉银行奖、1994 年世界粮食奖、1998 年悉尼和平奖、2004 年《经济学人》颁发的社会经济创新奖、2009 年由奥巴马颁发的美国总统自由勋章等。2006 年，尤努斯与孟加拉乡村银行共同获得诺贝尔和平奖。

二、格莱珉银行的现状

1976 年，尤努斯开始实施"微型贷款"计划，这是一种旨在满足孟加拉国穷人需求的信贷系统。借款人所需贷款可能只有 25 美元多一点，他们加入了贷款团组（Lending Group）。团组成员的支持（除了同伴压力）促使借款人偿还贷款。孟加拉国政府于 1983 年将格莱珉银行项目定为独立银行，政府拥有少数股权。格莱珉银行的模式激发了世界各地的其他形式的小额贷款。

自成立以来，格莱珉银行为孟加拉国的贫困人口服务了 30 多年，现在继续向前迈进，以便在其成员数量和覆盖范围上达到新的里程碑。2016 年有94831 名新成员加入格莱珉银行，总注册人数达到约 890 万人，格莱珉银行覆盖全国的 81395 个村庄，占全国 87362 个村庄的 93.16%，遍布全国各地。表8-1 列出了格莱珉银行选择性的关键统计数据，它解释了 2013~2017 年的增长趋势。考虑到信贷创造，格莱珉银行通过其信贷窗口的活动继续在借款人数量和支付金额方面蓬勃发展。2017 年各类信贷支出总额为 29.2 亿美元，比2016 年增长 25.62%。特别是在 2013~2017 年，格莱珉银行提供给人们的信贷机会平均增长 15.45%。自成立至 2017 年底，格莱珉银行累计贷款额达到惊人的 23596.17 百万美元。

表 8-1　格莱珉银行 2013~2017 年选择性的关键统计数据

年份	2013	2014	2015	2016	2017
信用支付额（百万美元）	14652.23	16370.79	18284.37	20674.26	23596.17
员工人数（人）	21851	21807	21043	21043	18185
成员数量（人）	8543977	8640225	8806779	8901610	8934874
中心数量（家）	143057	142613	142573	142087	140262
村庄数量（个）	81389	81390	81392	81395	81400
分支机构数量（家）	2567	2568	2568	2568	2568

资料来源：作者汇编自各期 *Grameen Bank Annual Reports*（2013~2017）。

表 8-2 列出了若干选择性的主要金融中介指标。考虑到格莱珉银行所发挥的金融中介作用，所有关键性代理指标均呈现出积极的趋势。特别是会员存款，2017 年达到 252 万美元，2013~2017 年平均增长 23%。此外，贷款和预付款也明显地从 2016 年的 158 万美元增长到 2017 年的 184 万美元。2013~2017 年贷款和预付款的平均增长率为 62%。考虑到存款与借贷比率，目前的统计数据显示，格莱珉银行的贷款资金主要由成员提供，这意味着该行信用

创建过程在很大程度上依赖于内部查找利用率。

表 8-2 2013~2017 年金融中介指标

年份	2013	2014	2015	2016	2017
存款余额（百万美元）	1.91	2.19	2.41	2.55	2.52
贷款余额和预付款（百万美元）	1.13	1.18	1.28	1.58	1.84
借款余额（百万美元）	0.02	0.02	0.02	0.02	0.02
存贷款比率（%）	169	186	188	162	137
存借款比率（%）	10611	12687	14844	16393	15208

资料来源：作者汇编自各期 *Grameen Bank Annual Reports*（2013~2017）。

考虑到信贷额度审批的信用优先级，格莱珉银行通常更喜欢对那些具有未来就业前景的制造业集团的提议单位进行估值。图 8-1 显示了截至 2017 年按类别划分的历史贷款支付额。其中，农业信贷支出是一个重要领域，其获得的信贷扩张额度增加了 26%，约 50.6812 亿美元，比 2016 年增长 35%。畜牧业和渔业排名第二，其信贷支出占 21%，金额为 39.8998 亿美元，比 2016 年增长 24%。集中于原材料加工成融资产品的信贷业务约占信贷支出总额的 18%，金额为 35.5926 亿美元，比 2016 年增长 12%。

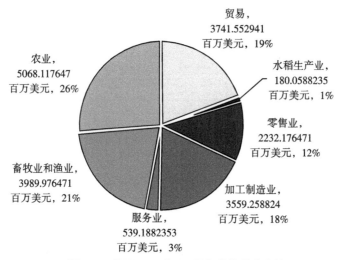

图 8-1 截至 2017 年 12 月各类贷款支出情况

通过引入针对社会结构中最弱势群体——乞丐的创新计划，格莱珉银行将帮助穷人的使命提高到一个新的水平。这项被称为"困难成员计划"的方案，已向 10.9 万名这类借款人提供了总计 257 万美元的无息贷款。乞丐在 2014 年偿还了 84% 的贷款，对在主流金融部门的不良贷款对经济构成持续威胁的国家来说，这肯定是具有讽刺意味的事情。同样令人欣慰的是，有 16329 名乞丐不再进行乞讨，主要以贩卖为生。9029 名乞丐已加入格莱珉银行集团，成为主流借款人。除了信贷制定，格莱珉银行还参与了多项社会发展举措，例如，通过在全国建立教育机构来支持职业培训课程，开展预防童婚的社会意识项目，特别注重在偏远地区开展这些工作。

格莱珉银行的方法与孟加拉国的传统银行业务截然不同。格莱珉银行实施了一些如阿拉吉尔（Alamgir，2017）提出的关键步骤：

（1）格莱珉银行注重针对贫困妇女提供金融服务。银行从占地少于 0.5 英亩的人中选择借款成员，并将富人排除在格莱珉银行的金融服务之外。针对妇女的理由是，妇女定期偿还贷款，将借款资金投入生产性项目，并将大部分收入用于改善家庭成员的生活质量。

（2）格莱珉银行不是向个别妇女提供贷款，而是由 5 人组成一个团组，由 6~10 个团组构成一个中心（Center）。格莱珉银行提供团组贷款。

（3）格莱珉银行提供无抵押贷款，但将债务分摊给了团组成员。格莱珉银行的成功之处主要在于小组成员之间的同伴效应促使成员更成功地还款。

（4）格莱珉银行提供妇女可管理的小额贷款，并以利率偿还每周分期付款。

（5）成员不需要访问银行而是银行向穷人提供金融服务。银行工作人员每周到成员家中走访，为贫困人口提供与商业银行类似的必要的金融服务。他们将简单易懂的银行业务讲解给文盲贫困妇女。交易主要是在公开场合进行，以保持其可信度，并且银行工作人员开发了强大的监控系统。

三、格莱珉银行信贷业务模式

格莱珉银行的经营模式如下：银行分行设有分行经理一名和中心经理若干名，为 15~22 个村庄提供小额贷款服务。经理和工作人员首先走访村庄，以便熟悉当地居民，确定潜在的客户，并向当地居民解释银行的目的、职能和运作模式。五个潜在借款人形成一个团组（Group）。在第一阶段，团组内只有两个人有资格获得贷款。观察该团组1个月，看看这些成员是否符合银行的规定。只要前两个借款人在六周内开始偿还本金和利息，其他成员就有资格获得贷款。由于这些限制，群体压力很大，从这个意义上讲，团组的集体责任是贷款的抵押品。

贷款规模虽小，但足以为借款人的微型企业提供资金：剥稻壳、机器修理，购买人力车、奶牛、山羊、布料和陶器等。所有贷款的利率为16%。由于群体压力和自身利益以及借款人的动机，目前贷款偿还率为95%。

格莱珉银行在开展贷款活动的同时，也努力动员储蓄。大部分可贷资金越来越多地从中央银行、其他金融机构、货币市场以及双边和多边援助组织获得。

四、格莱珉银行信贷投放系统

格莱珉银行信贷发放是指利用格莱珉信贷发放系统的基本要素，将信贷发放给农村的贫困人口，该系统具有以下特征：

（1）只关注穷人中最穷的人，确保排他性。第一，明确确定选择目标客户的资格标准，并采取切实措施剔除不符合要求的客户；第二，在提供信贷方面，优先考虑的是妇女；第三，信贷发放系统的目的是满足穷人的各种社会经济发展需求。

（2）借款人被组织成同质的团组，有利于群体团结和参与式互动。团组由五名成员组成，若干团组又建立一个中心，由此形成了格莱珉银行贷款体系的基础。银行从一开始就强调加强客户组织能力，使他们能够在微观层面上获得有效规划和高效的管理决策能力。这些中心在功能上与格莱珉银行有联系，银行的现场工作人员每周都要参加中心的会议。

（3）特别适合穷人的特殊贷款条件，包括：

1）贷款没有任何抵押品。

2）按周分期偿还的贷款分一年偿还。

3）后续贷款的资格取决于第一笔贷款的偿还情况。

4）个人，自我选择，快速创收的活动，利用借款人已经拥有的技能。

5）由团组和银行的工作人员密切监督信贷。

6）强调信用纪律和同伴支持的团结。

7）通过储蓄提供特别保障，以尽量减少穷人面临的风险。

8）银行所有的交易是透明的，大部分交易在中心的会议上进行。

（4）在解决客户的基本需求的同时，也做一些推进社会发展议程的工作，这在格莱珉借款人通过的"十六项决定"中得以体现。这有助于：

1）提高新组建的团组的社会和政治意识。

2）越来越多地关注最贫困家庭的妇女，她们对生存的渴望与对家庭的发展息息相关。

3）鼓励他们对社会和基础设施项目进行监督：住房、卫生、饮用水、教育、计划生育等。

（5）通过向目标团组提供资源，设计和开发服务客户的组织与管理系统能力。该系统通过结构化学习过程逐步发展，包括试验、错误和持续调整。该系统运行的主要要求是通过特殊培训培养高度积极的工作人员，以使决策和运营权限逐步下放，并将行政职能下放到区域级。

（6）扩大贷款组合，以满足穷人的各种发展需求。随着一般信贷计划的蓬勃发展和借款人对信贷纪律的熟悉，引入了其他贷款计划以满足客户不断增长的社会和经济发展需求。除住房外，这些计划还包括：

1）建造卫生厕所信贷。

2）为安装供应饮用水和灌溉厨房花园的管井提供贷款。

3）用于购买农业投入的季节性耕作信贷。

4）租赁设备/机器的贷款，例如格莱珉银行成员购买的手机。

5）金融项目经验丰富的借款人的整个家庭承担。

第三节　孟加拉国的小额信贷

一、概述

孟加拉国被称为小额信贷机构（Microfinance Institutions，MFIs）的中心，全球许多国家已经复制了该模式，以扩大各自国家的金融包容性（Hossain 和 Bayes，2015）。过去 30 年来，孟加拉国的小额信贷部门获得了巨大的曝光率，并证明了穷人信誉良好，他们可以定期偿还贷款。小额信贷机构基本上只将信贷服务集中在穷人身上，增加了储蓄、保险、金融转账等其他金融服务，成为替代昂贵的非正规信贷、填补正规信贷领域空白的主导性金融机构。小额信贷的发展，一方面基于穷人的金融包容性，另一方面基于研究所的可持续性。双重目标使得小额信贷市场处于一个具有挑战性的地位，例如较低的运营自给自足（OSS）（Hasan 和 Malek，2017；Wahid、Hasan 和 Rabbani，2015）。

随着时间的推移，小额信贷机构因其多样化的作用和对社会的贡献而成为孟加拉国金融体系的主要组成部分。最初，小额信贷机构的动机是调动储蓄和向偏远地区发放信贷，但现在，小额信贷机构逐渐成为一种工具，用以启动生产性就业，为日常业务运营提供周转资金援助以及现金管理。过去 20 年来，孟加拉国的小额信贷经历了惊人的增长。截至 2017 年，约有 2485 万小额信贷机构的成员每年的收款总额超过 10460.12 亿孟加拉塔卡，未偿还余额为 3540 亿孟加拉塔卡（MAR，2017），相当于该国家国内生产总值的 5%。截至 2017 年 6 月，孟加拉国有 783 家注册的小额信贷机构在运营，形成了拥有超过 17120 个分支机构的庞大网络，而 1991~1992 年只有少数几家。

因为了解现有的金融和社会经济环境，小额信贷发挥了比 20 世纪 90 年代更为重要的作用，当时其主要目的仅限于调动储蓄和信贷支付。如今，小额信贷作为启动生产性就业工具的作用得到了人们的赞赏。正如它的传统作用一样，即支持企业家的周转资金需求，而不容易获得机构资金，促进穷人的储蓄调动，在以生产和收入产生的共变风险为特征的农村环境中，小额信贷还有平滑消费的作用。随着其作用随着时间的推移变得更加多样化，作为促进普遍获得融资的工具，小额信贷对政策制定者的吸引力越来越大，而不仅仅是创造就业机会和减少贫困。

孟加拉国的小额信贷行业可能是世界上最古老的，因此也是最成熟的小额信贷行业。由于孟加拉国在开发低成本的小额信贷模式（在全球范围内被称为格莱珉模式）和展示其可持续性方面发挥了先锋作用，孟加拉国被称为"小额信贷的发源地"。孟加拉国的小额信贷部门在过去 20 年中经历了一些重大转变，小额信贷机构起初是非政府自愿社会组织，其基本目标是向贫困家庭提供小额信贷服务。根据格莱珉银行法令，格莱珉银行于 1983 年正式成立，受到了广泛的赞赏。

自 1970 年以来，小额信贷业务一直在孟加拉国盛行。在孟加拉国吉大港区的乔布拉村实施了一个项目之后，小额信贷业务不断取得进展。从 1990 年开始，该国经历了小额信贷业务的大规模扩张，引起了全球捐助者、发展伙伴和政策制定者等各个方面的关注。孟加拉国政府感受到小额信贷领域的重大发展，并向捐助国提供贷款，于 1990 年底建立了"Palli Karma-Sahayak 基金会"（称为"农村活动支助基金会"，Rural Activities Support Foundation）。

因为小额信贷服务的提供方式是在没有抵押品的情况下也能尽量减少违约风险，于是越来越多的商业银行也冒险通过向小额信贷机构批发贷款来为小额信贷业务融资。这些银行现在是外部资金的重要提供者，但成员储蓄和盈余储备仍然是小额信贷机构的主要资金来源。

自孟加拉国小额信贷部门成立以来，人们就认识到获得储蓄和信贷是减轻贫困的基本先决条件。为了提高储蓄率，储蓄行为总是与小额贷款联系在一起。最初的格莱珉银行模式将强制每周储蓄作为获得小额信贷的先决条件（Khandker，1998）。在 1988 年和 1998 年的破坏性洪水之后，引入了灵活的储蓄计划。其他大型小额信贷机构，如孟加拉国农村发展委员会（BRAC），也强调储蓄业务。对成员储蓄的更大重视是基于这样一种观念，即获得自己的储蓄将减少对小额信贷的依赖。

近 20 年来，小额信贷机构的业务遍及全国各地，但事实上，在某些领域，正规金融机构尚未涉足。表 8-3 是 1996~2016 年间孟加拉国小额信贷机构的业务范围。我们观察到，在 2016 年，成员数量达到了 30276576 人，比 2015 年高出 13%。贷款支出的增长前景也很明显，如 2001~2005 年的贷款支出较 1996~2000 年增长 132%，2006~2010 年较 2001~2005 年增长 243%，这一趋势在 2016 年保持稳定，2016 年贷款支出同比增长 28%。1996~2016 年贷款支出的平均增长率达到了 101%。同期，全国居民平均储蓄净额和年未偿贷款额分别增长 107% 和 94.97%。

表 8-3　小额信贷机构平均服务范围（1996~2016 年）

年份	成员数量（人）	贷款支出（百万美元）	未偿贷款（百万美元）	净储蓄（百万美元）
1996~2000	10974659	36533	24387	11163
2001~2005	18595932	84810	55234	33335
2006~2010	33004304	290973	155422	108031
2011~2014	32839003	538112	337220	190997
2014~2015	26697271	647215	409965	227130
2015~2016	30276576	827768	521829	270689

资料来源：Credit Development Forum. Bangladesh Microfinance Statistics（Various Annual Reports）[R]. 2017.

二、孟加拉国小额信贷部门的监管框架

随着小额信贷在全球范围内的成功，以及联合国宣布 2005 年为"国际小额信贷年"，穆罕默德·尤努斯和他的格莱珉银行在 2006 年获得"诺贝尔和平奖"一些重大事件发生之后，孟加拉国着手建立了小额信贷监管机构。2006 年，在小额信贷监管局（Microcredit Regulatory Authority，MRA）成立后，孟加拉国的小额信贷部门通过持续监测，有效控制和有效监管，对小额贷款活动实施监管执法。

小额信贷监管局的建立不仅仅是引入了一个监管机构来监管小额信贷，

它背后还有一系列的历史故事。孟加拉国银行最初在 1997 年调查了一项小额信贷机构监管方面可行性的研究，并根据该建议于 2000 年成立了一个委员会，该委员会负责监督孟加拉国银行指导下的小额信贷活动。当政府颁布《小额信贷监管机构法》（2006 年）时，该机构负责将小额信贷行业纳入一个完善的监管框架。设立这一机构的最初目的是为全国各地的小额信贷实践创造一种有益和健康的氛围。此外，《小额信贷法》补充文件为小额信贷机构提供了详细的指导，通过审慎的政策指导加强治理实践，促进健康的竞争，提高生产力和效率，促进该部门的长期可持续性。在小额信贷监管局成立之前，小额信贷部门受到各种法案的监管。表 8-4 是监管和监督该部门的小额信贷机构类型和相关法案。商业银行和国有银行的小额信贷活动受 1991 年银行公司法（有若干修正案）的监督，而合作社则遵循 2001 年制定的《合作社社团法》。孟加拉国的第一家小额信贷机构格莱珉银行遵循的是专门为其制定的《格莱珉银行条例》（1983 年）。

表 8-4　MIFs 规章制度

机构	传统法律
合作社	《社团法》（2001 年）（2002 年及 2013 年修订）
国有商业和农业银行	● 银行公司法案（1991 年）（2013 年修订） ● 政府指示 ● 中央银行发行的指导文件
私人商业银行	● 银行公司法案（1991 年）（2013 年修订） ● 中央银行发行的指导文件 ● 《格莱珉银行条例》（1983 年）
非政府组织小额信贷机构	● 社会注册法案（1860 年） ● 信托法案（1882 年） ● 公司法案（1994 年） ● 慈善和宗教法案（1920 年） ● 志愿社会福利机构条例（1961 年） ● 外国捐赠监管条例（1978 年） ● 合作社社团法案（2001 年） ● 小额信贷监管局法案（2006 年）

　　《小额信贷监管法案》（2006）颁布后，所有非政府组织小额信贷机构都根据该法案进行监管，而其他类别的小额信贷机构则基于各自的法案。根据

宪法至上的原则，小额信贷监管局是该国监督小额信贷业务活动的唯一法律
实体。为了在孟加拉国开展小额信贷活动，每个小额信贷机构都必须获得小
额信贷监管局的许可。如果小额信贷机构未能遵守当局规定的要求，主管机
关有权发出拒绝或撤销许可。此外，为了确保小额信贷业务和活动的透明度
和问责制，当局还采用"胡萝卜加大棒"的方法监督小额信贷机构。作为许
可证要求的一部分，各个小额信贷机构必须每年向当局报告两次规定的数据，
每年向当局报告一次财务数据，这些数据随后由小额信贷监管局公布。

三、非政府组织小额信贷机构（NGO-MFIs）

孟加拉国的小额信贷部门主要由非政府组织（NGO）管理。非政府组织
小额信贷机构是那些为穷人提供扩展信贷服务的非营利组织。从表 8-5 可以
看出，随着每年新机构的增加，非政府组织小额信贷机构的数目逐渐增加。
特别是，在 2009 年约有 421 家非政府组织在金融系统服务，到 2017 年增加
到 783 家。非政府组织小额信贷机构的分支机构的增长，使得很多农村地区
能比较方便地得到小额信贷服务。我们发现，2009~2017 年，这种分支机构
增长了 8.25%。因此，可以假设随着覆盖网络的发展，大量人口能从小额信

表 8-5　孟加拉国非政府组织小额信贷机构基本统计（2009~2017 年）

年份	2009	2010	2011	2012	2013	2014	2015	2016	2017
非政府组织小额信贷机构数目（家）	421	518	580	618	649	742	753	758	783
分支机构数目（家）	16851	17252	18066	17977	14674	14730	15609	16284	17120
从业人员数量（人）	107175	109597	111820	108654	110734	109628	110781	127820	139526
客户人数（百万人）	24.77	25.28	26.08	24.64	24.6	25.11	26	27.79	29.91
借款人数（百万人）	18.89	19.21	20.65	19.31	19.27	19.42	20.35	23.28	24.85
未偿贷款额（十亿孟加拉塔卡）	143.13	145.02	173.8	211.2	257.01	282.2	352.41	459.37	583.62
农业贷款余额（十亿孟加拉塔卡）	50.61	51.36	63.31	75.2	89.05	115.77	147.6	285	354
储蓄额（十亿孟加拉塔卡）	50.61	51.36	63.27	75.21	93.99	106.99	135.41	171.19	216.71

资料来源：作者根据 MRA-data base（2009~2017）整理。

贷机构的信贷支付中受益。

非政府组织小额信贷机构的增长也可以用信贷支出和储蓄积累来解释。考虑到信贷支出的增长，信贷水平的延伸显然是稳定的增长，2009~2017年平均增长23%。更准确地说，2009年的未偿还信贷总额为1431.3亿孟加拉塔卡，并在2017年达到5836.2亿孟加拉塔卡。另外，储蓄积累也表现出类似的趋势，平均增长率为22.3%。这意味着随着时间的推移，小额信贷机构正通过诱导客户的储蓄倾向，将本地储蓄用于其资本积累。

在直接就业创造方面，从表8-5第4行可以看出，2017年全国小额信贷机构业务约有139526名员工，其中男性占81%，女性占19%。

表8-6显示了2009~2017年孟加拉国小额信贷行业的主要趋势。一方面，存款持有的平均规模在2017年达到了7245.40百万孟加拉塔卡，而2009年为2043.20百万孟加拉塔卡，九年时间增长了300%，这意味着随着小额信贷机构的发展，社会可以获得和负担得起金融服务；另一方面，2017年平均未偿

表8-6　孟加拉国小额信贷行业的主要趋势

年份	2009	2010	2011	2012	2013	2014	2015	2016	2017
存款持有平均规模（百万孟加拉塔卡）	2043.20	2031.64	2425.99	3052.35	3820.73	4260.85	5208.07	6160.13	7245.40
平均未偿贷款额（百万孟加拉塔卡）	7340.00	7549.193	8416.465	10937.34	13337.31	14531.41	17317.44	19732.39	23485.71
借款人与客户率（%）	78.72	75.99	79.18	78.37	78.33	77.34	78.27	83.77	83.08
储蓄与未偿还贷款比率（%）	35.36	35.42	36.40	35.61	36.57	37.91	38.42	37.27	37.13
每个分支机构的借款人数（人）	1157	1113.494	1143.031	1074.15	1313.207	1318.398	1303.735	1429.624	1451.519
每个分支机构的员工人数（人）	1470	1465.337	1443.596	1370.64	1676.435	1704.684	1665.706	1706.583	1747.079
每个分支机构未偿还贷款额（十亿孟加拉塔卡）	8.49	8.41	9.62	11.75	17.51	19.16	22.58	28.21	34.09
每个分支机构储蓄（十亿孟加拉塔卡）	3.00	2.98	3.50	4.18	6.41	7.26	8.68	10.51	12.66

资料来源：作者根据MRA-MIS database（2017）估算。

贷款额为 23485.71 百万孟加拉塔卡，比 2009 年的未偿贷款额高出 300%。在 2009~2017 年，平均未偿贷款利率有所增加。从上述信息可以看出，随着时间的推移，小额信贷机构平均持有的储蓄和未偿贷款，扩大了他们的信贷支付计划，同时为客户积累储蓄作出了相当大的努力。

表 8-7 是目前的小额信贷机构的发展情况，涉及贷款发放和前 20 家非政府组织小额信贷机构（不包括格莱珉银行）的未偿还情况。2017 年，全球前 20 家的小额信贷机构向小微企业发放了约 4610 亿孟加拉塔卡的贷款，其中 BRAC[1] 贡献了 33.72%，ASA 贡献了 33.55%。但值得注意的是，BRAC 将农村小额贸易贷款从企业贷款类目中剔除，其中 2017 年借款人总数为 48 万人，小额贸易未偿还贷款为 671.4 亿孟加拉塔卡。此外，ASA 从 2016 年开始为微型企业设立 71000 孟加拉塔卡的贷款上限，前几年的上限是 50000 孟加拉塔卡及以上。

表 8-7　前 20 家小额信贷机构企业贷款情况（截至 2017 年 6 月）

机构名称	借款人数（人）	贷款金额（十亿孟加拉塔卡）	微型企业未偿贷款（百万孟加拉塔卡）	未偿贷款总额（百万孟加拉塔卡）
BRAC	484731	109919.9	67141.9	155480.9
ASA	281916	38395.5	23378.9	154711.2
Buro Bangladesh	176026	25395.5	16357.8	32778.7
TMSS	161313	16064.1	9560.8	18697.2
Society for Social Service	113602	12277.8	6666.1	15063.3
Jagorani Chakra Foundation	104011	8302.8	6287.6	10483.2
UDDIPAN	34055	4110.2	2585.4	8190.3
Padakkhep Manabik Unnayan Kendra	32485	5510.8	3145.9	8227.1
Sajida Foundation	188113	11958.1	7263.1	7492.5
Shakti Foundation for Disadvantaged Women	17606	994.9	531.0	6138.4

---

[1] BRAC 成立于 1972 年，是"孟加拉国康复援助委员会"（Bangladesh Rehabilitation Assistance Committee）的首字母简写，该机构后来更名为"孟加拉国农村发展委员会"（Bangladesh Rural Advancement Committee），保持缩写不变。然而，目前，BRAC 这个名字代表了它自己，而不是一个缩写。

机构名称	借款人数 (人)	贷款金额 (十亿孟加拉塔卡)	微型企业未偿贷款 (百万孟加拉塔卡)	未偿贷款总额 (百万孟加拉塔卡)
Palli Mongal Karmosuchi	28636	3408.4	2113.9	4981.1
RDRS Bangladesh	21540	2462.1	1460.7	4931.1
Centre for Development Innovation and Practices	178917	7918.4	4294.6	4523.7
Bangladesh Extension Education Service (BEES)	27339	2571.9	1663.6	5140.5
Dushtha Shasthya Kendra (DSK)	58198	3800.8	2295.0	4277.5
Rural Reconstruction Foundation	21478	2051.9	1321.2	3678.1
Manabik Shahajya Sangstha	22680	191.5	1016.8	3953.2
Chiristian Service Society (CSS)	195	17.4	11.6	4165.4
Resource Integration Centre (RIC)	19163	2064.9	1195.3	4186.7
Gram Unnayan Karma (GUK)	23766	2367.8	1324.9	3982.1
总计	1995770	261503.7	159616.9	461083.1

资料来源：作者汇编自 MRA-MIS database（2017）。

四、孟加拉国小额信贷机构部门的基金构成

小额信贷机构严重依赖捐助者的捐款作为主要资金来源，但随着时间的推移，基金组成变得多元化，并从捐助者依赖转向地方储蓄，以产生信贷便利，并在 2017 年 6 月惠及超过 3000 万人。表 8-8 是孟加拉国小额信贷机构2008~2017 年的资金来源，结果表明，从 2008 年到 2017 年基金构成总额平均增加了 20.49%。特别是 2008 年，基金总额为 122747.53 百万孟加拉塔卡，2017 年增至 613283 百万孟加拉塔卡。2008~2017 年基金构成的增长最重要的资金来源是孟加拉国农村就业支持基金会（PKSF）的贷款，平均增长23.50%，此后客户的储蓄平均增长 20.49%。这种转变的特点是各主要组织倾向于商业性来源，以及深化内部产生的资金和更可靠和可预测的资金。

表 8-8　孟加拉国小额信贷机构的资金来源（截至 2017 年 6 月）

单位：百万孟加拉塔卡

年份	客户储蓄	PKSF 提供贷款	商业银行贷款	捐赠者基金	累计盈余	其他基金	合计
2008	36397.32	22708.58	26820.68	4549.07	31170.02	1101.84	122747.53
2009	38799.02	19792.62	26454.06	3916.60	35492.12	2245.16	126699.58
2010	36397.32	22708.58	23487.03	4549.07	31170.02	4435.49	122747.51
2011	63295.9	31767.8	23577.9	7008.37	50298.7	7727.32	183676
2012	74989.36	33576.45	32652.41	7061.28	65437.78	16167.91	229885.2
2013	93998.01	34072.27	42699.37	7104.57	83262.38	18390.89	279527.5
2014	106999	34523.5	51495.9	6855.04	100944	11914.57	312732
2015	135410.4	37769.68	68574.2	5218.45	137706.3	14242.07	398921.1
2016	170670	40762	132664	4974	168295.5	10318	527683.5
2017	216710	41398	132664	4974	207219	10318	613283

资料来源：作者根据 MRA-MIS（2008~2017）整理。

此外，值得注意的是，在 2017 年（见图 8-2），客户储蓄是最重要的资金来源，其次是商业银行和专业银行。此外，小额信贷资助机构孟加拉国农村就业支持基金会（Palli Karma Sahayak Foundation，PKSF）以补贴利率的形式提供了一大部分贷款资金。最不重要的来源似乎是捐助机构提供的。小额信贷机构现在越来越多地依赖内部资金来源。

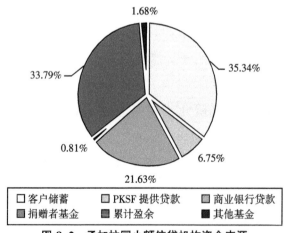

图 8-2　孟加拉国小额信贷机构资金来源

资料来源：MRA-MIS database（2017）。

第四节 结论

作为一个发展中国家，孟加拉国经济一直在寻求各可能部门的实质性贡献，其中中小型企业的地位至关重要。然而，中小企业尚未充分发挥自身的潜力，因为它们从正规金融部门获得外部融资的机会有限。尽管如此，孟加拉国小额信贷的发展是确保以可承受的成本获得外部信贷的原因。

自 20 世纪 80 年代以来，小额信贷的演变带来了孟加拉国经济的一些变化，如减贫、中小企业增长、农村信贷的扩展、妇女赋权以及重要的融资资金来源，尤其是公司无法从正规金融机构获得信贷时可以在小额贷款机构获得贷款。过去几十年来，"小额信贷"一词或小额信贷机构的作用对孟加拉国的研究人员、政策制定者、经济学家和监管机构具有巨大的吸引力。这促使人们不仅从制度方面，而且从小额信贷机构在减贫、妇女赋权和创业发展等经济活动中发挥的多样化作用方面考量小额信贷机构。特别是，小额信贷被视为一种反贫困和普惠金融工具，因为它针对的是穷人及看起来不值得帮助的农村人口，这些人往往难以获得正规金融机构的帮助。

参考文献

［1］刘赛红，李朋朋. 农村金融发展的空间关联及其溢出效应分析［J］. 经济问题，2020（2）：101–108+129.

［2］王汉杰，温涛，韩佳丽. 贫困地区农村金融减贫的财政政策协同效应研究［J］. 财经理论与实践，2020（1）：93–99.

［3］鞠跃亮. 金融科技背景下村镇银行如何突围［J］. 经济研究导刊，2019（29）：167–168.

［4］彭志浩，孔雯婷. 农户对村镇银行信贷需求的影响因素分析——基于对湖北汉川、安陆、孝昌三县的调研［J］. 商业经济，2019（11）：104–106.

［5］邓朝春，邢祖礼. 信贷配给、信息显示机制及对农村金融的启示［J］. 宏观经济研究，2020（1）：13–19.

［6］刘佳，步凡. 商业银行参与村镇银行治理的问题与对策研究［J］. 农村金融研究，2019（7）：62–66.

［7］杨竹清，张超林. 村镇银行的扶贫效应：省域视角下的研究［J］. 南方金融，2019（2）：87–97.

［8］杨贵仓. 农村金融生态优化视域下我国村镇银行发展路径研究［J］. 农业经济，2016（7）：105–107.

［9］李明贤，罗荷花，易蕊琦. 中国村镇银行发展、制度改革与路径选择［J］. 经济体制改革，2016（4）：18–24.

［10］刘珍，肖诗顺. 四川省村镇银行的调查与思考［J］. 农村金融研究，2016（1）：58–61.

[11] 杨智，孙圣民. 主发起行制度对当前村镇银行发展的影响与对策——基于制度分析的视角 [J]. 制度经济学研究，2018（3）：136-158.

[12] 李存，祝国平. 中国农村金融抑制及其深化路径的文献综述 [J]. 金融与经济，2019（8）：10-14.

[13] 周顺兴. 银行业竞争、客户筛选与村镇银行二元绩效：传导机制与实证研究 [J]. 经济理论与经济管理，2016（4）：34-44.

[14] 郁俊莉，孔维. 中国农村金融环境变迁与改革研究——基于农村城镇化的背景 [J]. 北京大学学报（哲学社会科学版），2016（5）：106-112.

[15] 吴一平，李珊珊. 河南省村镇银行设立与选址的影响因素实证研究 [J]. 农业经济与管理，2015（2）：14-21+48.

[16] 李燕. 经济发展较落后地区农户信用评价体系研究 [J]. 农村金融研究，2017，1（13）：64-67.

[17] 张萍，沈晓婷. 农村金融生态体系的构建与评价——以浙江省为例 [J]. 农业经济问题，2015（12）：58-64+111.

[18] 熊德平，陆智强，李红玉. 农村金融供给、主发起行跨区经营与村镇银行网点数量——基于中国 865 家村镇银行数据的实证分析 [J]. 中国农村经济，2017（4）：30-45.

[19] 董占奎. 乡村振兴战略背景下河南省新型农村金融机构创新发展研究 [J]. 经济研究导刊，2019（34）：93-94.

[20] 杨懋劼. 村镇银行小微业务风险防范研究 [J]. 金融监管研究，2017（3）：97-110.

[21] 张翎. 创新农户贷款信用风险预警监控体系研究——基于大数据视角 [J]. 农村金融研究，2017（4）：65-68.

[22] 徐明瑜. 村镇银行的信贷风险分析 [J]. 经济研究导刊，2015（5）：187-188.

[23] 李红玉，熊德平，陆智强. 村镇银行主发起行控股：模式选择与发展比较——基于中国 899 家村镇银行的经验证据 [J]. 农业经济问题，2017（3）：72-79.

[24] 孙贺. 传统农区金融现状调查及其政策建议——基于 15 个自然村的调研报告 [J]. 经济研究导刊，2013（27）：144-146.

[25] 中国人民银行农村金融服务研究小组. 中国农村金融服务的现状和发展方向 [J]. 清华金融评论，2015（7）：20-23.

[26] 温思美，黄冠佳，郑晶，李飞飞. 改革开放以来我国三农问题关注重点变化及其演进逻辑 [J]. 农业经济问题，2018（12）：4-13.

[27] 高帆. 中国农村经济改革 40 年：实施逻辑与发展趋向 [J]. 求是学刊，2018（5）：11-21+181.

[28] 刘泽黎. 互联网背景下信用制度的演进和风险管理 [J]. 经济学家，2020（1）：68-76.

[29] 王振洲. 小额贷款公司信用风险管理研究 [J]. 经济研究导刊，2016（16）：67-68.

[30] 张峰，许干，张晓燕，程翔. 中国农村金融研究七十年的知识图谱分析 [J]. 农村金融研究，2020（1）：10-20.

[31] 林乐芬，王步天. 农地经营权抵押贷款制度供给效果评价——基于农村金融改革试验区 418 名县乡村三级管理者的调查 [J]. 经济学家，2015（10）：84-91.

[32] 张宁宁."新常态"下农村金融制度创新：关键问题与路径选择 [J]. 农业经济问题，2016（6）：69-74.

[33] 刘丹冰，许燕. 村镇银行的现状、问题与法律对策 [J]. 西北大学学报，2015（9）：93-100.

[34] 钱水土，陆会. 农村非正规金融的发展与农户融资行为研究——基于温州农村地区的调查分析 [J]. 金融研究，2008（10）：174-186.

[35] 倪剑. 林权抵押贷款风险管理研究 [J]. 北京林业大学学报（社会科学版），2014（2）：81-86.

[36] 房启明，罗剑朝. 中英农村金融制度比较研究及其经验借鉴 [J]. 经济体制改革，2016（6）：168-174.

[37] 茹玉，林万龙. 正规金融对农户利用互助资金贷款的影响——基于

6 省 12 县 24 个贫困村的调查 [J]. 中国农业大学学报，2015（2）：237-243.

[38] 靳淑平，王济民. 现代农业与农业信贷相关性的实证分析 [J]. 西北农林科技大学学报（社会科学版），2016（6）：121-128+135.

[39] 周顺兴. 银行业竞争、客户筛选与村镇银行二元绩效：传导机制与实证研究 [J]. 经济理论与经济管理，2016（4）：34-44.

[40] 张子红，韩春燕. 以农村信用体系建设提升农户信用价值 [J]. 中国农村金融，2016（6）：13-14.

[41] 冉光和，蓝震森，李晓龙. 农村金融服务、农民收入水平与农村可持续消费 [J]. 管理世界，2016（10）：176-177.

[42] 傅鹏，张鹏. 农村金融发展减贫的门槛效应与区域差异——来自中国的经验数据 [J]. 当代财经，2016（6）：55-64.

[43] 张岩，王智茂. 我国中小银行信用风险基础数据缺陷处理方法研究 [J]. 数量经济技术经济研究，2016（12）：129-143.

[44] 高云峰. 中国村镇银行的运行效率及影响因素研究——基于省级面板数据的分析 [J]. 投资研究，2016（2）：78-86.

[45] 曾淑华. 中国存款保险制度出台对村镇银行的影响研究 [J]. 经济研究导刊，2016（10）：83-84.

[46] 罗雨柯，符刚. 农户小额信贷可获得性的影响因素实证分析——基于四川省兴文县农信社的调查数据 [J]. 农村经济，2015（9）：60-64.

[47] 蒋永穆，王丽程. 新中国成立 70 年来农村合作金融：变迁、主线及方向 [J]. 政治经济学评论，2019（6）：78-94.

[48] 张学涛，刘喜华. 农村信贷市场中农户声誉信号传递效应研究——以费县农商行"信用户"评定为例 [J]. 金融发展评论，2018（12）：78-86.

[49] 王花毅. 乡村振兴战略背景下农村普惠金融发展对策研究 [J]. 农业经济，2018（12）：94-95.

[50] 赵周华. 发展农村普惠金融与乡村振兴——理论阐释、国际经验与政策建议 [J]. 金融发展评论，2018（11）：134-144.

[51] 李焕平，马俊. 日本金融助力乡村振兴经验及对我国的启示 [J]. 吉

林金融研究，2018（10）：56-60.

[52] 殷浩栋，王瑜，汪三贵.贫困村互助资金与农户正规金融、非正规金融：替代还是互补？[J].金融研究，2018（5）：120-136.

[53] 甘宇.中国农户融资能力的影响因素：融资渠道的差异 [J].经济与管理评论，2017（2）：12-18.

[54] 张珩，罗剑朝，王磊玲.农地经营权抵押贷款对农户收入的影响及模式差异：实证与解释 [J].中国农村经济，2018（9）：79-93.

[55] 赫尔曼·哈肯.协同学：大自然构成的奥秘 [M].上海：上海译文出版社，2013.

[56] 利奥尼德·赫维茨，斯坦利·瑞特.经济机制设计 [M].上海：格致出版社，2014.

[57] 埃里克·弗鲁博顿，[德] 鲁道夫·芮切特.新制度经济学：一个交易费用分析范式 [M].上海：上海人民出版社，2015.

[58] 艾里克·拉斯穆森.博弈与信息：博弈论概论（第四版）[M].韩松等译.北京：中国人民大学出版社，2017.

[59] 牛翠娟.基础生态学（第三版）[M].北京：高等教育出版社，2015.

[60] 吴岸城.神经网络与深度学习 [M].北京：电子工业出版社，2016.

[61] 中国银行业监督管理委员会.关于进一步促进村镇银行健康发展的指导意见（银监发〔2014〕46 号）[Z].2014.

[62] Michael Adusei. Bank profitability：Insights from the Rural Banking Industry in Ghana [J]. Cogent Economics & Finance，2015（3）：7-14.

[63] Afriyie，H. O.，Akotey，J. O. Credit Risk Management and Profitability of Rural Banks in the Brong Ahafo of Ghana [J]. European Journal of Business and Management，2013（5）：24-35.

[64] Dietrich，A.，Wanzenried，G. The Determinants of Commercial Banking Profitability in Low－，Middle－，and High－income Countries [J]. The Quarterly Review of Economics and Finance，2014（54）：337-354.

[65] Köhler，M. Which Banks are More Risky? The Impact of Business

Models on Bank Stability [J]. Journal of Financial Stability, 2015 (16): 195–212.

[66] Dominicus Djoko B.S., Ni Luh Putu Wiagustini, Luh Gede Artini, Ida Bagus Panji Sedana. The Effect of Organizational Culture on Bank Risk and Profitability of the Rural Bank (BPR) In Bali [J]. International Journal of Contemporary Research and Review, 2018, 9 (12): 48–54.

[67] Gholami, A., Salimi, Y. Investigate the Relationship between Credit risk Management and Liquidity Management and the Profitability in Banking Sector [J]. Academic Journal of Research in Business & Accounting, 2014, 2 (3): 2311–2326.

[68] Estes, Kathy M., D.B.A. A Study of the Impact of Geographic, Activity, and Asset Diversification on Community Bank Risk–adjusted Performance During the Financial Crisis [D]. Anderson University, 2014.

[69] Angelo Zago, Paola Dongili. Credit Quality and Technical Efficiency in Banking [J]. Empirical Economics, 2011, 40 (2): 537–558.

[70] Sifunjo E.Kisaka, Robert Silikhe Simiyu. A Survey of Credit Risk Management Techniques Used by Microfinance Institutions in Kenya[J]. Research Journal of Finance and Accounting, 2014, 5 (13): 1–19.

[71] Harish Tigari, M. G. Gaganadeepa. Regional Rural Banks and Rural Development: A Case of Pragathi Krishna Gramin Bank [J]. Shanlax International Journal of Economics, 2019, 7 (2): 7–14.

[72] Awo, Joyce Patience, Akotey, Joseph Oscar. The Financial Performance of Rural Banks in Ghana [J]. World Journal of Entrepreneurship, Management and Sustainable Development, 2019 (1): 42–59.

[73] Paria Ipsita, Giri Arunangshu. An Approach to Highlight Initiatives taken by Indian Banks for Rural Banking Development [J]. Research Review International Journal of Multidisciplinary, 2019, 4 (1): 2455–3085.

[74] Noneng Masitoh, Irman Firmansyah. Analysis of Technical Efficiency of

Rural Bank in Tasikmalaya Indonesia Using Data Envelopment Analysis（DEA）
Approach［J］. Economics，2017，6（1）：7–14.

［75］ Hardarshan Kaur，Navkiranjit Kaur Dhaliwal. Performance of Kisan
Credit Card Scheme by Regional Rural Banks in Punjab［J］. Journal of Business
Thought，2019（9）：7–14.

［76］ Grameen Bank Annual Report（2016）［R］. 2016.

［77］ Alamgir D. H. State of Microfinance in Bangladesh［EB/OL］. 2017.

［78］ Hasan M. M.，Malek M. A. Microfinance Market in Bangladesh［J］.
World Scientific Book Chapters，2017（1）：271–306.

［79］ MRA. NGO –MFIs in Bangladesh：A Statistical Publication［J］.
Bangladesh，2017（1）：7–14.

［80］ Khandker S. R. Fighting Poverty with Microcredit：Experience［M］.
Bangladesh：Oxford University Press，1998.

［81］ Mahmud W.，Osmani S. R. The Theory and Practice of Microcredit：
Taylor & Francis［R］. 2016.

［82］ CDF. Credit Development Forum. Bangladesh Microfinance Statistics 2018
ed［J］. Journal of Business Thought，2017（1）：7–14.